Reisetipps A–Z

Land und Leute

Staat und Gesellschaft

Costa del Sol, Überblick

Costa Tropical

Östliche Costa del Sol

Westliche Costa del Sol

Anhang

602cs Foto: hf

W0388276

Hans-Jürgen Fründt

Costa del Sol

Hay un lugar, que el Mediterráneo halaga,
donde la tierra pierde su valor elemental,
donde el agua desciende el menester de esclava
y convierte su líquida amplitud
en un espejo reverberante,
que refleja lo único que allí es real:
la luz.
Saliendo de Málaga, sieguiendo la línea ondulante de la costa
se entra en el imperio de la luz.

(Es gibt eine Gegend, die das Mittelmeer liebkost,
wo die Erde ihre elementare Kraft verliert,
wo das Wasser in sklavischer Notwendigkeit fließt
und seine flüssige Weite verwandelt
in einen zurückstrahlenden Spiegel,
der das einzig Wahre hier wiedergibt:
das Licht
Málaga verlassend und der gewundenen Küste folgend
betritt man das Königreich des Lichtes.)

José Ortega y Gasset

Impressum

Hans-Jürgen Fründt
Costa del Sol
erschienen im
Reise Know-How Verlag
Osnabrücker Str. 79, 33649 Bielefeld

6., neu bearbeitete und komplett aktualisierte Auflage 2012

Gestaltung
Umschlag: G. Pawlak, P. Rump (Layout),
Barbara Bossinger (Realisierung)
Inhalt: G. Pawlak (Layout), Barbara Bossinger (Realisierung)
Karten: Catherine Raisin, der Verlag
Fotos: Hans-Jürgen Fründt (hf), Susanne Muxfeldt (sm)
Titelfoto: www.fotolia.de © Christodoulopoulo
(Motiv: der Strand von Nerja)

Lektorat: Caroline Tiemann
Lektorat (Aktualisierung): Barbara Bossinger

Druck und Bindung: Media Print, Paderborn

ISBN 978-3-8317-2161-0
Printed in Germany

Dieses Buch ist erhältlich in jeder Buchhandlung Deutschlands, der Schweiz, Österreichs, Belgiens und der Niederlande. Bitte informieren Sie Ihren Buchhändler über folgende Bezugsadressen:

Deutschland
Prolit GmbH, Postfach 9,
D-35461 Fernwald (Annerod)
sowie alle Barsortimente

Schweiz
AVA Verlagsauslieferung AG, Postfach 27,
CH-8910 Affoltern

Österreich
Mohr Morawa Buchvertrieb GmbH,
Sulzengasse 2, A-1230 Wien

Niederlande, Belgien
Willems Adventure, www.willemsadventure.nl

Wer im Buchhandel trotzdem kein Glück hat, bekommt unsere Bücher auch direkt über unseren **Büchershop im Internet: www.reise-know-how.de**

Wir freuen uns über Kritik, Kommentare und Verbesserungsvorschläge, gern auch per E-Mail an info@reise-know-how.de.
Alle Informationen in diesem Buch sind vom Autor mit größter Sorgfalt gesammelt und vom Lektorat des Verlages gewissenhaft bearbeitet und überprüft worden. Da inhaltliche und sachliche Fehler nicht ausgeschlossen werden können, erklärt der Verlag, dass alle Angaben im Sinne der Produkthaftung ohne Garantie erfolgen und dass Verlag wie Autor keinerlei Verantwortung und Haftung für inhaltliche und sachliche Fehler übernehmen. Die Nennung von Firmen und ihren Produkten sowie ihre Reihenfolge sind als Beispiel ohne Wertung gegenüber anderen anzusehen. Qualitäts- und Quantitätsangaben sind rein subjektive Einschätzungen des Autors und dienen keinesfalls der Bewerbung von Firmen oder Produkten.

01cs Foto: sm

Vorwort

Die Costa del Sol liegt in Südspanien und umfasst den Küstenbereich der Provinz Málaga. Die gesamte Provinz Málaga ist ziemlich klein, aber diese Küste zählt zu den am meisten besuchten Zonen in ganz Spanien. Das kommt nicht von ungefähr, denn das Klima zählt zu den angenehmsten im ganzen Land. Costa del Sol, „Sonnenküste" – kaum eine Landschaft, die treffender durch ihren Namen charakterisiert würde. Stolze 320 Tage im Jahr scheint die Sonne, das weckt Sehnsüchte, besonders, wenn mal wieder im tristen November der Regen ans Fenster pladdert.

Das Klima war schon immer der größte Trumpf, den Andalusiens Küste zu bieten hatte. Bereits in den 1960er und -70er Jahren wurden damit die wenig sonnenverwöhnten Nordeuropäer angelockt. Leider lockte dann irgendwann auch das schnelle Geld. Ohne Rücksicht auf Ästhetik wurden und werden teilweise immer noch Apartmentsiedlungen und Hotelburgen hingeklotzt. Nein, man kann es nicht beschönigen, die südspanische Küste wurde an vielen Stellen beinahe klassisch verschandelt, das soll hier nicht verschwiegen werden. Vielmehr sollen neben den unübersehbaren Schwächen die starken Seiten dieses Küstenabschnitts dargestellt werden, damit Sie sich die schönsten Strände und sehenswertesten Orte herauspicken können.

Die touristische Hauptzone liegt südlich von Málaga, wo Orte mit schillernden Namen wie Torremolinos oder Marbella alle Urlaubswünsche erfüllen. Und wo es kilometerlange hellsandige Sandstrände gibt. Nördlich von Málaga dominieren eher kleine Orte mit kleineren Stränden und Buchten, deren Strände nicht selten dunkelsandig sind. Als Ergänzung wird in diesem Buch auch noch der kurze Abschnitt der Costa Tropical vorgestellt, das ist der Küstenabschnitt der benachbarten Provinz Granada, der früher etwas großzügig gleich mit zur Costa del Sol gezählt wurde.

Von Nordost nach Südwest werden alle Orte der Region vorgestellt, mit einer Fülle von Tipps und Hinweisen. Und auch die Strände werden nicht vergessen. Kurz und knapp, aber dennoch kritisch werden sie beschrieben: Die ungefähre Größe benannt, die Beschaffenheit erklärt (weicher, heller Sand oder grober, dunkler Kiesel) und auch ein paar Anmerkungen zur Lage fehlen nicht.

Schließlich sollen Sie Ihren Anteil an den 320 Sonnentagen richtig genießen können. *Buen viaje!*

Hans-Jürgen Fründt

Inhalt

Vorwort 7
Zu den Ortsbeschreibungen 10
Wahl des Urlaubsortes 10

Reisetipps A–Z

(Unter Mitarbeit von E. H. M. Gilissen)

Autofahren 14
Camping 22
Diplomatische Vertretungen 24
Essen und Trinken 25
Feste und Feiertage 34
Formalitäten 37
Geldfragen 38
Gesundheit 40
Hin- und Rückreise 42
Mini „Flug-Know-how“ 50
Infostellen 51
Mit Kindern unterwegs 52
Notfälle 54
Öffentliche Verkehrsmittel 55
Öffnungszeiten 56
Post 57
Radfahren 59
Reisezeit 59
Sicherheit 61
Sport und Erholung 63
Sprache 64
Telefonieren 65
Unterkunft 67
Versicherungen 74
Zollbestimmungen 75

Land und Leute

Geografie 78
Klima 79
Die Andalusier 81

Exkurse

• „Das steht doch nur im Gesetz“ 18
• Aus den Augen, aus dem Sinn – der Fußboden als Aschenbecher 26
• Paella, ein Arme-Leute-Gericht 30
• Geliebt und verpönt – der Kampf mit den Stieren 82
• ¡Bendita sea la madre que te parió! 87
• Einmal Gott spielen – Spanien und Portugal im Eroberungsrausch 100
• Kolonialmacht Spanien – die Reste eines Weltreichs 102
• Los Chiringuitos – eine andalusische Institution 280
• Warum die Stiere nicht mehr am Schwanz gezogen werden – die Stierkampfschule von Ronda 304
• Über die Meerenge ins „gelobte Land“: espaldas mojadas 318
• Die Bar – das Wohnzimmer der Spanier 336

Staat und Gesellschaft

Symbole Andalusiens 90
Geschichte 90
Andalusien heute 107

Die Costa del Sol im Überblick

Kurzcharakteristik aller Orte 116
Die Highlights 118

Costa Tropical

Überblick 126
El Pozuelo 128
La Rábita 129
La Mamola 130
Castillo de Baños 132
Castell de Ferro 133
Calahonda 135
Torrenueva 137
Motril 138
Salobreña 143
Almuñécar 149
La Herradura 155
Granada 159
Abstecher in die Berge 184

Östliche Costa del Sol

Überblick 190
Maro 192
Nerja 194
Frigiliana 203
Torrox Costa 207
Torrox 209
Torre del Mar 210
Vélez-Málaga 213
Rincón de la Victoria 215
La Cala del Moral 218
Málaga 218

Westliche Costa del Sol

Überblick 246
Torremolinos 248
Benalmádena 255
Fuengirola 263
Mijas 269
Zwischen Fuengirola und Marbella 274
Marbella 276
San Pedro de Alcántara 289
Zwischen San Pedro und Estepona 292
Ronda 293
Estepona 306
Manilva 314
Sabinillas 315
Puerto de la Duquesa 315
Gibraltar 316
Ausflug nach Tarifa 331

Anhang

Literaturtipps 340
Kleine Sprachhilfe 342
Hilfe 346
Register 354
Der Autor 359
Kartenverzeichnis 360

Internetadressen, die über zwei Zeilen laufen, werden ohne Trennstrich geschrieben, um Verwechselungen mit den Bindestrichen zu vermeiden, die zur Adresse gehören können.

Zu den Ortsbeschreibungen

Die Beschreibung der Costa del Sol erfolgt von Nordosten nach Südwesten.

Die Ortsbeschreibungen der größeren Städte (Málaga, Gibraltar, Ronda und Granada) enthalten fundierte und konkrete Ratschläge für einen **Tagesausflug.** So ist niemand auf eine organisierte Tour angewiesen. Wer auf eigene Faust diese sehenswerten Städte besuchen möchte, findet hier alle nötigen Hinweise – von der Anreise über die Parkplatzsuche bis zu einer sinnvollen Stadtbesichtigung mit Gastronomietipps.

Wahl des Urlaubsortes

Wer noch nicht genau weiß, wie es in seinem Zielgebiet aussieht, kann sehr schnell enttäuscht sein. Deshalb soll hier in aller Kürze eine Entscheidungshilfe gegeben werden, die die Auswahl eines Urlaubsortes erleichtert. Weitere Tipps und Hinweise finden sich im Kapitel „Die Costa del Sol im Überblick".

Sie wollen einen Ort, in dem das **Nachtleben** tobt und auch tagsüber am Strand viel los ist? Der Treffpunkt schlechthin für Nachtschwärmer ist Torremolinos, Almuñécar wäre auch eine Möglichkeit. In beiden Orten treffen sich hauptsächlich junge Leute. Neben einem langen Strand gibt es in Almuñécar eine Kneipenmeile. Auch in Marbella kann man die Nacht zum Tag machen, aber so manches Lokal und so manche Disco liegt ziemlich weit außerhalb. Etwas ruhiger geht es nachts in Estepona zu, in der Altstadt findet der Durstige aber auch den einen oder anderen Tresen. In Nerja sollte ebenfalls keine Langeweile aufkommen.

Sie wollen einen Ort mit schönem Strand, aber nicht übermäßig viel Trubel? Da ist Motril anzuraten. Estepona wäre auch eine Möglichkeit, der Strand fällt wirklich positiv auf. Ein Tipp ist zurzeit noch San Pedro de Alcántara, dort wird sich in den nächsten Jahren aber wahrscheinlich viel ändern. Noch sonnen sich nicht viele Leute an dem langen Strand, und der Ort strahlt eine nette Atmosphäre aus.

Sie wollen nur „a la playa" und sonst nichts? Dies sind die Tipps: Die Playa Ferrara in Torrox Costa ist stolze 4,3 Kilometer lang. Der graue Sandstrand ist gut besucht. Die Strände in Torre-

molinos (7 km), Estepona und Marbella sind ebenfalls erste Wahl. Alle drei sind aber keine ausgesprochen ruhigen Zonen, da käme eher Estepona in Frage. Wem es nichts ausmacht, dass der Strand zumindest stellenweise steinig ist, kann auch Calahonda in Erwägung ziehen.

Sie wollen einen netten Ort mit einer gewissen Atmosphäre und etwas Unterhaltung, ein Strand muss zwar sein, stellt aber nicht die höchste Priorität? Dann ist Nerja zu empfehlen, mit einem angenehmen Zentrum, etlichen Lokalen und einigen Strandbuchten. Nicht schlecht wären auch Estepona und San Pedro de Alcántara.

Sie wollen sich in einem kleinen, ruhigen Ort ohne touristischen Rummel einnisten? Dann ist Banalmádena Pueblo erste Wahl; weitere Möglichkeiten wären La Rábita, La Herradura oder Sabinillas. Diese drei Orte sind kleine Dörfer am Meer ohne jeglichen Trubel. Hier sind Spanischkenntnisse unerlässlich.

Der Strand von Estepona

200c Foto: hf

Praktische Reisetipps A–Z

Autofahren

National-straßen

Es existiert(e) (s. u.) nur eine einzige Straße entlang der gesamten Costa del Sol. Die **Nationalstraße N-340,** die spanisch **Carretera Nacional** heißt und in vielen offiziellen Adressen Ctra. 340 oder Ctra. N-340 abgekürzt wird, verläuft entlang der Küste. Sie beginnt in Cádiz, an der südspanischen Atlantikküste. Ab dort werden die Kilometerangaben gezählt, sie steigen also in West-Ost-Richtung auf. So manches Hotel und die meisten Campingplätze tragen in ihrer offiziellen Adresse keinen Straßennamen, sondern nur den Hinweis, an welchem Kilometerstein sie liegen. Das liest sich dann so: Camping XYZ, Ctra. N-340, km 88,3. Die N-340 endet nach etwa 1300 Kilometern in Barcelona.

So galt es viele Jahre und zum Teil gilt das eben Gesagte noch immer. Doch nun kommt das Aber: Mittlerweile wurde diese Nationalstraße über weite Strecken zweispurig ausgebaut und wird deshalb jetzt **A-7 (Autovía 7)** genannt. Parallel dazu verläuft auch noch die streckenweise gebührenpflichtige Autobahn, die **AP-7 (Autopista 7)** heißt, die A-7 ist kostenfrei. Manchmal findet sich trotzdem noch die alte N-340, aber seit 2004 sollten alle kostenfreien zweispurigen Schnellstraßen umbenannt sein. Im Bereich der Costa del Sol wurde nur ein kleiner Streckenabschnitt zwischen Motril und Castillo de Baños noch nicht zweispurig ausgebaut. In einigen Abschnitten baute man sogar eine völlig neue Trasse im Zuge der A-7, deshalb wird die alte, noch verbliebene Nationalstraße hier auch N-340a genannt. Beispielsweise auf dem 9,5 km langen Teilstück zwischen Nerja und La Herradura. Dort wurde die nagelneue Straße im Hinterland gebaut, sie führt durch mehrere Tunnel und über fünf gewaltige Viadukte. Man kann von oben sehr schön auf die tief unten entlang der Küste sich schlängelnde alte Nationalstraße schauen, wo sich früher der Verkehr entlang quälte. Heute ist die Strecke eher etwas für Genussfahrer.

Autobahn

Über weite Strecken der Costa del Sol verläuft eine Autobahn (AP-7) im Abstand von einigen Kilometern parallel zur Küste, nur auf wenigen Abschnitten ist sie gebührenpflichtig. Sie ermöglicht damit ein großzügiges Umfahren von etlichen Städten, in denen sich im Sommer immer der Verkehr staut. Diese **Autopista** verläuft von Algeciras bis in die Gegend von Benalmádena. Irgendwann soll sie dann sogar mal durchgängig bis Vera verlaufen, lange wird das nicht mehr dauern, momentan gibt es hier aber auch eine Lücke, sodass man auf der gebührenfreien A-7 fahren muss.

Es wird immer ein fester Betrag für einen bestimmten Abschnitt am Ende der Teilstrecke bezahlt, die Summen bewegen sich zwischen 3 und 5 € für einen Pkw. Begleichen kann man die Summe sowohl in bar als auch per Kreditkarte. Wer den Betrag passend hat, fährt auf die Spur mit dem Schild „automático" und wirft dort die Münzen in einen Trichter. Wer es nicht passend hat, reiht sich in die Schlange beim Schild „manual" ein. Und wer mit Kreditkarte zahlen will, nutzt die Spur mit dem großen „T", das für *tarjeta* (Karte) steht.

261cs Foto: hf

Ein Gebirgszug erhebt sich ziemlich nah im Hinterland der Costa del Sol. Nur einige **Stichstraßen** durchschneiden dieses Gebirge und führen weg von der Küste. Die meisten sind kurvige, enge Straßen; gut ausgebaut sind die Verbindungen nach Granada und Ronda.

Straßenkarten

Die neue Autobahn ist natürlich nur auf den aktuellsten Karten markiert. Deshalb lohnt es sich, beim Kauf auf das Herstellungsjahr zu achten. Die folgenden Karten gefallen mir gut:

- **„Andalusien", world mapping project,** Maßstab 1:350.000. Neben exakten Höhenlinien und Höhenschichten-Reliefs ermöglichen das klassifizierte Straßennetz sowie Gradnetz und Ortsindex die bestmöglichste Orientierung. Außerdem ist die Karte durch UTM-Raster am Blattrand für GPS geeignet. Die Karte ist auf wasser- und reißfestem Polyart-Papier gedruckt.
- **„Costa del Sol", Firestone-Karte T-29,** Maßstab 1:200.000. Deckt die Küste von Gibraltar bis zur Costa Tropical ab, zeigt auch die Straßen ins Hinterland bis Ronda und Granada. Auf der Rückseite gute Stadtpläne der wichtigsten Städte. Gibt es in Spanien an jeder Tankstelle.
- **„Costa del Sol", Verlag Freytag-Berndt,** Maßstab 1:150.000.
- **ADAC-Karte „Östliches Andalusien, Costa del Sol".** Maßstab 1:200.000, mit City-Plänen von Granada, Málaga und anderen Orten. Sehr genaue Darstellung.
- **Costa del Sol, Insight Flexi Map,** APA Publications, Maßstab: 1:300.000, laminierte Karte in englischer Sprache, mit City-Plänen von Granada, Málaga und Marbella.

100c Foto: sm

Verkehrsregeln

Es gilt ein **Überholverbot** 100 Meter vor Kuppen und auf Straßen, die nicht mindestens 200 Meter zu überblicken sind. Auf beleuchteten Straßen, außer Autobahnen und Kraftfahrstraßen, darf man nur mit Standlicht fahren. **Abschleppen** durch Privatfahrzeuge ist verboten.

Kontrolliert wird immer stärker, und wer als Temposünder erwischt wird, muss sofort zahlen. Etwa 600 € sind dann fällig!

Fremd dürfte für die meisten auch der sehr häufig anzutreffende **Kreisverkehr** sein. An größeren Kreuzungen hat man auf Ampeln verzichtet und stattdessen einen geräumigen Kreisverkehr angelegt. Wie es scheint, ist das System erfolgreich, lange Schlangen bilden sich hier nie. Jeder passt ein wenig auf, fädelt sich ein und fährt wieder raus, fertig! Wer drin ist, hat Vorfahrt, wer reinfahren will, muss warten. Und wenn man nun „seine" Ausfahrt verpasst hat? Kein Problem, eine Runde drehen, auf die Schilder achten und ab.

In etlichen kleineren Orten sind **flexible Ampeln** zu finden. Diese hängen unübersehbar gelbblinkend hoch oben über der Zufahrtsstraße. Rauscht nun ein Pkw mit überhöhter Geschwindigkeit heran, springt die Ampel auf Rot. Simples Prinzip, nicht wahr? 50 km/h, „a más velocidad semáforo cerrado", so steht es dazu auf kleinen Schildern.

„Bandas sonoras" bedeutet, dass zwei quer über die Straße gelegte Schwellen kommen. Wer hier nicht die Geschwindigkeit reduziert, kracht so richtig schön darüber, dass es wirklich „wohlklingt", wie das Schild verspricht.

„Cambio de sentido" besagt, dass man hier in Gegenrichtung zurückfahren kann, also ein „U-turn", wie es so schön auf neudeutsch heißt. Es steht aber auch für „Abfahrt", mit anschließender Möglichkeit, die Fahrtrichtung zu wechseln.

Ungewohnt auch dies: Speziell auf Überlandstraßen muss der **Linksabbieger** oftmals **zuerst nach rechts** auf eine besondere Spur schwenken, die einen Halbkreis beschreibt, und dann die eben verlassene Straße kreuzen. Staus werden so vermieden. Ähnlich verhält es sich an Stellen, an denen man sich in den Verkehr einfädeln will. Biegt man an einer Kreuzung nach links ab, befindet man sich manchmal noch nicht gleich auf der eigentlichen Straße, sondern auf einer Art Einfädelungsspur, die links neben der Straße verläuft. Ungewohnt, aber auch durchaus sinnvoll.

Abweichende Regeln

In Spanien müssen in allen Autos **zwei Warndreiecke** mitgeführt werden. Zumindest gilt dies für in Spanien zugelassene Autos, also auch für Mietwagen. Für im Ausland zugelassene Autos gelten abweichende Regeln, wenn das jeweilige nationale Recht nur ein Warndreieck vorsieht.

Bei einer Panne oder einem Unfall auf einer Autobahn oder Landstraße müssen Fahrer, die das Auto verlassen, eine **reflektierende Weste anziehen,** die in allen Autos vorhanden sein muss.

Höchstgeschwindigkeiten

	in Orten	Landstraßen[1]	Landstraßen[2]	Autobahnen
• Pkw und Motorräder	50	90	100	120
• Busse	50	80	90	100
• Pkw mit Anhänger, Lkw	50	70	80	80
• Wohnmobile bis 3,5 t	50	90	90	120
• Wohnmobile über 3,5 t	50	80	80	100

[1] zwei Fahrspuren [2] drei Fahrspuren

Parken

In den Städten einen Parkplatz zu finden, ist nicht immer ganz einfach. Dem Ausländer kann man nur dringend empfehlen, in den Großstädten den **Parkleitschildern** zu folgen, auch wenn man dort immer eine Gebühr zahlen muss. Wer auf eigene Faust einen Platz irgendwo an einer Straßenecke sucht, kann sich sehr schnell heillos verfahren.

Mit **blauen Linien** gekennzeichnete Parkplätze sind gebührenpflichtig. Also nicht einfach forsch rein in eine Parklücke und verschwinden, sondern erstmal den Parkscheinautomaten suchen. Das heißt aber, sich ungefähr darüber im Klaren sein, wie lange man hier parken möchte. Die Gebühren sind sehr unterschiedlich, die mögliche Parkdauer ebenfalls. In einigen Orten beträgt die Höchstgrenze zwei Stunden, in anderen vier. Wer seine Zeit überzieht und ganz viel Pech hat, wird von der GRUA abgeschleppt. Bei **gelben Bordsteinmarkierungen** heißt es aufpassen, hier herrscht absolutes Parkverbot! Und auf Flächen mit grünen Markierungsstreifen dürfen nur Anwohner parken.

Nicht jedermanns Sache: fahren in engen Orten

„Das steht doch nur im Gesetz"

Die EU macht alle gleich, jedenfalls vor dem Gesetz. Das gilt auch für die spanische Straßenverkehrsordnung. Anfang der 1990er Jahre wurden vom Verkehrsminister neue Bestimmungen eingeführt. Man wollte die im EU-Vergleich hohen Unfallzahlen deutlich senken. So wurde die Höchstgeschwindigkeit innerhalb von Ortschaften auf **50 km/h** begrenzt und eine **Gurtpflicht** eingeführt.

So steht es im Gesetz, nun ja. Aber richtig neu daran war, dass die Einhaltung auch kontrolliert wurde! Dies war so sensationell, dass gleich alle schimpften, Polizisten wie auch Autofahrer. Die einen hätten Wichtigeres zu tun, als zu kontrollieren, die anderen Wichtigeres, als ständig am Gurt herumzufummeln. Und, argumentierten nicht wenige, wozu brauche ich einen Gurt, wenn ich sowieso nur 50 fahren darf? Schwierig, schwierig. Glücklicherweise gibt's ja Ausnahmen von der Gurtpflicht, und zwar in Hülle und Fülle. Zum Beispiel für Menschen unter 1,50 Meter Körpergröße. Oh, wundersame iberische Weisheit!

Fußgänger sollten sich übrigens nicht zu früh freuen, auch für sie gab's Neuerungen. Wer nämlich eine Straße verbotswidrig überquert, kann jetzt auch bestraft werden. Aber dass es dazu kommt, glaubt nun wirklich niemand. Einhellige Überzeugung: Das steht doch nur im Gesetz!

In Andalusien wird es heiß, im Sommer sogar sehr heiß. Im Auto wird es dann sogar sehr, sehr heiß. Deshalb sollte, wo auch immer möglich, in einem Parkhaus oder einer Tiefgarage geparkt werden. Der kühle, schattige Platz sollte einem schon ein paar Euro wert sein. Jeder, der schon einmal sein Vehikel aufgeschlossen hat, nachdem es zwei Stunden in der prallen Sonne stand, wird wissen, was gemeint ist.

Ein Thema für sich sind **selbsternannte Parkwächter.** An vielen touristischen Sehenswürdigkeiten tauchen sie wie aus dem Nichts auf und fordern mehr oder weniger deutlich eine Parkgebühr. Um es klar zu sagen: Wer auf einem offiziellen Parkplatz steht, bezahlt eine Gebühr zumeist über einen Automaten. Damit ist alles abgegolten. Wer dagegen auf irgendeiner Fläche parkt, wird oft mit den *voluntarios* (Freiwilligen) konfrontiert. Diese tragen eine

Hat die Straße gelbe Markierungen, dann ist dort Parken verboten

101c Foto: sm

weiße Mütze, das soll ihnen einen halbwegs offiziellen Charakter verleihen, „helfen" beim Einparken und Aussteigen und bewachen das Auto. Tja, wenn sie es dann wirklich täten, wäre ja auch ein Trinkgeld gerechtfertigt. Oft genug verbirgt sich aber nur eine billige Masche dahinter, gerade dem Ausländer Geld aus der Tasche zu ziehen.

Sommerliche Staus

Ausländer fliegen zumeist ein, braten brav am Strand und mieten sich vielleicht mal ein Auto. Die Spanier dagegen reisen im Juli und noch mehr im August mit ihrem Pkw an die Küste, und das heißt an die Costa del Sol. Entsprechend voll wird es in dieser Zeit. Erschwert wird die Situation an jedem Wochenende, da herrscht ein kollektiver Aufbruch in allen andalusischen Städten. Alle, ich wiederhole, alle *playas* werden dann okkupiert, jeder Campingplatz, jedes noch so miese Hotelzimmer, schlichtweg alles ist dann besetzt. Und entsprechend eng wird es auf den Straßen. Es ist unvermeidlich: Die Spanier starten ihre Fahrt in die Ferien am gleichen Wochenende, unweigerlich landen alle im Stau, trotzdem wird's gemacht. Und mit schöner Regelmäßigkeit mischen sich dann auch noch die Wochenendausflügler darunter. Das kommt einem irgendwie bekannt vor, nicht wahr? In der Lokalzeitung heißt es warnend: „Bis Mitternacht werden etwa zehn Millionen Bewegungen auf Spaniens Straßen erwartet." Kommentar überflüssig.

Diese Warnungen haben einen traurigen Hintergrund, da es bei diesem kollektiven Aufbruch und einen Monat später bei entsprechend kollektiver Rückreise immer wieder zu tragischen Unfällen kommt. 2001 starben auf spanischen Straßen in den Monaten Juli und August noch knapp 800 Menschen, zehn Jahre später waren es „nur" 321. Eine ähnlich niedrige Quote gab es zuletzt im Jahr 1962, aber damals rollten auch nur 1,5 Mio. Autos auf Spaniens Straßen. Heute sind es 32 Millionen.

Nur als Ergänzung noch folgende Fußnote: Im Sommer reisen auch Hunderttausende von Nordafrikanern nach Hause. Sie kommen zumeist aus Frankreich, Belgien, Italien und Holland, die Wagen mit Familie und Gepäck übervoll bepackt, und streben einem der Fährhäfen in Südspanien zu. So mancher Autolenker versucht dann am Ende der Tour übermüdet die letzten paar hundert Kilometer zurückzulegen, da hat es schon die fürchterlichsten Unfälle gegeben.

Autounfall

Ich hoffe es natürlich nicht, aber es kann ja doch mal passieren, dass es kracht. Was dann? Mir ist klar, dass die folgenden Ratschläge in dem Stress, mit Sprachbarrieren und möglicherweise bei Hitze, nicht einfach zu befolgen sind. Dennoch: hat es gekracht, möglichst die Polizei rufen. Zuständig ist die **Policía Urbana de Tráfico** (Verkehrspolizei), die in Spanien unter der **Telefonnummer 092** erreicht wird. Außerhalb von geschlossenen Ortschaften ist die **Guardia Civil** zuständig, mit der **Nummer 062.** Die wird aber nur bei größeren Schäden oder bei Unfällen mit Verletzten ein Protokoll aufnehmen. Deshalb sollte man den Vorfall so genau wie möglich selbst dokumentieren. Hierbei hilft der internationale Unfallbericht, den es bei jedem Versicherer gibt. Die Unfallstelle fotografieren, genaue Lage der Fahrzeuge, Bremsspuren, Verkehrszeichen nicht vergessen. Auch den nächsten Kilometerstein notieren. Anschrift, Kennzeichen und Versicherungsnummer des Unfallgegners festhalten, auch Anschrift von Zeugen notieren. Den Unfallbericht vom Unfallgegner unterschreiben lassen. Ohne diese Angaben wird es schwierig, später seine Rechte durchzusetzen.

Seit 2003 gibt es europaweit eine **neue Gesetzeslage,** die eine Schadensabwicklung von im Ausland aufgetretenen Unfällen deutlich vereinfachen soll. Kern dieser Neuerung ist, dass ein Geschädigter sich nicht mehr mühsam durch ausländische Rechtssprechung kämpfen muss (was man aber sehr wohl noch machen kann!), sondern auch die Möglichkeit hat, in seinem Heimatland Ansprüche geltend zu machen. Dazu wurden eine Auskunfts- und eine Entschädigungsstelle eingerichtet.

Alle Kfz-Versicherungen der EU – und damit auch alle spanischen Versicherungen – müssen einen Schadensregulierungsbeauftragten im jeweiligen Heimatland benennen, an den man sich später wenden kann. Je mehr Daten man von seinem Unfallgegner erfahren konnte, desto besser. Hierzu gehören: Name, Anschrift von Fahrer und Halter, Policen-Nummer der Kfz-Haftpflichtversicherung und das Autokennzeichen.

Die Adresse des Repräsentanten erfährt man dann über die Auskunftsstelle:

- **GDV Dienstleistungs-GmbH & Co. KG,** Zentralruf der Autoversicherer, Tel. 0180-25 026, www.zentralruf.de
- **Verband der Versicherungsunternehmen Österreichs,** Schwarzenbergplatz 7, 1030 Wien, Tel. (01) 71 156-0, Fax (01) 71 156-270, www.vvo.at
- **Nationales Verkehrsbüro (NVB)** Auskunftsstelle CH/FL, Postfach, 8085 Zürich, Tel. 0800-831 831, und aus dem Ausland 0041-1-6 288 930, www.nbi.ch

Geschädigte können sich dann an diesen Repräsentanten der spanischen Versicherung wenden und ihre Ansprüche geltend machen. Der Repräsentant bzw. die spanische Versicherung muss binnen drei Monaten nach Schadensmeldung reagieren, d. h. ein Schadensangebot unterbreiten oder aber eine begründete Absage erteilen. Erhält der Geschädigte keine Antwort innerhalb der drei Monate, kann er sich direkt an die Verkehrsopferhilfe (bei den oben genannten Unternehmen) wenden. Dies kann auch erfolgen, wenn die ausländische Versicherung keinen Repräsentanten benannt hat. Unter bestimmten Voraussetzungen kann diese dann sogar selbst den Schaden regeln.

Auch wenn die Abwicklung eines Unfalls in Spanien nun von der Heimat aus geregelt werden kann, greift dennoch spanisches Recht. Das bedeutet unter anderem eine deutliche Abweichung bei den Höchstgrenzen von Entschädigungen bei Sach- (100.000 Euro) und Personenschäden (350.000 Euro). Bei Problemen kann man sich auch an die **Verkehrsopferhilfe e.V.** wenden, Wilhelmstr. 43/43G, 10117 Berlin, Tel. (030) 20 205 858, Fax 20 205 722, www.verkehrsopferhilfe.de.

Panne

Es muss ja nicht immer gleich der Automobilclub gerufen werden, in mehreren Orten entlang der Küste befinden sich autorisierte Werkstätten der namhaften Autohersteller. Sprachprobleme? Dann fragen Sie doch einfach mal den Kellner des Restaurants oder den Hotelportier. Gegen ein gutes Trinkgeld wird er bestimmt helfen.

- **Pannendienste** landesweit unter Tel. 0914 412 222, Unfall- und Pannenhilfe auch innerorts durch die *Policía Urbana de Tráfico,* Tel. 092, oder Notruf allgemein: Tel. 112.
- Zum Thema Notruf und Pannenhilfe siehe auch **Kapitel „Notfälle".**

Autobahnpiraten

Kaum hat man die spanische Grenze passiert und am ersten Rasthaus, keine zwei Kilometer hinter der kaum noch wahrnehmbaren Grenze verschnauft, da bekommt man vielleicht schon den ersten Schrecken. Vom dortigen Touristenbüro werden kleine Warnzettel verteilt, die vor Autobahnpiraten warnen. Im Kern läuft es darauf hinaus, dass diese versuchen, einen Autofahrer zum **unplanmäßigen Anhalten** zu bringen („Feuer!" oder „Öl läuft aus!"). Steigt dann der verunsicherte Fahrer aus, um den vermeintlichen Schaden anzusehen, wird blitzschnell irgendetwas geklaut. Leider sind derartige Vorfälle passiert, dennoch sollte nun niemand in Panik verfallen und nur noch ängstlich fahren. Falls Sie aber doch in eine ähnliche Situation geraten: vergewissern, dass der Wagen tatsächlich nicht in hellen Flammen steht, stur weiterfahren bis zum nächsten Rastplatz und erst dort aussteigen, wo viele Menschen sich aufhalten, notfalls direkt beim Tankwart.

Mietwagen

In jedem Ort, in dem sich ausländische Touristen aufhalten, werden Mietwagen angeboten. Werbende Handzettel liegen überall aus, an der Hotelrezeption genauso wie in Läden. Rent-a-car oder *alquiler de coches*, manchmal auch *de motos* (Motorradverleih), heißt es dann. Als Voraussetzungen gelten ein Mindestalter von 21 Jahren und eine **Kreditkarte,** der Vermieter zieht sich einen Blankoabschnitt. Wer keine Karte hat, muss einen hohen Barbetrag hinterlegen, wenn er überhaupt einen Wagen vermietet bekommt.

Der Kunde muss klären, ob der Wagen mit einer begrenzten Laufleistung gemietet wird, oder ob er soviel fahren kann, wie er möchte. Limitierungen liegen zumeist bei 100 Kilometer pro Tag, und die sind schnell erreicht. Wer darüber liegt, zahlt pro Kilometer eine Gebühr. Eine **Vollkaskoversicherung** abzuschließen kann nur jedem angeraten werden.

Die Angebote sind meist so gehalten, dass der **Preis** für einen Tag, für drei und sieben Tage genannt wird, selten jedoch der Endpreis. Addiert werden dann Steuern, Versicherung und eventuell die mehr gefahrenen Kilometer. Der Wagen muss mit der gleichen Menge Benzin, die sich im Tank bei Abholung befand, zurückgegeben werden.

Wer für einen längeren Zeitraum einen Wagen mieten will, sollte dies eventuell schon von zu Hause aus tun. Reiseveranstalter bieten nämlich mitunter ganz erstaunliche Tarife an, die zumeist in Kombination mit einer Flugreise gelten. Außerdem kommt im Streitfall das **deutsche Recht** zum Tragen, was im Falle eines Falles nicht unwichtig sein kann.

Auch die so genannte **„Mallorca-Police"** kann interessant sein. Wer vorhat, in Spanien einen Wagen zu mieten, sollte bei einem deutschen Versicherer danach fragen. Diese Versicherung kommt bei Unfällen zwischen Deutschen zum Tragen, wenn ein in Spanien zugelassener Wagen beteiligt ist. Dann gelten zwar spanische Verkehrsbestimmungen, aber deutsches Haftungsrecht.

Camping

Campingurlaub spielt keine große Rolle an der Costa del Sol. Gewiss, es existiert schon eine Reihe von Plätzen. Das Unterkunftsverzeichnis der gesamten Provinz Málaga listet nicht ganz drei Dutzend Plätze auf, etwa zwei Drittel davon liegen an der Küste. Dazu kommt dann noch mal ein knappes Dutzend an der Costa Tropical, das war's.

003cb Foto: hf

Camper aus Nordeuropa kommen selbst im Hochsommer nicht allzu häufig an die Costa del Sol, wohl möglich wegen des weiten Weges. Auffällig ist, dass hier **mehrheitlich Spanier** campen. Nicht wenige reisen aus Madrid oder anderen fernen Städten an und richten sich häuslich ein. Das kann übrigens wörtlich genommen werden, zählt doch ein Zelt mit Fernseher für die Kinder und ein eigenes Kochzelt mit Kühlschrank zum Standard.

Fernseher und Autoradio werden reichlich genutzt. Ruhe und Beschaulichkeit darf zumindest im Hochsommer niemand erwarten, auch keine Zimmerlautstärke. Die nächsten drei Nachbarn können immer verfolgen, was gerade gehört oder gesehen wird, und die kontern mit eigenem Programm. Wenn am Wochenende dann noch das Jungvolk einfällt und die letzten freien Parzellen belegt, werden die Ghettoblaster aufgerissen, das ergibt einen schönen Klangsalat. Um Mitternacht schaltet man die Geräte dann aber doch aus. Tja, das muss man aushalten können oder auf Camping an der Costa del Sol verzichten.

Kategorien

In Spanien werden alle Campingplätze in **vier Kategorien** eingeteilt: Die einfachste Ausführung erhält die Einstufung 3. Kategorie, etwas bessere sind in der 2. oder 1. Kategorie zu finden. Absolute Spitzenplätze tragen das Etikett *lujo,* die Luxuskategorie. Die Einteilung erfolgt nach klaren Kriterien. So muss ein Platz der Luxusklasse Parzellen von 90 m² anbieten, ein 1.-Kategorie-Platz hat wenigstens 70-m²-Parzellen, und die der 3. Kategorie bringen es auf 55 m².

Wichtig im Sommer: ein Schattenplatz

Weiterhin fordert die Bezeichnung *lujo,* dass für je 10 Parzellen eine Dusche von mindestens 1,50 m^2 Größe eingerichtet wird. Obendrein wird permanentes heißes Wasser erwartet. Die Vorgaben bei den anderen Kategorien sind entsprechend lascher: 1. Kategorie eine Dusche pro 14 Parzellen von 1,30 m^2 Größe, 2. Kategorie eine Dusche pro 17 Parzellen von 1,20 m^2, und die dritte Klasse soll wenigstens eine Dusche pro 20 Parzellen haben, wie groß auch immer. Heißwasser muss bei der 1. Kategorie wenigstens zur Hälfte vorhanden sein, bei der 2. Kategorie zu 20 % und bei der letzten gar nicht. Es existieren noch weitere Kriterien, nach denen die Bewertung erfolgt.

Die Plätze der Costa del Sol und der Costa Tropical zählen entweder zur 1. oder zur 2. Kategorie, ein Luxus-Platz existiert ebenso wenig wie einer der 3. Kategorie. Obwohl, bei manchem Platz fragt man sich schon, ob die 2. Klasse nicht noch zu gut sei. Vom Ambiente und den Serviceangeboten sticht leider kaum einer heraus. Verglichen mit den vielen hervorragend ausgestatteten Plätzen der Costa Brava fallen alle ab. Die notwendigen Serviceleistungen werden allerdings immer geboten, dazu zählt sehr häufig auch ein schattenspendendes Dach aus Matten. Ohne würde man es wirklich nicht aushalten.

Preise

Berechnet werden zumeist ganze Parzellen und die Personenzahl. Das ist günstiger für Familien, die mehrere Zelte aufbauen. Rechnen muss man mit **etwa 15 bis 30 Euro** je nach Platz und Berechnung (sind Auto, Strom, Steuern eingerechnet?). Richtig billig ist ein Campingurlaub also nicht.

Diplomatische Vertretungen

Vertretungen in Spanien

Wie überall auf der Welt sitzt die Botschaft in der Hauptstadt des Landes, in Spanien also in Madrid. Konsularische Betreuung wird jedoch auch im Bereich der Costa del Sol, **in Málaga** angeboten:

- **Generalkonsulat von Deutschland,**
Edificio Eurocom, Bloque Sur, c/Mauricio Moro Pareto, 2–5°,
Tel. 952 363 591
- **Konsulat der Schweiz,**
(nur Postfach, daher telefonische Absprache treffen), Tel. 645 010 303
- **Honorarkonsulat von Österreich,**
Alameda de Colón 26, 2. Stock, Esc. izq., Tel. 952 600 267

Spanische Vertretungen

In Deutschland

- **Spanische Botschaft,** Lichtensteinallee 1, 10787 Berlin, Tel. (030) 2 540 070, Fax (030) 25 799 557, www.spanischebotschaft.de

In Österreich

- **Spanische Botschaft,** Argentinierstraße 34, 1040 Wien,
Tel. (01) 5 055 788, Fax (01) 505 578 825, www.embajadaenaustria.maec.es

In der Schweiz

- **Spanische Botschaft,** Kalcheggweg 24, Postfach 99, 3000 Bern 15,
Tel. (031) 3 505 252, Fax (031) 3 505 255, www.mae.es/embajadas/berna

Essen und Trinken

Frühstück

Spanier halten sich nicht lange mit dem Frühstück auf. Ein Kaffee, begleitet von einem **Croissant oder Toast,** das war's im Wesentlichen. Nicht wenige gehen morgens so gegen 8 Uhr zum *desayuno* (Frühstück) gleich in eine Bar, frühstücken nicht einmal zu Hause. Ähnlich verhält es sich übrigens auch in manchen kleinen, typisch spanischen Hotels, das Frühstück fällt dort manchmal arg mager aus. Das gilt natürlich nicht für die großen internationalen Hotels, dort wird ein üppiges Frühstücksbüffet serviert.

Wer einen Kaffee bestellen will, hat drei Varianten zur Auswahl: Ein **café sólo** ist tiefschwarz und winzig, er wird gerne nach dem Essen bestellt. **Cortado** (Abgeschnittener) heißt eine kleine Tasse Kaffee mit etwas Milch und ein **café con leche** (Milchkaffee) besteht aus einer normal großen Tasse Kaffee mit viel Milch.

Das bisschen Mageninhalt reicht natürlich nicht bis zum Mittag, also wird mindestens noch einmal die Bar für eine Art zweites Frühstück aufgesucht, so zwischen 10 und 11 Uhr. Es bleiben bescheidene Mengen, die verzehrt werden, Gebäck vielleicht, möglicherweise auch eine Eierspeise, ein Stückchen **tortilla.** Um diese Zeit gibt's meist noch Kaffee, nur wenige versuchen sich schon am *vino.* Das folgt zwei Stunden später, wenn es zur Vor-Mittagspause in die Bar geht, so um 12, 13 Uhr. Gerne werden jetzt **bocadillos** gegessen, eine Art belegte Baguettes, begleitet von einem Bierchen oder Wein.

Mittagessen

Das Mittagessen schließlich wird niemals vor 14 Uhr eingenommen, zumeist erst um 15 Uhr. Dann versammelt sich die gesamte Familie am Tisch, die Arbeitskollegen gehen ins Restaurant. Mittags werden in beinahe allen Restaurants günstige Menüs serviert. Ein **menú del día** besteht zumeist aus zwei Gängen nebst Nachtisch und einer halben oder gar ganzen Flasche Hauswein. Der Preis liegt irgendwo zwischen 9 und 15 €, wobei 15 € schon ziemlich hochpreisig wäre. Eine andere Variante sind „Mittagsteller", **plato del día** genannt. Dabei bekommt der Gast einen gut gefüllten Teller mit einem variantenreichen Gericht, mehr aber nicht.

Das Mittagessen zieht sich hin, vor 16 Uhr steht niemand auf, die letzten Ausdauernden verlassen den Tisch erst um 17 Uhr. Dann wird entweder eine Siesta gehalten, oder es geht zurück an die Arbeit.

Abendessen

Abends wird entsprechend spät gegessen, vor 20.30 Uhr öffnen nicht einmal die Restaurants. Eine **cena,** ein Abendessen um 22 oder gar 23 Uhr, ist nichts Ungewöhnliches. Kein Wunder also, dass Spanier morgens keinen Hunger verspüren. In den Touristenorten regiert natürlich ein anderer Rhythmus, dort werden in den großen Hotels und auch in vielen Restaurants Mahlzeiten zu nordeuropäischen Zeiten serviert.

Bar, Cafetería, Chiringuito

In jedem noch so kleinen Dorf findet man wenigstens eine **Bar.** Darunter darf man sich aber keinen Nachtclub oder ähnliches vorstellen, eine Bar ist mehr eine Mischung aus Eckkneipe und Café. Die Einrichtung ist meist schlicht, man drängelt sich am Tresen, um ein Gläschen zu trinken und eine Kleinigkeit zu essen. Die meisten Gäste halten sich nicht lange in einer Bar auf, sodass die wenigen Sitzplätze selten in Anspruch genommen werden.

Unter einer **Cafetería** darf man sich wiederum kein stilvolles Kaffeehaus vorstellen, in dem Kellner Tabletts mit Kaffee und Cognac durch rauchge-

Aus den Augen, aus dem Sinn – der Fußboden als Aschenbecher

Wer in einer Bar am Tresen steht und einen Kaffee bestellt, erhält immer kleine Zuckertütchen dazu. Diese wurden früher nach Gebrauch einfach auf den Boden geworfen. Kein Witz, dort landeten auch Zahnstocher, Olivenkerne, Kippen, Krabbenschalen, einfach alles. Regelmäßig fegte ein Kellner dann die Reste zusammen, und weiter ging's. Das wird heute noch in einigen alten Bars praktiziert, aber längst nicht mehr überall. Seitdem Spanien Mitglied der EU ist, gelten auch in der letzten andalusischen Bar europäische Hygiene-Vorschriften, theoretisch jedenfalls. Die Umsetzung erfolgt mit einem pragmatischen Kompromiss: An die Tresen werden kleine Eimerchen gehängt, da hinein soll dann der Müll geworfen werden. Denn, soviel ist klar, das Spielchen „aus den Augen, aus dem Sinn" kann nicht so ohne weiteres per Dekret unterbunden werden. Schließlich heißt es immer noch so schön treffend: „Se obedece, pero no se cumple" (übersetzt etwa: Man gehorcht, aber man erfüllt das Gesetz nicht). Eine spanische Variante, mit Verboten und Verordnungen umzugehen.

Die Zeit heilt aber auch in Spanien alle Wunden, längst wird die Wegwerf-Praxis in den Bars nicht mehr von allen Spaniern gepflegt. Das zeigt dann auch, dass Spanien ein bisschen weniger spanisch und etwas mehr europäisch geworden ist. Aber ist das so wünschenswert?

schwängerte Luft balancieren, wobei das mit der „rauchgeschwängerten Luft" ja sowieso Geschichte ist, denn in keinem spanischen Lokal darf heute noch geraucht werden. Eine Cafetería ist ein schlichter Laden, der sich meist nur durch die Öffnungszeiten von einer Bar unterscheidet. Auch die Caféteria ist mit einem langen Tresen, grellem Neonlicht, einigen wenigen Tischen und einem meist ununterbrochen laufenden Fernseher ausgestattet. Als entscheidender Unterschied kann hier ein kleines Mittagessen eingenommen werden, was nicht in jeder Bar möglich ist.

Chiringuitos waren früher kleine, einfache Essensstände am Strand oder auf dem Lande. Dort wurde eine begrenzte Anzahl an Gerichten für Urlauber oder Wochenendgäste zubereitet. Das Angebot war bescheiden, Ambiente und Preise ebenfalls. Mit der Zeit entwickelten sich beliebte und gefragte Chiringuitos zu kleineren Bars. Das passierte vor allem an Stränden, die von vielen Menschen aufgesucht wurden. Heute gibt es an einigen Stränden der

Chiringuitos stehen immer am Strand

292cs Foto: hf

Costa del Sol, speziell in Marbella, Chiringuitos, die so manches Restaurant locker in den Schatten stellen.

Tapas

Unter Tapas versteht man kleine Tellerchen mit kalten oder auch manchmal auch warmen Häppchen, die den Wein oder das Bier begleiten. Es ist normalerweise eine **kostenlose Beigabe** des Wirtes und wird dem Gast, der am Tresen steht und ein Getränk bestellt hat, mit dem Glas serviert.

Über die Ursprünge der Tapas kursieren verschiedene Legenden. Die gebräuchlichste behauptet, dass im 18. Jh. Gästen in Wirtshäusern das Glas Wein mit einem Tellerchen bedeckt gereicht wurde. So sollte vermieden werden, dass Fliegen ins Glas gerieten. Auf diese Tellerchen wurde dann immer häufiger eine kleine Beigabe gelegt, eine Olive, ein halbes Ei, ein Stück Schinken – die *tapa* war geboren. Der Begriff leitet sich nämlich vom spanischen Wort *tapar* ab, was zudecken heißt.

Diese sympathische Sitte der kostenlosen Dreingabe einer kleinen Leckerei wird noch in andalusischen Bars gepflegt, in den Touristikhochburgen kaum noch. Wer sich aber in einem Ort wie Torremolinos mal in eine Bar der Einheimischen begibt und ein Bier oder einen Wein am Tresen bestellt, muss schon viel Pech haben, um keine tapa als Beigabe zu erhalten. In einigen Bars werden sogar derart umfangreiche Tapas gereicht, dass man erschrocken zunächst ablehnen möchte: „Ich habe doch gar nichts bestellt!". Denn – selbst schon erlebt – mancher Wirt klaubt ein ganzes Dutzend *gambas* (Garnelen) zusammen, schaufelt sie auf einen Teller und platziert sie neben dem Glas. Das ist aber selbst für spanische Verhältnisse eine Menge.

262cs Foto: sm

Einfache tapas, die kostenlos serviert werden, sind Oliven, eine Sardine oder ein halbes Ei mit einem kleinen Belag. Oder einfach ein Schälchen Erdnüsse, frittierte Kartoffeln, ein Klecks Kartoffelsalat, manchmal auch eine Scheibe Schinken. Andere tapas müssen bezahlt werden, und hier kennt die Phantasie keine Grenzen: ganze Teller mit Schinken-, Salami- und Käsescheiben oder die unterschiedlichsten Meeresfrüchte, mit kleinen Scheiben von Stangenbrot auf Zahnstocher gespießt, oder auch *patatas bravas,* frittierte Kartoffeln in scharfer Sauce. Man kann die verschiedenen Tapas auch kombinieren, *montados* werden solche Teller genannt.

Standardtapas sind *albóndigas,* kleine Hackbällchen in scharfer Sauce, *ensaladilla rusa,* eine Art Kartoffelsalat und *boquerones,* sauer eingelegte Sardinen. Mit einem Bier dazu schmecken sie köstlich! Manche tapas sind richtig teuer, beispielsweise der *jamón de bellota,* ein Schinken, der unglaublich zart auf der Zunge zergeht. Wenn der Hunger etwas größer ausfällt, kann man gleich eine *ración* (Portion) bestellen. Dann erhält man einen gut gefüllten Teller.

Verlockende Zwischenmahlzeit

Tapa-Menü: Boquerones (eingelegte Sardinen),
patatas fritas (frittierte Kartoffeln) und albóndigas (Hackbällchen)

266cs Foto: hf

Eine **Tapastour** durch mehrere Bars ist ein kulinarisches Highlight! *Irse de tapas* oder *tapeo* nennt man es, wenn Familien, Gruppen, Nachbarn (immer zu mehreren, niemals alleine) sich in einer Bar treffen, am Tresen stehen (niemals hinsetzen), eine Runde Bier oder *vino* und die jeweilige Tapasspezialität der Bar bestellen. Beim Essen und Trinken wird vor allem geplaudert, dann zahlt einer die Runde und weiter geht's. Mittlerweile gibt es ganze Bücher, die nichts weiter als die besten Tapasbars einer Gegend auflisten.

Bocadillos

Bocadillos sind kleine Baguettes oder etwas größere Brötchen, die ohne Butter unterschiedlich belegt werden, mit Schinken, Käse, *tortilla,* Fleisch oder Salat. Die idealen Hungerstiller für zwischendurch gibt es in jeder Bar.

Andalusische Küche

Ein schöner Satz charakterisiert die spanische Küche folgendermaßen: „Im Süden wird frittiert, in der Mitte gegrillt und im Norden gekocht." Wie wahr, wie wahr. Vor allem Fisch, besonders Sardinen, werden gerne frittiert. Die Hitze in Andalusien und die Nähe zum Meer prägen auch die Küche. Randvoll gefüllte Teller mit Fleischbergen werden selten angeboten, bestenfalls in Form von Eintöpfen, die in den Bergdörfern geschätzt sind.

An Besonderheiten muss an erster Stelle *gazpacho* genannt werden, eine erfrischende kalte **Suppe** bestehend aus passierten Tomaten, Öl, Essig, etwas Brotkrume, Paprika und vor allem viel Knoblauch. Ähnlich beliebt ist *ajoblanco,* eine weitere kalte Suppe mit Mandeln und unendlich viel Knoblauch, dazu werden Weintrauben gereicht.

Paella, ein Arme-Leute-Gericht

Die weltberühmte Paella wird nur im Ausland als das typisch spanische Gericht angesehen, in Spanien keineswegs. Das Reisgericht mit Fisch und Meeresfrüchten heißt eigentlich *Paella valenciana,* weil es ursprünglich aus dem Gebiet um Valencia stammt. Denn nur dort wächst im Ebro-Delta in ausreichenden Mengen der benötigte Reis. Paella war in Valencia nichts weiter als ein Arme-Leute-Essen: Man nehme viel Reis und vermische ihn mit Fleisch- oder Fischresten. Erst später wurde das Gericht dann verfeinert und vor allem mit dem teuren Safran gewürzt.

Die Zubereitung einer Paella erfordert viel Zeit, 45 Minuten gelten als normale Wartezeit im Restaurant. Der Reis wird nämlich in einer besonderen Paella-Pfanne (einer Pfanne mit zwei seitlichen Griffen) über offenem Feuer gekocht, die Zutaten und Gewürze kommen in genau festgelegten Abständen hinzu. In den meisten Restaurants wird eine Paella deshalb auch nur ab zwei Personen aufwärts angeboten. Sollte der Kellner keinen Hinweis auf die lange Zubereitungszeit geben und das Gericht gar nach kürzester Zeit servieren, wurde die Paella in der Mikrowelle erwärmt.

102c Foto: sm

Fisch gibt es natürlich in allen denkbaren Variationen, gegrillt, gekocht oder gebraten. Überall an der Küste grillt man in Strandbars *(chiringuitos)* Sardinen auf kleinen Holzspießen über offenem Feuer. Der Kunde bestellt einfach *media docena* (ein halbes Dutzend), und wenig später liegen sie frisch gegrillt auf dem Teller. Auf der Speisekarte häufig angebotene Gerichte sind *panojas malagueñas,* panierte Sardellenfilets, *pescaito frito,* frittierte Fischchen, oder auch *rape con patatas,* Seeteufel mit Kartoffeln. Gerne serviert man auch *bacalao* (Stockfisch) und **Muscheln** der unterschiedlichsten Größe, Art und Zubereitung, des Weiteren Garnelen, Gambas und Tintenfisch, als da wären: *calamares en su tinta* (kleine Tintenfische im eigenen Saft geschmort) oder *chopitos* bzw. *chipirones,* sehr kleine gegrillte Tintenfische – einfach köstlich!

Weit verbreitet sind auch **Eierspeisen,** vor allem *tortilla* (Eier-Kartoffel-Omelett). Ein *pincho de tortilla* (Stückchen) zwischendurch stillt den größten Hunger. Man bekommt es in jeder Bar.

Getränke

Bier

Auch Kurzzeiturlauber lernen recht schnell wenigstens eine spanische Vokabel: *cerveza.* Tatsächlich hat der Bierkonsum in Andalusien schon lange das Weintrinken in den Schatten gestellt. Auf ein kleines Gläschen mal eben in die nächste Bar gehen, auch schon mal morgens um 11 Uhr, das gehört heute selbstverständlich zum Alltag. Trotzdem sieht man selten einen Spanier sturzbetrunken. Ein kleines Gläschen: ja, auch mehrmals am Tag, aber literweise Bier in sich hineinschütten: nie!

Ein kleines Glas Bier bestellt man mit *„una caña“,* ein etwas Größeres mit *„un tubo“,* ein schlankes, hohes Glas, beides wird dann blitzschnell gezapft. Die 7-Minuten-Regel gibt's in Spanien nicht. Wer einen Krug möchte, bestellt *„una jarra“.* Eine Flasche ist *una botella,* ein winziges Fläschchen *un botellín.* Alkoholfreies Bier *(cerveza sin alcohol)* findet auch in Spanien immer mehr Freunde. Ein Bier gemischt mit Limo (bei uns ja in vielen Gegenden als „Radler“ bekannt) schmeckt in der andalusischen Hitze sehr erfrischend und wird nicht mit *„una bicicleta“* (ein Fahrrad) bestellt, wie ich mal eine Landsfrau am Nebentisch hörte, sondern mit *„una clara“.*

Wein

Wein aus Spanien ist längst nicht so bekannt wie vergleichbarer französischer oder italienischer. Zu Unrecht, denn spanische Winzer achten schon seit den 20er Jahren auf hohe Qualität. In jener Zeit entstand nämlich ein System der **Herkunftsbezeichnung,** das strengen Kriterien unterliegt. Eine so genannte *denominación de origen* gilt für bestimmte Weinanbaugebiete, in denen jeweils regionale Vorschriften eingehalten werden müssen. So versucht man, eine gleichbleibende Qualität zu erzeugen. Momentan existieren rund 65 *denominaciones* in ganz Spanien, für das Gebiet der Costa del Sol gibt es nur ein einziges: Málaga.

Festgelegt wird beispielsweise, welche Rebsorten verwendet werden dürfen, in welchem Gebiet angepflanzt wird, und gegebenenfalls ist sogar eine Höchstmenge festgesetzt. Weiterhin wird die Lagerzeit bestimmt. Weißweine und Rosadoweine (Rosé) müssen wenigstens ein Jahr, Rotweine zwei Jahre gelagert werden, ein Jahr davon im Fass. Die Einhaltung all dieser Vorgaben überwacht ein unabhängiges Gremium und vergibt dafür ein **Gütesiegel;** jedes Gebiet der *denominaciones* hat sein eigenes. Obendrein erhalten die Weine eine fortlaufende Nummer, so dass eventuelle Unregelmäßigkeiten sich ge-

103c Foto: sm

nau zurückverfolgen lassen. Auf den Etiketten der Flaschen müssen neben dem Gütesiegel und der Nummer die Traubenbezeichnungen erscheinen.

Das Weinanbaugebiet von **Málaga** liegt grob in einer Zone, die von Torremolinos bis Nerja reicht. Von den Hauptanbaugebieten befinden sich drei im Bereich der Costa del Sol: bei Antequera, Vélez-Málaga und Torrox. An Rebsorten werden offiziell nur Moscatel und Pedro Ximénez für Weißwein aufgeführt, es überwiegen dunkle, süße Weine.

In Bars ist der Hauswein immer preiswert, aber leider nicht immer gut. Bestellt wird er am Tresen einfach mit *„un blanco"* (ein Weißer) oder *„un tinto"* (ein Roter). Im Restaurant geht das im Prinzip ähnlich, da sollte nur der Zusatz *vino de la casa* (Hauswein) nicht fehlen. Eine erfrischende Variante heißt schlicht *vino del verano* (Sommerwein), eine Art gespritzter Rotwein mit Eis.

Restaurant-Knigge

In einem typischen Restaurant geht es oft recht laut her, auch wenn niemand zuschaut, läuft der **Fernseher** mit voller Lautstärke. Man sollte sich davon nicht abschrecken lassen, denn dies sagt nichts über die Küche des Hauses aus. Abendessen wird in einem spanischen Restaurant nirgends vor 21 Uhr angeboten, Ausnahmen werden natürlich in den Touristenorten gemacht. Dort hat man sich auf die Bedürfnisse der Nordeuropäer eingestellt und serviert ab ca. 17 Uhr warme Gerichte.

Platzsuche Wer ein Restaurant betritt, setzt sich niemals direkt an einen freien Tisch. Ein Kellner wird unverzüglich kommen, nach der Personenzahl fragen und dann Tischvorschläge unterbreiten. Sollten alle Tische besetzt sein, wird man gebeten, einen Moment an der Bar zu warten. Man geht nicht einfach selbst zu einem Tisch und fragt: „Ist hier noch frei?", auch dann nicht, wenn nur eine Person einen Riesentisch okkupiert!

In spanischen Bars stellt man sich an den **Tresen,** der Kellner nimmt die Neuankömmlinge garantiert wahr, fragt nach den Wünschen und findet ein Plätzchen am Tresen. Dieser wird erstmal flüchtig geputzt, und dann kommen auch schon Speis' und Trank. Wer an einem **Tisch** Platz nimmt, wartet zwar auch nicht länger, zahlt aber mehr. Bars und Cafés, auch manche Restaurants unterscheiden grundsätzlich zwei Preise, die in der Preisliste so gekennzeichnet sind: *barra* und *mesa*. Am Tresen *(barra)* zu bestellen, kommt immer billiger als am Tisch *(mesa),* da der Laufweg des Kellners wegfällt. Einige Lokale haben noch einen dritten Preis, *terraza*. Der Terrassenpreis ist immer der teuerste, da der Kellner den weitesten Weg zurückzulegen hat.

Bezahlen Die **Preisliste** muss in allen Gastronomiebetrieben aushängen. Zwar findet man die Liste in vielen Lokalen erst nach intensivster Suche, aber es gibt sie immer. Wer in einem Restaurant speist, zahlt in der Regel inklusive Bedienung. Trinkgeld wird zwar immer gegeben, aber nie besonders viel. Beim Bezahlen wird immer die **Gesamtrechnung** auf einem kleinen Tellerchen präsentiert, auseinanderdividiert wird nicht. Es sollte möglichst einer für alle zahlen, oder jeder gibt seinen Teil, ungefähr der Verzehrmenge entsprechend. Die spanischen Kellner sind getrennte Rechnungen nicht gewöhnt und mögen sie auch nicht besonders. Einzelne Posten bezahlen zu wollen ist völlig unüblich!

Beim Bezahlen in einer Bar muss man kein **Trinkgeld** geben; wer es aber möchte, lässt einen kleinen (!) Betrag auf dem Tellerchen, auf dem die Rechnung gebracht wird, nach dem Herausgeben des Wechselgeldes liegen. Ein „stimmt so!" kennt man nicht. Das Trinkgeld landet in einer Extrakasse, dem *bote*. Nicht selten ist dies ein Eimerchen, das in einer Ecke steht, und dorthinein schleudert der Kellner die Münzen in unnachahmlicher Lässigkeit. Die Hälfte segelt vorbei, egal, Hauptsache, der Stil bleibt gewahrt, und der besagt: „Danke, aber ich hab's eigentlich nicht nötig."

Rauchen In Spanien herrscht ein **absolutes Rauchverbot** in allen Lokalen! Nachdem 2006 zunächst ein Anti-Tabak-Gesetz mit vielen Lücken beschlossen wurde, das aber nicht zu den erhofften rauchfreien Bars und Restaurants geführt hatte, wurde Anfang 2011 die Gangart verschärft. Nicht nur in sämtlichen gastronomischen Betrieben herrscht nun Rauchverbot, auch am Arbeitsplatz und teilweise sogar unter freiem Himmel (auf Schulhöfen bzw. auf Plätzen vor einem Krankenhaus). Ausnahmen gelten nur auf offenen Sportplätzen (Stierkampfarena, Fußballstadion) und im Gefängnis.

Wein und Oliven: Was will man mehr?

Feste und Feiertage

Jeder Ort feiert seine eigenen Feste, nicht nur das des jeweiligen Ortspatrons, sondern auch weitere, die meistens uralten Traditionen entspringen. Unter den jeweiligen Ortsbeschreibungen sind die wichtigsten lokalen Festivitäten aufgeführt.

Semana Santa

Die **Osterwoche** wird weihevoll-feierlich begangen und nicht nur als mehrtägiger Kurzurlaub verstanden. Das Fest beginnt mit der **Prozession** am Palmsonntag, also am Sonntag vor Karfreitag. Auch an den folgenden Tagen finden Messen und prunkvolle Umzüge statt, vor allem in den größeren Städten. Im Mittelpunkt steht die Leidensgeschichte Jesu. Gewaltige Figuren werden von stolzen Trägern gemessenen Schrittes durch die Straßen getragen, die Bevölkerung folgt würdevoll.

Fiestas

Jeder Ort, sei er noch so klein, feiert einmal im Jahr das **Fest zu Ehren des Ortspatrons.** Im Grundsatz verlaufen diese *fiestas* immer ähnlich ab. Nach einer Messe wird das Bildnis des Ortspatrons bzw. der Ortspatronin in einer Prozession durch die Straßen getragen, die Bewohner laufen hinterher. Je nach Ausrichtung werden diese Umzüge mal feierlich, mal feucht-fröhlich begangen. Aber immer findet abends eine richtige Fiesta statt, die die ganze Nacht dauert, und das kann man wörtlich nehmen. Ich selbst durfte einmal in einem kleinen andalusischen Dorf mitmachen – als ich um 3 Uhr morgens die Segel strich, galt ich als *debilucho,* als Schwächling ...

Romerías

Ähnlich verläuft eine *romería,* im ursprünglichen Wortsinn eine **Wallfahrt** zu Ehren eines bestimmten Heiligen. Am berühmtesten dürfte die *romería* über Pfingsten nach El Rocío sein, einem kleinen Dorf im Südwesten Andalusiens. In tagelangen Märschen wandert eine Gruppe von Pilgern von Sevilla dorthin, manches Jahr 100.000 Menschen. Besonders spektakulär fallen die *romerías* zu Ehren der **Virgen del Carmen** aus, wenn Prozessionen in offenen Booten über das Meer fahren.

Ferias

Eine *feria* wird in den Sommermonaten in vielen Orten gefeiert. Ursprünglich ein Viehmarkt, hat sich das Fest heutzutage zu einer Mischung aus **Jahr-**

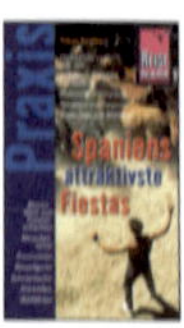

Literaturtipp: Spaniens attraktivste Fiestas aus der Praxisreihe des Reise-Know-How-Verlags

Die Osterprozessionen ziehen eine Menge Zuschauer an

105c Foto: hf

markt, Sommerfest und Dauerfete gewandelt. Als die wohl bekannteste *feria* an der Costa del Sol gilt die einwöchige Party in Málaga, die jedes Jahr etwa Mitte August stattfindet. In jener Woche spazieren feierfreudige Malagueños tagsüber im traditionellen Outfit durch die Straßen, Männer als stolze Herren, Frauen in rüschenbesetzten Flamencokleidern. Aus den Kneipen dröhnt **Flamenco,** jede Bar versucht die nächste zu übertreffen, und geschlossen wird höchstens mal zum Durchfegen. Es wird getrunken, getanzt, gescherzt und nachts geht's erst richtig los. Für eine detailliertere Beschreibung bitte im Ortskapitel Málaga nachlesen. Auch wenn die *Feria de Málaga* die vielleicht größte ist, auch in anderen Orten wird ähnlich kräftig gefeiert, wie beispielsweise in Estepona (7.–12. Juli) oder in Ronda (Anfang September) und Mijas (Anfang September).

Gesetzliche landesweite Feiertage

- 1. Januar: **Año Nuevo,** Neujahr
- 6. Januar: **Día de Reyes,** Heilige Drei Könige
- Gründonnerstag: **Jueves Santo**
- Karfreitag: **Viernes Santo**
- 1. Mai: **Día del Trabajo,** Tag der Arbeit
- 25. Juli: **Santiago Apóstol,** Sankt Jakobus
- 15. August: **Fiesta de la Asunción,** Mariä Himmelfahrt
- 12. Oktober: **Día de la Hispanidad,** auch: Día de la Raza, Jahrestag der Entdeckung Amerikas

267cs Foto: sm

- 1. November: **Todos los Santos,** Allerheiligen
- 6. Dezember: **Día de la Constitución,** Tag der Verfassung
- 8. Dezember: **Purísima Concepción,** Tag der Unbefleckten Empfängnis
- 25. Dezember: **Navidad,** Weihnachten

Regionaler Feiertag

- 28. Februar: **Día de Andalucía,** Feiertag der Autonomen Region Andalusien

Auf geht's zur Feria de Málaga

Religiöse Inbrunst auf Wandkacheln

104c Foto: hf

Formalitäten

Spanien hat das Schengen-Abkommen unterschrieben, wonach das Territorium etlicher europäischer Länder als sogenanntes grenzenloses Gebiet gilt: darunter auch Deutschland, Österreich, Italien, Frankreich, Luxemburg und eben Spanien. Das bedeutet, dass Bürger dieser Länder sich **ohne Grenzkontrollen** in diesem Gebiet bewegen dürfen. Staatsangehörige der **Schweiz** dürfen ohne Visum für drei Monate nach Spanien einreisen.

Das bedeutet aber nicht, dass auf den Personalausweis oder Reisepass verzichtet werden kann, im Gegenteil, die meisten Hotels und alle Campingplätze verlangen ein Personaldokument. Fast alle Betreiber eines Campingplatzes nehmen den Ausweis sogar als Pfand in Verwahrung und geben ihn erst nach Bezahlen der Rechnung wieder zurück. Kinder müssen ihren Kinderausweis mitführen.

Wer mit einem Pkw einreist, benötigt nur den **nationalen Führerschein** (und das Nationalitätenkennzeichen am Fahrzeug). Die **grüne Versicherungskarte** muss nicht mehr an der Grenze vorgezeigt werden, aber bei einem Unfall wird danach gefragt.

Geldfragen

„Adiós a la peseta" hieß es am 1.1.2002, auch in Spanien gilt nun der Euro. Etwas schleppend lief der Umgang mit dem neuen Geld an. Kein Wunder, mussten die Spanier doch ein Verhältnis von 166 (Pesetas) zu 1 (Euro) lernen. Was also früher in einer Bar locker 250 Pesetas für ein Bier waren, sind nun 1,51 €. Das kannten die Spanier schon lange nicht mehr, dass die kleinen Zahlen hinter dem Komma größere Werte darstellen. Der Euro wird übrigens „e-uro" ausgesprochen, also jeder Buchstabe einzeln betont und nicht wie im Deutschen – lautmalerisch geschrieben – als „Oiro". Und die oben genannten 1,51 Euro werden zumeist so ausgesprochen: „Un e-uro con cincuenta y un centimos". (Ein Euro „mit" einundfünfzig Cent). Alles eben eine Frage der Gewöhnung. Aber so ganz einfach ist das halt noch nicht. Selbst in einigen Zeitungen werden Euro-Summen immer noch dahinter in Pesetas umgerechnet genannt. Und in nicht wenigen Geschäften findet man auf dem Kassenbon neben der Euro-Angabe den entsprechenden Wert in Pesetas. Die Münzen zieren den spanischen König, außerdem Miguel de Cervantes (Don Quichote) und die Kathedrale von Santiago de Compostella.

Geldautomat

In jeder Stadt finden sich heute Geldautomaten. Sowohl mit der Bankkarte (auch EC-Karte genannt) als auch mit der Kreditkarte muss man zunächst den jeweiligen PIN-Code eingeben. Als nächsten Schritt wählt man die Sprache, dann folgen alle weiteren Anweisungen auf Deutsch. Wer bereits eine Bankkarte mit dem neuen V PAY-Logo hat, kann bei Millionen Händlern und Tausenden Automaten in Europa bezahlen und Geld abheben. Das Maestro-System ist derzeit allerdings noch weiter verbreitet. Ob und wie hoch die **Kosten für die Barabhebung** sind, ist abhängig von der kartenausstellenden Bank und von der Bank, bei der die Abhebung erfolgt. Man sollte sich daher vor der Reise bei seiner Hausbank informieren, mit welcher spanischen Bank sie zusammenarbeiten. Im ungünstigsten Fall wird pro Abhebung eine Gebühr von bis zu 1 % des Abhebungsbetrags per Maestro-Karte oder gar 5,5 % des Abhebungsbetrags per Kreditkarte berechnet. Mit der **Postbank Sparcard**

Bei 50 % Rabatt kann die Andalusierin nicht vorbeigehen

263cs Foto: sm

kann man zumindest 10 Mal pro Jahr auch außerhalb der Euro-Länder kostenlos Bargeld an Automaten mit VISA- und Plus-Zeichen bekommen (ab der 11. Abbuchung kostet es 5,50 Euro pro Abbuchung).

Für das **bargeldlose Zahlen per Kreditkarte** innerhalb der Euro-Länder darf die Hausbank keine Gebühr für den Auslandseinsatz veranschlagen; für Schweizer wird ein Entgelt von 1–2 % des Umsatzes berechnet.

Bargeldlos In immer mehr europäischen Nachbarländern kann man auch mit der Maestro-(EC-)Karte **direkt im Geschäft** durch Eingabe der PIN-Nummer oder durch Unterschrift zahlen, beispielsweise in den Kaufhäusern von *El Corte Inglés*.

Siehe Kapitel **„Notfälle"** falls die Geldkarte gestohlen bzw. verloren wurde.

Reisekosten

Preisniveau Spanien hat vielfach **fast deutsche Preise.** Dazu kommt, dass Orte, an denen sich viele Touristen aufhalten, ein höheres Preisniveau haben. Das gilt natürlich auch für die Costa del Sol. Wem es vergönnt ist, außerhalb der Sommermonate zu reisen, der wird zumindest beim Bezahlen der Unterkunft merken, dass die Preise sinken. Im Juli und August herrscht Hochsaison, und da zahlt man am meisten. Trotzdem gibt es schon noch Unterschiede. Lebensmittel auf dem Markt sind oft etwas günstiger, Benzin ebenfalls und auch ein Kneipenbesuch schlägt meist nicht so in die Kasse. Aber generell ist Spanien kein Billigreiseland mehr.

Preisbeispiele

- **Bocadillo** (Baguette): ca. 2,50–4 €, je nach Belag
- **Café con leche:** ab 1,20 €
- **Cola:** 1,50–2 €
- **kleines Bier:** ab 1,20 €
- **Tagesmenü:** ca. 9–15 €
- **Museumseintritt:** zwischen 2 und 5 €
- **Busticket im Stadtverkehr:** ca. 1,20 €
- **Abendessen** für zwei Personen, mittlere Kategorie: 30–50 €, inklusive Nachtisch, Wein, Kaffee und Cognac
- **Eintritt Badelandschaft:** 20 € Erwachsene, 15 € Kinder
- **Zeitung:** spanische 1,20 €, deutsche das Doppelte
- **Parken:** etwa 1 € die Stunde
- **Autobahngebühr:** von der spanischen Grenze bis Málaga etwa 65 €
- **Campingplatz:** 2 Personen, Auto und Zelt bzw. Caravan: um 15–30 €, je nach Kategorie
- **Hotels:** von 22 bis 220 € ist alles möglich
- **Kurtaxe:** gibt's nicht

Gesundheit

Sprachproblem

Über das deutsche Konsulat in Málaga oder über seinen Automobilclub können Adressen von **deutschsprachigen Ärzten** erfragt werden.

Gesetzliche Krankenversicherung

Die gesetzlichen Krankenkassen von Deutschland und Österreich garantieren eine Behandlung im akuten Krankheitsfall auch in Spanien, wenn die Versorgung nicht bis nach der Rückkehr warten kann. Als Anspruchsnachweis benötigt man die **Europäische Krankenversicherungskarte,** die man von seiner Krankenkasse erhält.

Im Krankheitsfall besteht ein Anspruch auf ambulante oder stationäre Behandlung bei einem staatlichen Gesundheitszentrum oder in staatlichen Krankenhäusern. Eine Zahnarztbehandlung fällt(!) in den Leistungskatalog der spa-

Hier braucht niemand einen Arzt

265cs Foto: sm

nischen Sozialversicherung, muss also selbst bezahlt werden. Da jedoch die Leistungen nach den gesetzlichen Vorschriften im Ausland abgerechnet werden, kann man gebeten werden, zunächst die Kosten der Behandlung selbst zu tragen. Obwohl bestimmte Beträge von der Krankenkasse hinterher erstattet werden, kann ein Teil der finanziellen Belastung beim Patienten bleiben und zu Kosten in kaum vorhersagbarem Umfang führen.

Auslandskrankenversicherung

Deshalb wird der Abschluss einer privaten Auslandskrankenversicherung dringend empfohlen.

Bei Abschluss der Versicherung – die es mit bis zu einem Jahr Gültigkeit gibt – sollte auf einige Punkte geachtet werden. Zunächst sollte ein Vollschutz ohne Summenbeschränkung bestehen, im Falle einer schweren Krankheit oder eines Unfalls sollte auch der Rücktransport übernommen werden, denn der Krankenrücktransport wird von den gesetzlichen Krankenkassen nicht übernommen. Diese Zusatzversicherung bietet sich auch über einen Automobilclub an, insbesondere wenn man bereits Mitglied ist. Diese Versicherung bietet den Vorteil billiger Rückholleistungen (Helikopter, Flugzeug) in extremen Notfällen. Wichtig ist auch, dass im Krankheitsfall der Versicherungsschutz über die vorher festgelegte Zeit hinaus automatisch verlängert wird, wenn die Rückreise nicht möglich ist.

Zur Erstattung der Kosten benötigt man ausführliche **Quittungen** (mit Datum, Namen, Bericht über Art und Umfang der Behandlung, Kosten der Behandlung und Medikamente).

Hin- und Rückreise

Per Auto

Von Hamburg bis nach Málaga im Zentrum der Costa del Sol sind es stolze 2800 Kilometer. Da lohnt sich die Fahrt mit dem Auto eigentlich erst, wenn man etwa drei Wochen zur Verfügung hat. Ansonsten ist man mit einem Flug wohl besser bedient.

Durch **Frankreich** sollte die **gebührenpflichtige Autobahn** gewählt werden, alles andere dauert deutlich länger, nach meiner Erfahrung bis zu einem ganzen Tag.

Grob führen je nach Ausgangspunkt drei Wege in Richtung Spanien, alle laufen spätestens ab Lyon zusammen. Norddeutsche reisen vorzugsweise **über Freiburg,** zunächst über die A7, später über die A5. Die Grenze wird bei Mulhouse überschritten, und es geht weiter über die französische Autobahn A36 Richtung Dijon. Dort stößt die A36 auf die nach Süden führende Autobahn, die über Lyon, Montpellier und Narbonne zur spanischen Grenze führt.

Alternativ kann ein Reisender aus Norddeutschland auch den Weg wählen, den die meisten Westdeutschen wohl fahren werden, nämlich **über Luxemburg.** Die Route führt von Trier über Luxemburg nach Frankreich, verläuft dann über die A31 nach Metz und Nancy und erreicht schließlich auch Dijon, wobei das Stück bis Nancy gebührenfrei bleibt. Ab Dijon verdichtet sich der Verkehr, denn dort vereinen sich drei Autobahnen, die aus Paris, die aus Mulhouse und die aus Luxemburg.

Wer aus dem Raum Süddeutschland startet, kann sowohl die Variante über Freiburg wählen als auch **durch die Schweiz** fahren. Diese Route führt über Zürich, Bern, Lausanne und Genf und stößt schließlich bei Lyon auch auf die zur spanischen Grenze führende Autobahn.

Luxemburg – Dijon

Luxemburg ist schnell passiert, die Autobahn ist hervorragend ausgeschildert und kostenfrei. Das kleine Herzogtum wird in Richtung A31 verlassen, und der ganze Weg über Thionville bis **Metz** bleibt gebührenfrei, immerhin fast 60 Kilometer. Die Autobahn verläuft großzügig an Metz vorbei und führt schnurstracks nach Süden, immer noch mautfrei. Erst bei dem Ort **Toul,** unweit von Nancy, wird erstmals eine Zahlstelle erreicht, da sind aber schon 130 Kilometer zurückgelegt.

Die A31 verläuft ab Toul stetig nach Süden, nächster neuralgischer Punkt ist das Autobahndreieck bei Langres, da sich dort die Autobahn mit der A15 aus Paris vereint. Nach etwa 320 Kilometern (von Luxemburg) wird schließlich **Dijon** erreicht. Nun fehlen nicht mehr allzu viele Kilometer bis **Beaune,** wo sich das Verkehrsaufkommen spürbar erhöht. Von Paris kommt die A6, die beiden Autobahnen vereinen sich und verlaufen als A6 nach Süden, als **Autoroute du Soleil.**

Freiburg – Dijon

Die Grenze zwischen Deutschland und Frankreich nimmt man kaum wahr. Eben noch in Freiburg gewesen und deutschen Schildern gefolgt, huscht man rüber auf französisches Gebiet, ohne es richtig zu realisieren, und schon wird **Mulhouse** erreicht. Die Autobahn A36 verläuft über gut 240 Kilometer und erreicht bei **Dole** die nach Süden führende A39, die bei **Lyon** auf die Autobahn A7 nach Süden stößt.

205c Foto: hf

Dijon – spanische Grenze

Der Rastplatz Beaune-Tailly bei Kilometer 307 hat nicht nur ein gutes Motel und mehrere Restaurants, sondern auch eine besichtigenswerte Sehenswürdigkeit zu bieten, das **Archéodrome Bourgogne.** Eine bestens geeignete Pausenmöglichkeit, um den lieben Kleinen mal etwas Abwechslung zu bieten, denn dieses archäologische Museum zeigt, wie unsere Vorfahren lebten. Keine staubtrockenen Exponate, sondern durch Puppen nachgestellte Szenen des Alltags bis hin zu schwerterschwingenden Kämpfern. Eine weitere Überraschung bietet der Rastplatz bei Kilometer 364, der ganz im Zeichen von Pilzen gehalten ist, mit originellem Kinderspielplatz und Trimmpfad.

Weiter auf der Autobahn wird **Lyon** erreicht, immer noch das einzige Nadelöhr auf dem Weg nach Süden. Zwei Wege werden angeboten, einer führt mitten durch die Stadt, auf dem anderen wird der Fahrer weiträumig an der Stadt vorbeigelotst. Ich bin beide Strecken gefahren, und mir schien der Weg durch die Stadt angenehmer. Bis auf einen ganz kurzen Abschnitt verläuft nämlich eine zweispurige, autobahnähnliche Straße mitten durch Lyon (auf der Rückfahrt stur der Beschilderung „Paris" folgen). Die Umgehungsstrecke erfordert etwas mehr Konzentration, da hier etliche Gabelungen richtig zu nehmen sind. In weitem Bogen schwingt sich die Umgehungsautobahn A46

Bei den großen Autobahnen heißt es zahlen!

östlich an Lyon vorbei in Richtung Grenoble. Schließlich wird der Abzweiger Marseille erreicht, bei dem es dann wieder Richtung Süden geht, zurück auf die E-15.

Die Autobahn heißt nun A7 und führt stetig nach Süden. Zunächst wird **Valence** passiert, später **Montélimar,** und nun wird auch schon bald der erste Hinweis auf **„Barcelone"** kommen. Die Autobahn verläuft parallel zur Rhône, vereinzelt erheischt man einen Blick auf diesen Strom. Nach etwa 700 Kilometern (von Luxemburg) wird **Orange** erreicht, hier gabelt sich die Autobahn erneut. Die A7 biegt ab in Richtung Marseille, während die Strecke zur Costa Brava A9 heißt und über Avignon, Nîmes, Montpellier und Narbonne immer dem **Küstenverlauf des Mittelmeers** folgt. Bei Montpellier kann erstmals das Meer erspäht werden. Dann wird bei Narbonne ein weiteres Autobahndreieck erreicht: Die A61 von Toulouse stößt auf unsere „Route des Südens". Dann wird Perpignan nach gut 1000 Kilometern (von Luxemburg) erreicht. Die Raststätte „Village Catalan" gibt einen ersten Eindruck in die kulturelle Umgebung, in der man sich nun bewegt. Ein katalanisches Dorf wurde hier nachgebaut. Und dann wird endlich kurze Zeit später die **Grenze** erreicht, heutzutage brausen wir nur noch durch, dem Schengen-Abkommen sei Dank.

Autobahngebühren

Für einen Pkw:

Unter www.autoroutes.fr kann man im Internet die aktuellen Gebühren für die französische Autobahn erfragen (nur franz. und engl.).

Eine Vorstellung über die Mautgebühren bekommt man auch als Mitglied beim ADAC oder ÖAMTC oder TCS über deren Internetseiten (www.adac.de: „Reise & Freizeit/Routenplanung"; www.oeamtc.at: „Reise/Routenplaner"; www.tcs.ch: „Verkehrsinfo/Reiserouten und Anfahrtspläne").

Die Schweizer Vignette muss jeder deutsche Autofahrer haben, der auf Schweizer Autobahnen oder autobahnähnlichen Strecken fährt. Wer ohne sie erwischt wird, zahlt eine saftige Strafe und muss sie obendrein nachkaufen. Automobilclubs verkaufen die Vignette, ansonsten kann sie an der Grenze erworben werden.

Staugefahr

Im Juli und August ist die Strecke zwischen Lyon und der spanischen Grenze eine der am stärksten befahrenen Autobahnen Europas! Schon aus diesem Grund sollte jeder sein Pensum nicht zu großzügig bemessen und Staus genauso wie Übernachtungspausen einkalkulieren.

Übernachten in Frankreich

Etwa alle 80 Kilometer befindet sich auf einem der großen Rastplätze ein **Motel.** Diese sind immer rechtzeitig ausgeschildert, erstmals bereits 20 Kilometer vorher. Angeboten werden drei Zimmertypen, deren qualitative Unterschiede marginal sind. Die Preise liegen bei etwa 45–90 € pro Zimmer, je nachdem für welche Zimmerqualität man sich entscheidet. Frühstück wird extra berechnet, der Wagen parkt direkt vor dem Zimmer. Erstaunlicherweise schläft es sich recht ruhig, trotz der unmittelbaren Nähe zur Autobahn.

Die **Raststätten** fallen grundsätzlich recht großzügig aus. Wenn sogar ein Motel errichtet wurde, hat man nicht an Platz gespart. Ein Restaurant fehlt nie, ein kleiner Laden auch nicht, ein Bistro, eventuell noch eine Snackbar runden das Angebot ab. Aber auch die Raststätten ohne Tankstelle und Verpflegung können sich sehen lassen, ein WC gibt es immer, eine Freiluft(!)-Dusche meistens.

Durch Spanien

Glücklich an der französisch-spanischen Grenze angekommen, bleiben immer noch schlappe 1000 Kilometer. Die Grenze selbst nimmt man heute kaum noch wahr. Auf spanischer Seite rollt zunächst recht viel Verkehr Richtung **Barcelona.** Im Großraum dieser Millionenstadt, der nach etwas mehr als 100 Kilometern erreicht wird, verdichtet sich das Verkehrsaufkommen. Der Urlauber, den es nach Süden zieht, wird großzügig um Barcelona herumgeleitet. Ausgeschildert sind Tarragona und die AP-7. Zwischen beiden Städten verläuft die *autopista* dreispurig, wenn auch nicht durchgehend. Mehrfach müssen übrigens kleinere Summen zwischen 2 und 5 € an Mautgebühr bezahlt werden, also sollte man Kleingeld bereithalten.

Wenn **Tarragona** erreicht ist, wird es auch etwas ruhiger auf der Autobahn. Die AP-7 verläuft weiterhin **parallel zur Küstenlinie** nach Süden, ausgeschildert sind nun Valencia und Alicante. Schließlich endet die Autobahn in **Murcia,** geht dort nahtlos in die zweispurige Nationalstraße N-340 über, die umbenannt wurde in A-7. Auch die autobahnähnliche Zweispurigkeit endet bei **Adra,** und ab dort wird es dann ziemlich kurvig, aber nur ein kurzes Stück, ab **Castillo de Baños** geht es schon wieder auf der A-7 weiter. Wer gerne kurvige Küstenstraßen fährt, kann auf der alten N-340 bleiben. Der komplette Zusammenschluss der Autobahn ist geplant, aber momentan fehlt das Geld, um die letzte Lücke zu schließen. Dann ist die A-7 von Hamburg bis Gibraltar durch ganz Europa endlich eine durchgehende Autobahn. Wer in den Großraum Málaga reist, kann sich die kurvige Strecke entlang der Küste ersparen und fährt besser ab Lorca (bei Murcia) auf der A-92 über Granada durchs Hinterland auf einer Autobahn bis Málaga.

Per Autozug

Nach Narbonne

Im Hochsommer quält sich halb Europa über die französischen Autobahnen Richtung Spanien und steht kollektiv im Stau. Bequemer und vor allem entspannter geht es mit dem AutoZug, wenn auch zunächst der Preis manchen Reisenden zögern lässt.

Die DB AutoZug GmbH bietet von (Berlin-Wannsee, Düsseldorf, Hamburg-Altona, Neu Isenburg) einmal wöchentlich eine Verbindung bis zum südfranzösischen Ort Narbonne an. Von dort fährt man dann nur noch 140 Kilometer bis zur spanischen Grenze. Die Fahrt dauert rund 21½ Stunden für die 1620 km lange Strecke ab Berlin, der angehende Urlauber erreicht am darauffolgenden Morgen ausgeschlafen Narbonne. Gewählt werden kann zwischen Schlafwagenabteil (für maximal drei Personen), Einzelplätzen im Liegewagen und einem ganzen Liegewagenabteil für maximal fünf Personen.

Der Preis richtet sich nach den Saisonzeiten. Für die Strecke von Berlin nach Narbonne zahlen zwei Erwachsene im Liegewagen inklusive Auto **309–709 €** je nach Saison.

- **DB AutoZug,** www.deautozug.de oder Tel. 01805 241 224 (0,14 €/Min.).

Per Bahn

Die schnellste und komfortabelste Verbindung an die Costa del Sol führt über Paris und Madrid mit dem direkten **Talgo Schlafwagenzug** „Francisco de Goya“. Er startet täglich in der französischen Hauptstadt gegen 19 Uhr vom Gare d’Austerlitz und erreicht den Bahnhof Chamartin der spanischen Metro-

201c Foto: hf

pole am nächsten Morgen gegen 9 Uhr. An Bord sind Schlafwagen-Abteile unterschiedlicher Preis- und Komfort-Kategorien sowie ein sehr gutes Bordrestaurant. An der Grenze werden die Radsätze auf die breitere spanische Spurweite umgestellt, was den Reisenden den sonst dort obligatorischen Umstieg erspart.

Einen Schlafwagenzug gleicher Bauart gibt es dreimal wöchentlich von Zürich, Bern und Genf nach Barcelona, von wo aus man mit dem Hochgeschwindigkeitszug **AVE Madrid-Atocha** in rund zweieinhalb Stunden erreicht. Wer seine Reise in Barcelona unterbricht, kann von dort täglich morgens mit einem direkten Schnellzug bis Málaga in weniger als 6 Stunden fahren.

Wer gern stilvoll reist und sich etwas gönnen möchte, wählt bei diesen Nachtzügen die „Gran Classe"-Abteile mit eigener Dusche und WC sowie einem im Preis inbegriffenem mehrgängigen Abendmenü und einem reichhaltigen Frühstück im Zugrestaurant.

Die Talgo-Züge werden von der Gesellschaft **ELIPSOS** betrieben und bewirtschaftet: Bordsprache ist Spanisch. So kommt schon in Zürich, Paris oder Bern die richtige Urlaubsstimmung auf. Und sie sind sehr beliebt: In der Hochsaison kurzfristig noch Plätze zu bekommen, ist nicht einfach.

Ankunft des „AutoZuges" in Narbonne, Südfrankreich

Anreise über Frankreich

Eine gute Alternative zu den genannten Schlafwagenzügen sieht so aus: Anreise vom Ausgangsort nach Paris mit Ankunft am frühen Abend. Gegen 23 Uhr dann weiter mit einem französischen Nachtzug vom Bahnhof Paris-Austerlitz zum Grenzort Irun (ca 7.30 Uhr), von wo gegen 8.30 Uhr ein spanischer Zug die Fahrt nach Madrid-Chamartin aufnimmt. Die Ankunft dort ist um 14 Uhr. Diese Variante wird täglich angeboten und ist vor allem in preislicher Hinsicht meist jener mit dem Talgo-Schlafwagenzug vorzuziehen.

Die Fahrt bis Paris findet, je nach Ausgangsort, mit unterschiedlichsten Zugtypen statt: aus der nördlichen Hälfte Deutschlands über Köln mit dem **Thalys,** aus der südlichen Hälfte sowie aus der Schweiz und Österreich mit dem **TGV** über Strasbourg oder über Mulhouse.

Für den Bahnhofswechsel per Metro in Paris sollten ungefähr anderthalb Stunden eingeplant werden. Alle Züge aus Deutschland kommen in Paris auf dem Bahnhof Paris-Est) oder Paris-Nord an. Aus der Schweiz und aus dem Freiburger Raum reist man über Mulhouse zum Pariser Gare de Lyon, den nur ein kurzer Spaziergang vom Gare d'Austerlitz trennt.

Ein erneuter Bahnhofswechsel in Madrid ist bei den Verbindungen erforderlich, wo der Ankunftsbahnhof Chamartin ist. Die Weiterfahrt nach Süden ist generell von Atocha aus. Der Wechsel dauert mit der S-Bahn **Cercanias** rund 20 Minuten. Der Einlass zum S-Bahnsteig erfolgt kostenlos gegen Vorzeigen der Fernfahrkarte. Beim Bahn-Spezial-Reisebüro Gleisnost (s. u.) gibt es für die Bahnhofs-Transfers neben detaillierten Weg-Beschreibung in den genannten Städten auch gleich das Metroticket für Paris dazu.

Ab Madrid-Atocha benötigt der Hochgeschwindigkeitszug **AVE** dann noch rund drei Stunden bis Málaga.

Ab Ende 2012 wird die neue Bahn von Perpignan nach Barcelona unter den Pyrenäen hindurch fertiggestellt sein. Zusammen mit der Wieder-Inbetriebnahme der Bahnstrecke Freiburg – Mulhouse werden sich ganz neue und teils erheblich schnellere Reise-Möglichkeiten ergeben.

Praktisch alle genannten Verbindungen sind **reservierungspflichtig.** Das verhindert einerseits spontane Reisen, garantiert aber andererseits jedem Fahrgast einen bequemen Platz.

Im reinen Vergleich der Fahrzeiten (je nach Ausgangsort 22 bis 30 Stunden für die einfache Fahrt) und auch beim Preis (je nach Ausgangsort, Zeitpunkt der Buchung und gewählter Verbindung 150–250 Euro) ist die Bahnfahrt dem Flugzeug meist unterlegen. Die Anreise mit dem Zug an die Costa del Sol ist dennoch nicht nur etwas für Exoten und Flug-Ängstliche: Es hat durchaus seinen Reiz, gemütlich den halben Kontinent zu durchqueren und bei der Ankunft gleich mittendrin zu sein. Der größte Vorteil gegenüber dem Flug ist die Möglichkeit, in den vielen interessanten Orten unterwegs die Fahrt für ein paar Stunden oder Tage zu unterbrechen und so, „en passant", einfach mehr als nur den eigentlichen Zielort kennenzulernen.

Für alle genannten Verbindungen gibt es häufig sehr interessante **Frühbucher-Rabatte** – allerdings mit den unterschiedlichsten Konditionen und Preisen. Auch bieten die beteiligten Bahngesellschaften diverse Pässe an, z. B. Inter-Rail. Deren individuelle Attraktivität hängt von der restlichen Reiseplanung ab, die man am Besten in einem Gespräch mit seinem Fahrkartenverkäufer klärt. Einen halbwegs vollständigen Überblick über die besten Preise zu schaffen ist auch wegen der häufig wechselnden Angebote kaum möglich. Ein Grundprinzip ist jedoch auch hier: Wer früh bucht, kann richtige Schnäppchen machen.

Buchung

Wer sich nicht selbst durch den Dschungel der Bahntarife und Fahrpläne schlagen und trotzdem Geld sparen will, erhält bei einer spezialisierten Bahn-Agentur kompetente Beratung – und auf Wunsch die Tickets an jede gewünschte Adresse in Europa geschickt. Die hiergenannten Informationen wurden uns von der Freiburger Bahn-Agentur Gleisnost zur Verfügung gestellt (www.gleisnost.de, Tel. 0761-383 031).

Per Bus

Von Pauschalreisen abgesehen (Information und Buchung in vielen Reisebüros) gibt es, bedingt durch die langjährige Gastarbeiter- und Urlaubertradition, **gute Linienbusverbindungen** zwischen Deutschland und Spanien.

Von vielen deutschen Großstädten aus wird mit recht komfortablen Fernreisebussen mehrmals die Woche Málaga angesteuert, teils direkt und teils mit Umstieg in Barcelona. Die Kosten belaufen sich auf etwa 150–170 Euro (einfach) bzw. 250–280 Euro (hin- und zurück). Kinder unter 12 Jahren zahlen die Hälfte, unter 4 Jahren 20 % des Fahrpreises. Auf allen Routen erhalten Studenten mit Ausweis 10 % Rabatt, alle Tickets können mit festem oder offen gelassenem Rückreisedatum gebucht werden. Die Fahrtzeit bis Málaga beträgt je nach Ausgangsort ca. 30 bis 35 Stunden.

Die Mitnahme von **Reisegepäck** ist auf zwei Gepäckstücke in Koffermaßen und ein Handgepäck pro Person begrenzt. Wenn es die Gepäckraumkapazität zulässt, kann nach Ermessen des Fahrers ein drittes Gepäckstück gegen eine Gebühr von 5 Euro mitgenommen werden. Es ist daher reine Spekulation, ob ein Fahrrad mitgenommen werden kann oder nicht, und dann auch nur ordentlich in Karton verpackt.

Wichtig: Die Reservierung für die Rückfahrt (Rückbestätigung) muss für offen gelassene Rückfahrttermine vier Tage vor Fahrtantritt am Zielort durchgeführt werden, wofür vor Ort eine Gebühr von 3 Euro erhoben wird.

Vor allem für Preisbewusste, die sich nicht Ewigkeiten im Voraus festlegen wollen, ist der Bus eine gute Wahl. Während bei der Bahn oder den Billigfliegern alle bezahlbaren Kontingente nur bei langfristiger Vorbuchung zu haben sind, lässt sich so ein Busticket auch noch relativ kurzfristig erhaschen.

Infos und Buchung gibt es z. B. bei:

- **www.touring.de**

Per Flugzeug

Wer an die Costa del Sol reist, fliegt nach Málaga, was mit Linienfluggesellschaften von vielen Flughäfen in Deutschland, Österreich und der Schweiz möglich ist und etwa **drei Stunden** dauert. Der *aeropuerto* liegt keine zehn Kilometer vom Zentrum entfernt und nicht einmal zwei Kilometer vom Nachbarort **Torremolinos.** Wer ein Pauschalangebot gebucht hat, wird von dort gleich per Bus zu seinem Hotel gebracht. Diejenigen, die auf eigene Faust reisen, müssen zunächst nach Málaga fahren und von dort weiter. Am Flughafen bieten etliche Mietwagenfirmen ihre Autos an.

Die **Vorortbahn Cercanías Málaga** verbindet etwa alle 30 Minuten die Metropole mit dem Flugplatz. Vom Ankunftsbereich des Flughafens zunächst das Gebäude verlassen, den Vorplatz überqueren und direkt auf den Bahnhof zulaufen. Die Beschilderung könnte wahrlich besser sein, aber immerhin findet sich draußen dann doch ein einsames Richtungsschild „Train“. Tickets gibt es nur am Automaten, die Menüführung ist denkbar einfach, der Zielbahnhof heißt **Málaga Centro-Alameda.** Wer in die andere Richtung in einen Küstenort fahren will, kann dies per Bahn bis Fuengirola machen. Die Frequenz beträgt alle 30 Minuten.

Wer vom Flugplatz kommend ab Málaga **per Bahn weiter reisen** möchte, kann mit der Cercanías-Bahn bis zur Station María Zambrano fahren, der Fernbahnhof befindet sich genau dort, wie übrigens auch der große Busterminal.

Wer **per Bus weiter** möchte, steigt hier aus, der Busterminal liegt gleich neben dem Bahnhof. Bus-Nr. 75 fährt bis Paseo del Parque mitten im Zentrum von Málaga. Oder man fährt mit Bus Nr. 19 bis zur Estación Muelle Heredia, die auch schon sehr zentrumsnah liegt.

Flugpreise

Ein Economy-Ticket von Deutschland, Österreich und der Schweiz hin und zurück nach Málaga bekommt man je nach Jahreszeit und Aufenthaltsdauer **ab rund 180 Euro** (einschl. aller Steuern, Gebühren und Entgelte). Am teuersten ist es in der Hauptsaison im Sommerhalbjahr, in der die Preise für Flüge in der Ferienzeit besonders hoch sind und über 500 Euro betragen können.

Kinder unter zwei Jahren fliegen ohne Sitzplatzanspruch für 10 % des Erwachsenenpreises, ansonsten werden für ältere Kinder die regulären Preise je nach Airline um 25–50 % ermäßigt. Ab dem 12. Lebensjahr gilt der Erwachsenentarif.

Buchung

Bei der Buchung von Linienflügen gilt: Vergünstigte Spezialtarife und befristete Sonderangebote kann man nur bei wenigen Fluggesellschaften in ihren Büros oder direkt auf ihren Websites buchen; diese Angebote sind jedoch immer bei Spezialreisebüros wie u. a. Jet-Travel in Hennef (Tel. 02242/868606, www.jet-travel.de) erhältlich, die uns die hier genannten Informationen zur Anreise per Flugzeug zur Verfügung gestellt haben.

Billigfluglinien

Preiswerter geht es mit etwas Glück nur, wenn man bei einer Billigairline **sehr früh online bucht.** Es werden keine Tickets ausgestellt, sondern man bekommt nur eine Buchungsnummer per E-Mail. Zur Bezahlung wird in der Regel eine Kreditkarte verlangt.

Im Flugzeug gibt es oft **keine festen Sitzplätze,** sondern man wird meist schubweise zum Betreten der Maschine aufgerufen, um Gedränge weitgehend zu vermeiden (gilt nicht für Air Berlin!). **Verpflegung** wird extra berechnet.

Für die Region interessant sind:

- **Air Berlin,** www.airberlin.com. Fliegt von vielen deutschen, österreichischen und schweizerischen Städten
- **Condor,** www.condor.com. Von Frankfurt
- **Easy Jet,** www.easyjet.com. Von Berlin, Basel und Genf
- **Germanwings,** www.germanwings.com. Von Stuttgart nonstop, von Dresden und Berlin-Schönefeld über Stuttgart
- **Ryanair,** www.ryanair.com. Von Hahn im Hunsrück, Weeze am Niederrhein und Bremen
- **Transavia,** www.transavia.com. Von Eindhoven, Groningen und Amsterdam

Last Minute

Wer sich erst im letzten Augenblick für die Reise an die Costa del Sol entscheidet oder gern pokert, kann Ausschau nach Last-Minute-Flügen halten, die **ab etwa 14 Tage vor Abflug** angeboten werden, wenn noch Plätze zu füllen sind. Diese Flüge lassen sich nur bei Iberia direkt (www.iberia.de) und ansonsten nur bei Spezialisten buchen:

- **L'Tur,** www.ltur.com, Tel. 00800 21 21 21 00 (gebührenfrei für Anrufer aus Europa); 165 Niederlassungen europaweit
- **Lastminute.com,** www.lastminute.de, (D-)Tel. 01805 284 366 (0,14 €/Min.), für Anrufer aus dem Ausland Tel. 0049 89 4 446 900
- **5 vor Flug,** www.5vorflug.de, (D-)Tel. 01805 105 105 (0,14 €/Min.), (A-)Tel. 0820 203 085 (0,145 €/Min.)
- **Restplatzbörse,** www.restplatzboerse.at, (A-)Tel. (01) 580 850

Mini „Flug-Know-how"

Check-in

Nicht vergessen: Ohne einen **gültigen Reisepass oder Personalausweis** (Letzteres gilt nur für EU-Staatsbürger) kommt man nicht an Bord.

Bei den innereuropäischen Flügen muss man mindestens **eine Stunde vor Abflug** am Schalter der Airline eingecheckt haben. Viele Airlines neigen zum Überbuchen, d. h. sie buchen mehr Passagiere ein, als Sitze im Flugzeug vorhanden sind, und wer zuletzt kommt, hat dann möglicherweise das Nachsehen.

Viele Airlines bieten einen **Web-Check-In** an, bei dem man sich meist 24 Stunden vor Abflug seinen Sitzplatz am heimischen PC aussuchen, fest reservieren und auch die Bordkarte ausdrucken kann. Bei der Lufthansa beispielsweise kann man sich eine „Bordkarte" auch aufs Handy schicken lassen und checkt dann papierlos ein.

Das Gepäck

In der Economy-Class darf man in der Regel nur ein **Gepäckstück bis zu 20 kg pro Person** einchecken und zusätzlich ein Handgepäck von 7 kg in die Kabine mitnehmen, welches eine bestimmte Größe von 55 x 40 x 23 cm nicht überschreiten darf. In der Business Class sind es meist 30 kg pro Person und zwei Handgepäckstücke, die insgesamt nicht mehr als 12 kg wiegen dürfen. Man sollte sich beim Kauf des Tickets über die Bestimmungen der Airline informieren.

Fluggäste dürfen **Flüssigkeiten** oder vergleichbare Gegenstände in ähnlicher Konsistenz (z. B. Getränke, Gels, Sprays, Shampoos, Cremes, Zahnpasta, Suppen) nur in der Höchstmenge von jeweils 0,1 Liter als Handgepäck mit ins Flugzeug nehmen. Die Flüssigkeiten müssen in einem durchsichtigen, wiederverschließbaren Plastikbeutel transportiert werden, der maximal einen Liter Fassungsvermögen hat. Da sich diese Regelungen jedoch ständig ändern, sollte man sich beim Reisebüro oder der Fluggesellschaft nach den derzeit gültigen Regelungen erkundigen.

Aus Sicherheitsgründen dürfen **Taschenmesser, Nagelfeilen, Nagelscheren,** sonstige Scheren und Ähnliches nicht mehr im Handgepäck untergebracht werden. Diese sollte man unbedingt im aufzugebenden Gepäck verstauen, sonst werden diese Gegenstände bei der Sicherheitskontrolle einfach weggeworfen. Darüber hinaus gilt, dass Feuerwerke, leicht entzündliche Gase (in Sprühdosen, Campinggas), entflammbare Stoffe (in Benzinfeuerzeugen, Feuerzeugfüllung) etc. nichts im Passagiergepäck zu suchen haben.

202c Foto: hf

Infostellen

Ortsbüros

Die meisten der im Buch vorgestellten Orte haben ein eigenes Touristenbüro, die Adresse ist jeweils in einem kleinen Infokasten vor der Ortsbeschreibung angegeben. Wer allgemeine Infos zu diesem Ort möchte, vielleicht auch eine Liste der Unterkünfte, wird hier gut bedient. Die Büros antworten auch auf Anfragen aus dem Ausland. Dem Paket wird niemals eine Zahlungsaufforderung beigelegt, wie es bei den Kurverwaltungen an Nord- und Ostsee noch Usus ist. Wer eine ganz spezielle Frage stellt, wird dagegen nicht selten enttäuscht. Der Prospektversand klappt ausgezeichnet, individuelle Fragen jedoch fallen häufig durch.

Fremdenverkehrsämter

Mit ganz allgemeinen Anfragen kann man sich auch an eines der spanischen Fremdenverkehrsämter wenden.

- **Internet:** www.spain.info
- **Deutschland:** Tel. 01803 002 647
- **Österreich:** Tel. 0810 242 408
- **Schweiz:** Tel. 00800 10 105 050
- **E-Mail für Deutschland, Österreich, Schweiz:** spaininfo@tourspain.es

Wer mit dem eigenen Boot anreist, kann sich dann im Hafen bestaunen lassen

Internet

Viele Orte haben eigene Internetadressen, die bei den jeweiligen Ortsbeschreibungen genannt werden.

- **www.spain.info**

Die Seite des spanischen Fremdenverkehrsamtes bringt Infos zu ganz Spanien, auch zur Sonnenküste, auf Deutsch.

- **www.costadelsolnachrichten.com**

Homepage der deutschsprachigen Wochenzeitung Costa del Sol Nachrichten, bietet tagesaktuelle Infos.

- **www.visitcostadelsol.com**

Die Seite vom Tourismusverband (auch auf Deutsch), bietet Tipps und Infos, aber auch die Möglichkeit, Unterkünfte zu buchen. Alle denkbaren Orte, und seien sie noch so klein, werden ausführlich beschrieben.

- **www.ctropical.org**

Gibt bestenfalls allgemeine Infos (Spanisch und Englisch).

- **www.infocostatropical.com**

Der Untertitel lautet übersetzt: „Digitale Zeitung der Costa Tropical". Bringt aktuelle Nachrichten auf Spanisch.

- **www.costatropical.com.**

Etliche Tipps auf Englisch sind hier aufgelistet, inklusive eines „Pub Guide".

Mit Kindern unterwegs

Immer nur im Sand buddeln, morgens zum Strand laufen, abends zurück und zwischendurch vielleicht ein Eis – das wird selbst den genügsamsten Kindern irgendwann zu langweilig. Hier ein paar Tipps, die Abwechslung bringen:

Tropfsteinhöhlen

Einmal durch eine gespenstische Höhle schleichen, jahrmillionenalte Stalagtiten und Stalagmiten bewundern und sich zum x-ten Mal den Kopf zerbrechen, welche noch mal nach oben und welche nach unten wachsen: In den Tropfsteinhöhlen von **Nerja** ist's möglich.

Sea Life Center

Den Meeresbewohnern in ihrer ureigenen Umgebung über die Schwanzflosse gucken, staunend durch einen Glastunnel stolpern, während der Hai einen angrinst: im Sea Life Center in **Benalmádena Costa.**

Schiffstour

Allzu viele Angebote gibt es nicht. Eine kleine Verbindung führt von **Marbella** (Strandpromenade) zum benachbarten Hafen von Puerto Banús, eine andere von **Benalmádena** entlang der Küste.

100-prozentige Kreischgarantie im Badepark

203c Foto: hf

Affenfelsen Warum, wieso, weshalb **Gibraltar** britisch und nicht spanisch ist, dürfte den lieben Kleinen piepegal sein. Die niedlichen Affen dagegen wohl kaum, mit denen spielen alle Kinder gerne.

Badeparks Mit Juchee kurvige Rutschen runtersausen, stundenlang im warmen Becken planschen und zwischendurch Pommes verdrücken: möglich in **Mijas Costa, Torremolinos, Vélez-Málaga, Benalmádena, Almuñécar** und **Estepona.**

Vergnügungspark Tivoli Kein Vergnügungspark mit spektakulären Angeboten, trotzdem mit einem runden Programm. Kleiner Schönheitsfehler: Der Park öffnet im Hochsommer erst am Nachmittag. Zu finden in **Arroyo de la Miel** bei Benalmádena.

Kutschfahrt In **Nerja** warten Pferdekutschen, mit denen man mal gemütlich im Zockeltrab durch den Ort fahren kann.

Eseltaxi Das *burro taxi* in **Nerja** macht Kindern zumeist viel Spaß. In dieser Stadt kann man nämlich auf einem Esel einen kleinen Stadtrundritt machen.

Selwo Aventura Ein großes Freigehege, in denen sich wild lebende Tiere frei bewegen können. Besucher erleben die Tiere so in freier Wildbahn, sie werden mit einem Geländewagen hindurch gefahren. Zu finden: im Hinterland von **San Pedro de Alcántara.**

Notfälle

Autopanne, Autounfall

Hilfe ist z. B. für ADACPlus-Mitglieder oder ÖAMTC-Mitglieder teilweise kostenlos. Man kann sich auch direkt an seinen Club wenden. Hier die drei größten:

- **ADAC** München ist erreichbar unter Tel. (0049) 89 222 222 oder in Barcelona unter Tel. 935 082 828, unter Tel. (0049) 89 767 676 gibt es Adressen von deutschsprachigen Ärzten in der Nähe des Urlaubsortes.
- **ÖAMTC** Wien unter Tel. (0043) 12 512 000, in Barcelona unter Tel. 935 082 825 oder in Madrid unter Tel. 915 93 00 41, für medizinische Notfälle Tel. (0043) 12 512 020
- **TCS** Genf unter Tel. (0041) 224 172 220

Verlust von „Plastikkarten"

Bei Verlust oder Diebstahl der Kredit- oder Maestro-(EC-) karten sollte man diese umgehend sperren lassen. Für deutsche Maestro- und Kreditkarten gibt es die einheitliche Sperrnummer (0049) 116 116 und im Ausland zusätzlich (0049) 30 40 50 40 50. Für österreichische und schweizerische Karten gelten:

- **Maestro-Karte,** (A)-Tel. 0043 1 20 48 800; (CH)-Tel. 0041 44 27 12 230, UBS: 0041 848 888 601, Credit Suisse: 0041 800 800 488
- **MasterCard,** internationale Tel. 001 636 72 27 111 (R-Gespräch)
- **VISA,** internationale Tel. 001 410 581 99 94
- **American Express,** (A)-Tel. 0049 69 97 97 20 00; (CH)-Tel. 0041-44 65 96 333
- **Diners Club,** (A)-Tel. 0043 1 501 350; (CH)-Tel. 0041 58 75 08 080

Geldnot

Wer dringend eine größere Summe ins Ausland überweisen lassen muss, kann sich über **Western Union** Geld nach Spanien schicken lassen. Für den Transfer muss man die Person, die das Geld schicken soll, vorab benachrichtigen. Diese muss dann bei einer Western Union Vertretung (in Deutschland u. a. bei der Postbank) ein entsprechendes Formular ausfüllen und den Code der Transaktion telefonisch oder anderweitig übermitteln. Mit dem Code und dem Reisepass geht man zu einer beliebigen Vertretung von Western Union in Spanien (siehe Telefonbuch oder unter www.westernunion.com), wo das Geld nach Ausfüllen eines Formulares binnen Minuten ausgezahlt wird. Je nach Höhe der Summe wird eine Gebühr ab derzeit 10,50 Euro erhoben.

Ausweisverlust, dringender Notfall

Wird der Pass oder Ausweis im Ausland gestohlen, muss man dieses bei der örtlichen Polizei melden. Darüber hinaus sollte man sich an die nächste diplomatische Auslandsvertretung seines Landes wenden, damit man einen Ersatz-Reiseausweis ausgestellt bekommt (ohne kommt man nicht an Bord eines Flugzeuges).

Auch in **dringenden Notfällen,** z. B. medizinischer oder rechtlicher Art, sind die Auslandsvertretungen bemüht, vermittelnd zu helfen.

Notfall-Telefonnummern

- **Notruf allgemein:** 112
- **Notdienste, schwere Fälle:** 061
- **Ärztliche Hilfe:** 144 000
- **Rotes Kreuz:** 915 222 222
- **Feuerwehr:** 080
- **Polizei:** Policía Municipal (städtische Polizei) 092
Policía Urbana de Tráfico (Verkehrspolizei) 092
Guardia Civil 091
- **Pannendienste:** RACE-Spanischer Pannendienst: Tel. 915 93 33 33 (kostenpflichtige Rufnummer!)
ADAC-Notrufstation Spanien: Barcelona, Tel. 935 082 828, Madrid, Tel. 915 93 00 41
ADAC-Notrufzentrale München: Tel. (0049) 89 222 222
- **GRÚA** (Infos über abgeschleppte Autos): 092
- **Telefonauskunft:** Inland 1003, Europa 1005, außereuropäische Länder 025
- **Diplomatische Vertretungen in Málaga:** siehe Kapitel „Diplomatische Vertretungen"

Öffentliche Verkehrsmittel

Bus

Entlang der Costa del Sol dominiert der Bus, und zwar das Unternehmen *Portillo*. Es bedient alle Orte; die blauen Busse pendeln zwischen Estepona und Málaga beinahe halbstündig. Auch Verbindungen in die östliche Richtung werden von *Portillo* angeboten, von Málaga bis Nerja ebenfalls ziemlich regelmäßig. Einige ausgesuchte enden sogar direkt vor dem Eingang der Tropfsteinhöhle, die etwas außerhalb vom Ort liegt. Auch bis Salobreña, Almuñécar und Motril gibt es keine allzu langen Wartezeiten, nur bei Zielen, die noch weiter östlich liegen, dauert es länger, bis der Bus kommt. Alle touristisch interessanten Orte im Hinterland, besonders Ronda und Granada, werden von größeren Orten aus regelmäßig angesteuert. Dorthin steuern Busse der Gesellschaft Alsina Graells.

- **Infos:** www.alsinagraells.com, www.ctsa-portillo.com

Bahn

Eine Bahnverbindung entlang der Costa del Sol gibt es nicht. Nur im **Großraum Málaga** existiert eine Nahverkehrsverbindung, Cercanías Málaga. Diese Linie verbindet die Metropole mit Flughafen, Torremolinos, Benalmádena und Fuengirola. Wer in der Gegend Urlaub macht und einmal Málaga besuchen möchte, dem sei diese Verbindung wärmstens empfohlen. Momentan gibt es große Pläne, diese Linie sogar bis nach Estepona fortzuführen, aber noch ist nichts beschlossen und verkündet.

- **Infos:** www.renfe.es/cercanias/malaga

106c Foto: sm

Öffnungszeiten

Geschäfte

Generell sind die Geschäfte von 9 bis 14 und 17 bis 20 Uhr geöffnet. Dies wird aber nicht als unumstößliches Dogma verstanden, besonders nach hinten bleibt oft Spielraum. Größere Geschäfte und Supermärkte schließen nicht über Mittag, manche sind sogar bis 21 oder 22 Uhr geöffnet.

Aufgrund der sommerlichen Hitze wird die **Siesta** besonders genau eingehalten. Um 13.30 Uhr, spätestens 14 Uhr schließen die Geschäfte, lassen die Metallrollos herunter, sperren die Sonne aus. Dann leeren sich spürbar die Straßen, bestenfalls ein paar unbelehrbare, rotgesichtige Touristen stolpern schwitzend herum. Vor 17 Uhr läuft zumeist gar nichts. Dann rattern die Rollläden wieder quietschend nach oben, öffnen sich die Türen, schleppen sich siesta-müde Verkäufer wieder hinter die Tresen. Im August kann es sogar passieren, dass kleinere Läden am Nachmittag gar nicht mehr aufsperren.

Wohlgemerkt: In den Orten, wo der Tourist dominiert, gilt das Gesagte nur eingeschränkt. Natürlich öffnen dort alle Geschäfte am Abend – vor allem am Abend sogar. Aber etwas außerhalb, wo Einheimische leben, ändert sich der jahrhundertealte Rhythmus eben nicht. Dort öffnen die Besitzer abends ihre Läden so lange, wie sie sich ein Geschäft versprechen. Kein hektischer Blick auf die Uhr, keine Genervtheit. Die Minishops sind auch mehr örtliches Kommunikationszentrum als Verkaufsstellen. Dort treffen sich die Hausfrauen, klatschen ein bisschen und kaufen nebenbei ein. Die Männer hocken derweil in der Bar und machen nichts anderes. Deshalb kann es durchaus passieren,

106c Foto: sm

dass ein Verkäufer sich direkt an einen eben eingetretenen Kunden wendet, obwohl der halbe Laden voll ist. Diese Kundschaft hat eben Zeit.

Andere Einrichtungen

- **Post:** ähnlich wie Geschäfte
- **Banken:** 8.30/9–14 Uhr
- **Touristenbüros:** wie Geschäfte, einige im Juli/August durchgehend geöffnet
- **Museen:** mit wenigen Ausnahmen montags geschlossen

Post

Früher gab es eine Art Monopol: **Briefmarken** verkauften die Post und der Tabakladen *(estanco)*, sonst niemand. Das war lästig, kaufte man eben noch gutgelaunt seine Ansichtskarten, wollte bei einem Glas Wein die lieben Kollegen daheim neidisch machen („Sitze an der Strandpromenade bei 30 Grad – hof-

Mit dem Bus kommt man bequem durchs Land

Geschlossen bis zum 6. September

269cs Foto: sm

fe, es geht Euch gut im Regen ...“), und dann fehlen die Briefmarken! Das ist vorbei, viele Kioske verkaufen sie heute gleich mit.

Die Karten wird man in den öffentlichen Briefkästen los, große, unscheinbare gelbe Kästen mit dem verschnörkelten Wappen der spanischen Post *(Correos)*. Manchmal finden sich unterschiedliche Einwurfschlitze, beispielsweise *provincia* (Provinz) und *extranjero* (Ausland). Die Karten und Briefe in die Heimat wandern in den Extranjero-Kasten. Etwa nach fünf bis acht Tagen sollte der Gruß die Daheimgebliebenen erreicht haben. Sowohl Postkarte als auch Brief kosten **0,65 €**. Und noch ein Hinweis: Ein beliebter Fehler ist es, nach einer *carta* zu fragen und eine Postkarte zu meinen. Das spanische Wort *la carta* wäre tatsächlich „der Brief“, während Postkarte *tarjeta postal* heißt.

So sieht ein spanischer Briefkasten aus

Radfahren

Klare Aussage: Die Costa del Sol **eignet sich nicht** zum Radeln. Ohne Wenn und Aber. Warum? Erstens ist es zu heiß, zweitens ist es immer noch zu heiß und drittens gibt es nur eine Straße entlang der Küste, die Nationalstraße 340, die heute fast durchgängig zur zweispurigen Autobahn A-7 ausgebaut ist. Abgesehen davon gibt es an einigen Stellen noch eine Küstenstraße, die aber auch stark befahren wird von Bussen, Anlieferverkehr und Ausflüglern.

Es gibt **kaum Radwege!** Das höchste der Gefühle wäre ein etwa einen halben Meter breiter Randstreifen neben der Fahrbahn. Dort könnte man radeln, darf sich dann aber bei jedem dritten Auto darüber ärgern, dass beinahe der Lenker gestreift wurde. Vom Fahrtwind der Lkw wird man fast ins Gebüsch gedrückt. Dabei gibt es eigentlich nirgendwo Gebüsch, sondern meist nur eine steil aufragende Felswand. Nein, die Costa del Sol kann als Radlerziel nicht empfohlen werden, Andalusien dagegen sehr wohl.

Neue Gesetze

Vor einigen Jahren verabschiedete das Parlament Gesetze, die die Radler kräftig benachteiligten. Nach heftigsten Protesten wurde nachgebessert, aber dennoch bleiben unschöne Einschränkungen. So besteht eine **Helmpflicht** außerhalb von Ortschaften sowie die Pflicht zum Tragen von **reflektierender Kleidung.** Verboten sind außerdem Kinderwagenanhänger.

Reisezeit

Zuerst das Positive: die Costa del Sol hat über 300 Sonnentage im Jahr. Umgekehrt taucht dann zwangsläufig die Frage auf, wann es überhaupt mal regnet. Im November und März werden die stärksten Niederschläge erwartet, dann regnet es durchschnittlich an sechs Tagen im Monat. Von Dezember bis Februar werden jeweils fünf Regentage gezählt. Die Temperaturen sinken selbst im Winter **kaum unter 13 °C,** jedenfalls im langjährigen Mittel. Das bedeutet, dass vom klimatischen Gesichtspunkt her die Costa del Sol zu jeder Zeit eine Reise wert ist. Schöne Vorstellung, bei einem *vino* am Strand hocken, während im Norden das Schmuddelwetter regiert. Trotzdem, mit bedecktem Himmel, Schauern und vor allem **starkem Wind** muss ein Besucher in den **Wintermonaten** immer rechnen.

Ein anderes Problem ist, dass etliche Hotels und Restaurants außerhalb der Sommermonate in eine Art Winterschlaf verfallen. Da wird so manche quirliglebhafte Ortschaft im Februar zur Geisterstadt, auch keine schöne Urlaubsatmosphäre.

Frühjahr und Herbst sind die besten Reisezeiten. Das Klima ist angenehm, die sommerliche Hitze lähmt noch nicht bzw. hat sich schon verabschiedet. Viele Nordeuropäer ziehen diese Zeit dem Sommer vor, die Spanier weniger. Sie strömen zwar gern übers Wochenende *a la playa,* verbringen ihren Jahresurlaub aber generell im Juli und vor allem im August. Genau das ist der ungünstigste Zeitpunkt für eine Reise an die Costa del Sol. Die **sommerliche Hitze** erreicht ihren Höhepunkt, mit Temperaturen um die 40 °C im Schatten. Da kann man dann nicht mal mehr barfuß zum Wasser gehen, weil der Sand sich so stark aufheizt.

600cs Foto: hf

Spanien im August

Während der Zeit der größten Hitze bekommen die Spanier frei, müssen oder wollen Ferien machen. „Bis September dann!", so verabschiedet man sich am 31. Juli voneinander. Am letzten Juli-Wochenende wird kollektiv das Auto vollgepackt und losgefahren. Die Folge: Alle Straßen sind verstopft, die wenigen Überlandstraßen kollabieren. Jedes Jahr berichtet die Presse ausführlich über die so genannte *Operación salida* (Operation Aufbruch), gibt Tipps und listet zwei Tage später die Unfallzahlen auf. Vier Wochen danach geht's dann wieder zurück, und die Medien haben ein neues Thema: die *Operación regreso* (Operation Rückkehr).

Im August funktioniert Spanien auf Sparflamme, sogar der König macht Urlaub, auch darüber wird ausführlich in der Klatschpresse berichtet. Die Radiosender dudeln noch flockig-lockerer ihre Programme runter, beglückwünschen jeden zu seinem Urlaub und heizen die Stimmung ständig an: *„por fin vaacaacioonnnesssss"* oder so ähnlich schallt es dann aus dem Äther („endlich Feeheerieeeen"). Niemand stört sich ernstlich an überlaufenen Stränden, Bars und Straßen. Obwohl es nun wirklich viele tolle Strände und Küsten auf der Iberischen Halbinsel gibt, reist doch ein großer Teil seit Jahrzehnten an die Costa del Sol.

Die Costa del Sol boomt! In den 1990er Jahren wurden teilweise jährliche Steigerungsraten von 8–10 % erreicht. Das aber ist vorbei, seit 2001 stagnierten die Besucherzahlen, wenn auch auf hohem Niveau. Etwa 8 Mio. Gäste kommen immer noch alljährlich, darunter sehr viele Spanier. Die Spanier stören sich nicht dran. Sie agieren nach dem Motto: „Wo es voll ist, da lass

270cs Foto: hf

dich nieder, denn da muss es gut sein". Wer dies nicht so gut abkann, sollte eine Reise bis in den September verschieben, dann leeren sich die Strände spürbar, während das Wetter gleichbleibend warm bleibt.

Sicherheit

So sicher, wie im Sommerloch immer wieder die Geschichte von Nessi auftaucht, dem nie gesehenen Ungeheuer von Loch Ness, finden alljährlich Horrorstorys von **„Autobahnpiraten"** den Weg in die Gazetten. Zumeist sollen es schlitzohrige Südamerikaner sein, die ahnungslose Urlauber mit gemeinen Tricks zum Anhalten auf der Autobahn bewegen. Da sollen brennende Lappen auf den Wohnwagen geworfen werden, damit der Fahrer, der nur Rauch und Flammen sieht, sofort anhält und nachsieht, während die Piraten den Wa-

Der Traum vieler Urlauber: Sommer, Sonne, blaues Meer

Hochsaison am Strand von Torremolinos

gen leerräumen können. So oder ähnlich soll es sich immer wieder abspielen, und es gab ja auch entsprechende Fälle.

Falls das passiert, gibt's nur eins: weiterfahren! Erst bei der nächsten Tankstelle oder einem Rastplatz anhalten, und zwar nicht in der hintersten Ecke, sondern schön zentral, wo viele Menschen sind. Überängstlich sollte nun trotzdem niemand durch Spanien fahren. Wer Touristen „erleichtern" will, hat dazu viel bequemere Möglichkeiten, beispielsweise per **Taschendiebstahl** im Gewühl. Davor sollte man wirklich auf der Hut sein. Taschendiebstahl kann überall vorkommen, wo Massen sich durch die Gassen schieben. Signalisieren Sie einem potentiellen Dieb, dass es nichts zu holen gibt, also Geld, Papiere, Kamera, Handtasche nicht lässig tragen, sondern möglichst versteckt oder gut befestigt.

Speziell in Granada vor der Alhambra und vor der Kathedrale warten immer wieder **„Blumenverschenkerinnen".** Vor denen warnt selbst das Touristenbüro, leider muss dies weitergegeben werden. Die Frauen haben nichts zu verschenken, sie beschwatzen einen und wollen natürlich eine kleine Münze als Gegenleistung. Gewährt man die, wissen sie, wo die Geldbörse steckt. Also nicht auf ein Gespräch einlassen, sondern sofort mit Bestimmtheit ablehnen und weitergehen. In Málaga passierte mir etwas Ähnliches. Während der *feria* zog ich fotografierend durchs Gewimmel. Plötzlich Auftritt Blumenverschenkerin: Nelke vors Gesicht, ablenken, beschwatzen, dabei ein schneller Griff zur Kamera. Erfolglos, die war mehrfach mit dem Trageriemen ums Handgelenk geschlungen.

Ein **Zimmersafe** (spanisch: *caja fuerte*) gehört heute fast zur Grundausstattung eines guten Hotels. Die geringe Gebühr, die oft (nicht immer!) für die Nutzung verlangt wird, ist gut angelegtes Geld.

Auto abstellen

Mit dem Pkw entlang der Küste gondeln, kleine Fischerdörfer besuchen oder ins Hinterland fahren, dagegen kann nicht viel eingewendet werden. Gewarnt werden muss aber vor dem unbeaufsichtigten Abstellen des Wagens. Suchen Sie möglichst immer eine Tiefgarage oder einen **bewachten Parkplatz** auf, oder noch besser: gleich aufs Auto verzichten. In praktisch allen touristisch stark frequentierten Orten besteht die Gefahr, dass das Auto geknackt wird. Die Täter gucken sich vielversprechende Wagen aus, und das sind nun mal Pkw mit ausländischem Kennzeichen. Deshalb **nichts im Auto liegenlassen,** was einen Dieb zu einer Tat reizen könnte. Am besten lässt man obendrein die **Handschuhfachklappe geöffnet.** Das leere Fach ist ein klares Signal: Hier gibt es nichts zu holen.

Wer mit einem **Mietwagen** reist, hat diese Probleme nicht. Zumeist mietet man sich einen Klein- oder Mittelklassewagen. Die fallen im Straßenverkehr nicht auf, da sowieso die meisten Spanier diese Wagenklasse fahren. Auf den wenigsten Wagen prangt ein Aufkleber des Vermieters, sodass er vom Äußeren ebenfalls nicht auffällt.

271cs Foto: hf

Sport und Erholung

Hier eine knappe Übersicht über sportliche Aktivitäten, genaue Adressen sind unter den jeweiligen Ortsbeschreibungen zu finden:

Golf Die Costa del Sol gilt als Golfparadies, Dutzende von Plätzen liegen in der näheren Umgebung der großen touristischen Orte. Da diese Plätze in der Hitze ständig bewässert werden müssen, um so schön grün zu „glänzen", ein zweischneidiges Vergnügen. Eine Adressenübersicht ist bei Marbella, Estepona, Málaga und Mijas zu finden.

Segeln Viele Häfen gibt es an der Costa del Sol, aber nur wenige Möglichkeiten, ein Segelboot zu mieten. Immerhin geht das in Benalmádena und in Estepona.

Reiten In Nerja können Ausritte über einen Club organisiert werden.

Tauchen Tauchzentren finden sich in Nerja, Estepona und La Herradura.

Wasserski In Marbella kann man sich auf einem Rundkurs von einer Fahranlage ziehen lassen, nicht von einem Boot.

Sprache

Die spanische Sprache kennt nur wenige unterschiedliche Dialekte. Allgemein wird zwischen dem Spanisch, das im Norden und Zentrum des Landes gesprochen wird, und dem des Südens unterschieden. Zum linguistischen Gebiet des Südens zählen neben Andalusien und damit der Costa del Sol noch die Extremadura, Murcia sowie das südliche Kastilien. In dieser Zone fallen folgende sprachliche Besonderheiten auf: Zunächst wird bei der Aussprache nicht zwischen den Konsonanten „c“, „z“ und „s“ unterschieden, sie werden im Süden alle als stimmloses „s“ gesprochen, während „c“ und „z“ eigentlich wie das englische „th“ ausgesprochen werden („c“ nur vor einem „e“ oder „i“). Diese Form der Aussprache nennt man *seseo*. Ungeübten Hörern fällt es da nicht leicht, beispielsweise zwischen *coser* (nähen) und *cocer* (kochen) zu unterscheiden.

Weiterhin wird der Auslaut „-s“ entweder ganz verschluckt oder bestenfalls gehaucht. So kann man auf einem Markt vielleicht hören: „Dame do' kilo' de patata'“ statt „Dame dos kilos de patatas“ (Gib mir zwei Kilo Kartoffeln). Weiterhin wird ein zwischen zwei Vokalen stehendes „d“ gerne verschluckt. Fast schon klassische Beispiele dafür, die mittlerweile in der Umgangssprache als normal gelten, sind *tablao* (statt *tablado*, eine Bühne) oder *pescaito* (statt *pescadito*, Fischchen).

Buchtipps

Wer wenig oder gar kein Spanisch spricht, sollte in den großen Urlaubsorten trotzdem klarkommen, denn die Hoteliers, Kellner und Taxifahrer haben sich die Grundzüge der Sprachen ihrer Kunden angeeignet. Aber es macht doch viel mehr Spaß, mal ein paar tapsige Schritte in der Sprache des Gastlandes zu wagen, oder nicht? Eine gute Hilfe dabei bieten, neben dem kleinen Sprachführer im Anhang, Bücher aus diesem Verlag:

- **Spanisch – Wort für Wort,** Band 16 der Reihe Kauderwelsch, bietet eine fundierte Einführung in die Grammatik und gibt Kommunikationsbeispiele. Zu dem Bändchen ist ein **AusspracheTrainer** auf Audio-CD erhältlich. Die Kombination von Lehrbuch und AusspracheTrainer bietet **Kauderwelsch digital** auf CD-Rom. Mit ihm kann man bequem am heimischen PC üben.
- **Spanisch Slang,** Band 57 der Reihe Kauderwelsch, vom Autor dieses Buches, eher für Fortgeschrittene. Etwa 1000 Beispiele aus der Alltags- und Umgangssprache werden anschaulich dargestellt und erklärt.
- **Spanisch für Andalusien,** Band 185 der Reihe Kauderwelsch ist ein praxisnaher Einstieg in das Spanisch der Region Andalusien. Zu dem Bändchen ist ein **AusspracheTrainer** auf Audio-CD erhältlich.

272cs Foto: sm

Telefonieren

„¡Llámame!" (ruf mich an!), beinahe hat diese Floskel das gute alte „adiós", „hasta luego" oder „nos vemos" abgelöst. Telefonzellen gibt es schon noch, allerdings immer weniger, da bald jeder ein Handy hat. Öffentliche Fernsprecher gibt es auch in Bars und Restaurants. Dort sind die Geräte leuchtend rot, während die Telefonzellen generell eine hellblaue Farbe aufweisen.

Vorwahlen

Von Spanien ins Ausland: 0049 (für Deutschland), die entsprechende Vorwahlnummer ohne Null, Anschlussnummer. In die Schweiz wählt man 0041, nach Österreich 0043, jeweils ohne lokale Vorwahl-Null. **Nach Spanien** lautet der Wahlvorgang: 0034, Anschlussnummer. In Spanien sind alle Telefonnummern einheitlich neunstellig, die Städtevorwahl ist darin integriert.

In Spanien beginnen alle **Festnetznummern mit einer 9** und alle **Handynummern mit einer 6,** eine Vorwahl gibt es nicht. Interessanterweise kann man an der zweiten Zahl der Festnetznummer aber schon eine regionale Eingrenzung erkennen. Eine Nummer aus Madrid beginnt nämlich immer mit 91, ein Anschluss in Barcelona hat 93 und in Andalusien wäre es 95. Für die Provinz Málaga, also dem Gebiet, in der die Costa del Sol liegt, ist es die 952.

Handy

Mit seinem Handy (in Spanien: *móvil)* kann man auch von Spanien aus nach Hause telefonieren. Wer Anrufe aus z. B. Deutschland auf seinem Handy entgegennimmt (auch Mobilbox; daher abstellen!), zahlt ebenfalls, nämlich für

273cs Foto: sm

die ausländische Strecke. Der Anrufer zahlt nur den innerdeutschen Gebührenanteil bis zur Grenze.

Wesentlich preiswerter ist es, sich von vornherein auf SMS zu beschränken, der Empfang ist dabei in der Regel kostenfrei.

Falls Ihr Mobiltelefon **SIM-lock-frei ist,** also nicht für andere Provider gesperrt ist, können Sie sich auch eine wiederaufladbare **Prepaidkarte** in Spanien besorgen, auf spanisch: *„tarjeta recargable"*. Diese lässt sich nach vorzeigen des Ausweises völlig unproblematisch in den Läden der großen Telefongesellschaften wie *Vodafone* oder *Movistar* erwerben, nur der Ausweis muss vorgelegt werden. Man muss sich halt nur daran gewöhnen, dass man dann eine neue, eine spanische Nummer hat. Ich habe eine spanische Karte, die bei jedem Besuch neu aufgeladen wird.

Aber Achtung: Es gibt Prepaid-Karten, die nach sechs oder neun Monaten ihre **Gültigkeit verlieren,** wenn sie nicht erneut aufgeladen werden.

R-Gespräch Wer völlig abgebrannt sein sollte, kann einen „Notruf" nach Hause schicken, auf Kosten der Angerufenen. „Deutschland direkt" nennt sich dieser Service, den die Telekom anbietet. Im Prinzip handelt es sich dabei um die Wiederbelebung des guten alten **R-Gesprächs.** Nach dem Begrüßungstext wird man aufgefordert, die Nummer des Teilnehmers zu wählen und anschließend den eigenen Namen aufs Band zu sprechen. Nun wird die Verbindung aufgebaut. Wenn der gewünschte Gesprächsteilnehmer sich einverstanden erklärt, die Gebühren zu übernehmen, wird das Gespräch vermittelt.

- Die Telefonnummer der Zentrale in Deutschland lautet: 900 990 049, die Minute kostet 0,50 €, die Vermittlung einmalig 3,99 €. Infos: www.telekom.de/r-gespraech.

Unterkunft

Pauschalreisen

Ein Streifzug durch die Reisekataloge offenbart, dass es recht viele Pauschalangebote zur Costa del Sol gibt. Die großen touristischen Zentren sind mit Komplettangeboten (Flug, Unterkunft, Mietwagen) immer vertreten. Pauschalreisen werden hauptsächlich für die westliche Costa del Sol angeboten, bevorzugte Orte sind Torremolinos, Estepona, Fuengirola und Nerja. Das sind alles quirlige Ferienorte, die wenig Idyllisches haben und wo abends die Post abgeht.

Ferienwohnungen

Es gibt nicht wenige Orte an der Costa del Sol, die ausschließlich aus Ferienwohnungen bestehen. Diese Siedlungen werden *urbanizaciónes* genannt (und dann folgt irgendein Phantasiename). Eine *urbanización* ist nichts weiter, als ein künstlich geschaffener Ort, eine Ansammlung von Apartments oder Reihenhäusern, die teilweise oder dauerhaft bewohnt sind – z. B. von deutschen Rentnern, die seit Jahr und Tag hier leben und sich irgendwann eine Wohnung gekauft haben, oder von anderen Ausländern, denen ein Hausteil gehört und die zwei-, dreimal pro Jahr kommen. Möglich auch, dass jemand

Noch gibt es Telefonzellen in Spanien

305cs Foto: hf

sein Apartment über eine Agentur vermietet und nur selten selbst hinfährt. Aber nicht nur Ausländer zieht es in die Wärme, auch viele Spanier haben eine Zweitwohnung an der Küste und vermieten privat, so dass sie in keinem Verzeichnis auftaucht.

Bei der Anmietung einer Ferienwohnung erfolgt die Anreise individuell, den Schlüssel erhält man von der **örtlichen Agentur,** die auch für die Betreuung und die Abrechnung der Nebenkosten zuständig ist. Preisangaben zu machen ist praktisch unmöglich. Der Mietpreis richtet sich nach Größe, Lage, Anbieter und Saison. Grundsätzlich können die Preise in den Sommerferien leicht das Doppelte der Nebensaison erreichen.

Anbieter

- **Interhome,** Hoeschplatz 5, 52349 Düren, Tel. (02421) 1 220, Fax 122 299, mit einem über 200 Seiten umfassenden Spanienkatalog, www.interhome.com
- **Interchalet,** Postfach 5420, 79021 Freiburg, Tel. (0761) 210 077, Fax 2 100 154, bietet einen dicken Katalog mit breitem Spanienangebot. www.interchalet.com

Apartments mit Meerblick in Torremolinos

Eingang zu einem kleinen, familiären Hotel

- **Terraviva,** Scheffelstr. 4 A, 76275 Ettlingen, Tel. (07243) 30 650, Fax 537 676, bietet Häuser vor allem im ruhigeren Hinterland der Costa del Sol, www.terraviva.com

Hotels

Mit **das größte Angebot an Hotelbetten** von ganz Spanien findet der Urlaubsgast an der Costa del Sol. Es gibt einfach alles, von der einfachsten Pension bis zum Luxushotel mit königlicher Suite für 3000 Euro. Pro Tag übrigens! Bei einem derart breiten Angebot sollte eigentlich jeder etwas finden. Denn es ist ja nun nicht so, dass man ausschließlich Hochhausmonster finden würde. Natürlich existieren derartige Häuser, sie werden im Buch in der Regel gar nicht genannt. Das Augenmerk liegt auf den kleineren, individuell geführten Häusern, wobei es natürlich auch zu Ausnahmen kommen kann.

Bei weitem nicht alle Hotels öffnen das ganze Jahr über, etliche schließen über den Winter. Wer später als Anfang November reisen möchte, sollte sich

275cs Foto: hf

Das Geheimnis der Adressen

Geläufige **Abkürzungen** in Adressenangaben:
- **Pl.:** *plaza* (Platz)
- **c/:** *calle* (Straße)
- **P°:** *paseo* (Promenade)
- **Av.** oder **Avda.:** *avenida* (Allee, Chaussee)
- **Ctra.:** *carretera* (Fernstraße)
- **s/n** steht für *sin número* (ohne Hausnummer) und wird immer gewählt, wenn es sich um ein markantes Gebäude handelt.

In diesem Buch werden einige Hotels vorgestellt, die an der Nationalstraße 340 liegen, an der **Carretera N-340.** Die genaue Kilometerangabe gilt als Adresse, die lautet dann z. B. „Ctra. N-340, km 88,350".

Bei Wohnungen gibt es so gut wie nie Namensschildchen, es wird auf das **Stockwerk** und die **Lage** im Flur (links, rechts oder zentral) hingewiesen:
- **i** oder **iz** bzw. **izqu.** steht für *izquierda* (links),
- **c** heißt *centro,*
- **d** oder **derr** bedeutet *derrecha,* also rechts.

Als ich noch in Madrid wohnte, lautete meine Adresse: „c/ Ave María 50, 1° i", das bedeutet Calle Ave María, Hausnummer 50, erster Stock links.

nach den **Öffnungszeiten** erkundigen. Die Winterpause kann sich leicht bis in den Februar hinziehen, spätestens zu Ostern öffnen die meisten Häuser aber dann wieder.

Im August ohne eine fest bestätigte Buchung an die Costa del Sol zu fahren, ist absolut sinnlos. Während einer anstrengenden Recherchetour im August fragte ich bei mehreren Hotels nur mal nach dem Preis, als Antwort kamen immer nur das Wörtchen *completo* und dieser leicht genervte, kopfschüttelnde Blick, Marke: Wie kann man nur so blöde sein? Dabei wollte ich doch nur den Preis wissen.

Der deutsche Reiseveranstalter Ibero Tours bietet einen eigenen Spanienkatalog an, in dem ausschließlich besondere Hotels gebucht werden können.
- **Ibero Tours,** Immermannstr. 23, 40212 Düsseldorf, Tel. (0211) 8 641 520, Fax 8 641 529, www.iberotours.de

Sternkategorien

Hotels werden in fünf Kategorien eingeteilt. Ein Stern bedeutet einfaches Hotel, während fünf Sterne für ein Luxushotel stehen. Ausschlaggebend für die Beurteilung sind in erster Linie die Lage und Einrichtung, weshalb manch kritischer Reiseveranstalter in seinen Prospekten eigene Sterne (niedrigere) vergibt.

108c Foto: sm

Parador

Paradores sind **staatlich geführte Hotels,** die entweder in einer landschaftlich reizvollen Umgebung oder in historischen Gemäuern zu finden sind. Das erste Haus wurde 1928 in der Sierra de Gredos eröffnet, heute existieren in ganz Spanien so um die 90, weitere werden ständig eröffnet. Sie liegen maximal 150 Kilometer auseinander. Viele Häuser wurden in alten Schlössern oder Burgen untergebracht, so in Carmona und Cardona, oder in malerischen alten Städtchen, wie in Santillana del Mar. Der vielleicht ungewöhnlichste Ort befindet sich auf Teneriffa in 3000 Meter Höhe, unweit der Seilbahnstation, die zum höchsten Berg Spaniens führt.

Im Bereich der Costa del Sol liegen fünf Paradores: in Málaga gleich zwei, einer mitten in der Stadt beim Gibralfaro, der andere außerhalb beim Golfplatz. Weiterhin gibt's einen in Nerja. Der vierte wurde in Granada mitten in der Alhambra platziert. Auch der Parador in Ronda liegt erstklassig, nämlich im Stadtzentrum, direkt vor einer tiefen Schlucht.

- Ein zweisprachiges Verzeichnis: **Ibero International,** Immermannstr. 23, 40210 Düsseldorf, Tel. (0211) 8 641 520, Fax 8 641 529, www.iberotours.de

Hostal

Die kleinere Version eines Hotels, zumeist etwas familiärer gehalten. Eine Einteilung von ein bis drei Sternen wird vorgenommen.

Hotel Residencia

An einem Schild mit dem Kürzel HR auf hellblauem Untergrund erkennbar; es sind Unterkünfte ohne Restaurant, also reine Garni-Betriebe, die nur Frühstück bieten.

Anders als bei uns: Klingelschilder

277cs Foto: hf

Pension

Eine **Fonda** ist eine sehr kleine, familiäre Bleibe, gekennzeichnet durch ein weißes F auf hellblauem Untergrund. Oft ist es eine einfache Pension mit Gemeinschaftsbad, manchmal vermietet auch eine Witwe ein oder zwei Zimmer ihrer Wohnung. Tendenziell findet sich in den Städten ein schlechterer Standard als auf dem Land. Übrigens, die Fonda in Benalmádena ist das genaue Gegenteil dieser Beschreibung, keine Ahnung, warum das Hotel so bescheiden daherkommt.

Casa de Huespedes

Ähnlich verhält es sich mit einer Casa de Huespedes (CH auf hellem Untergrund). Bei diesem „Gästehaus" darf nicht viel mehr als ein günstiger Preis erwartet werden. Fonda und CH verschwinden nach und nach, an der Costa del Sol sind sie kaum noch zu finden. Beide Begriffe werden seit etlichen Jahren von der internationalen Bezeichnung „Pension" abgelöst.

Kleine Pension in Marbellas Altstadt

Weitere Kategorien

- **HA** = *Hotel Apartamentos:* Ein Aparthotel, also ein Haus, das Apartments vermietet, auch für längere Zeiträume, aber nicht für die Ewigkeit.
- **RA** = *Residencia Apartamentos:* Aparthotel ohne Restaurant
- **M** = *Motel:* wie international üblich

Preise

Die Preise müssen an der Rezeption aushängen und ebenfalls in den Zimmern an der Tür oder am Schrank, eine Gesetzesvorschrift. Sie gelten grundsätzlich für ein Doppelzimmer. Einzelzimmer sind selten und kosten meist 60 bis 70 % des Doppelzimmers. Natürlich schwanken die Preise je nach Saison, und bei der Festlegung der Saisonzeiten entwickeln die Hoteliers ein gehöriges Maß an Kreativität. Nichts ist klar, alles möglich. Der eine bietet einen einzigen Preis vom 1.1. bis 31.12., der nächste führt alle möglichen Gründe ins Feld, die Tarife schwanken zu lassen, als da wären: N *(Navidad),* also Weihnachten, aber wann beginnt Weihnachten? SS *(Semana Santa),* also Ostern, und – ganz besonders schick – FL (von *„fiestas locales"),* also lokale Feste.

Die **Preisangaben in diesem Buch** sind in Kategorien für ein DZ angegeben und durch Euro-Zeichen (€€€) gekennzeichnet. Diese sagen nichts über die Qualität aus, sondern geben nur den Preisrahmen an.

€	bis 40 €
€€	40 bis 70 €
€€€	70 bis 100 €
€€€€	über 100 €

Nur bei absoluten Ausreißern ist der tatsächliche Preis angegeben, damit niemand eine Überraschung erlebt. In den Sommermonaten liegen die Hotelpreise am oberen Limit, können aber auch sehr schnell fallen, so schon im Juni bzw. September (Betonung liegt auf „können").

Aufpassen beim Fragen nach einem Doppelzimmer: Wer ein Zimmer mit *cama matrimonial* bestellt, erhält ein **Ehebett,** zumeist ein etwas kleineres Französisches. Ansonsten stehen zwei Betten hübsch getrennt im Raum.

Beschwerdeblätter

Hojas de reclamación (Beschwerdeblätter) müssen überall vorrätig liegen. Wer einen Mangel anzeigen will, füllt das Formular aus. Die rosa Kopie erhält der Wirt, das weiße Original geht nach Madrid an die Touristikbehörde (Adresse steht drauf), und der grüne Teil verbleibt beim Gast.

Jugendherberge

Es gibt an der Costa del Sol einige Jugendherbergen, die dem internationalen Jugendherbergsverband (www.hihostels.com) bzw. dem **Red Española de Albergues Juveniles,** kurz REAJ, angeschlossen sind (www.reaj.com). Hat man einen **internationalen Jugendherbergsausweis** aus dem Heimatland, schläft man auch bei diesen Jugendherbergen zum günstigeren Tarif, sonst muss man eine Tagesmitgliedschaft erwerben. Hat man noch keine Jahresmitgliedschaft bei den Jugendherbergsverbänden daheim, kostet diese jährlich 12,50–21 Euro in Deutschland (www.jugendherberge.de), 10–20 Euro in Österreich (www.oejhv.or.at) und 22–44 SFr in der Schweiz (www.youthostel.ch). Tipp: Kann man auch als Familie beantragen.

Versicherungen

Die wichtigste Versicherung dürfte eine **Auslandskrankenversicherung** sein, Näheres dazu unter „Gesundheit". Autofahrer benötigen immer noch die **Grüne Versicherungskarte,** auch wenn dies heute kein Mensch mehr an der Grenze kontrolliert. Sollte es aber zu einem Unfall kommen, wird die Polizei danach fragen.

Egal welche Versicherungen man abschließt, hier ein Tipp: Für alle abgeschlossenen Versicherungen sollte man die **Notfallnummern** notieren und mit der **Policenummer** gut aufheben! Bei Eintreten eines Notfalles sollte die Versicherungsgesellschaft sofort telefonisch verständigt werden!

Der Abschluss einer Jahresversicherung ist in der Regel kostengünstiger als mehrere Einzelversicherungen. Günstiger ist auch die Versicherung als Familie statt als Einzelpersonen. Hier sollte man nur die Definition von „Familie" genau prüfen.

Zum Thema Auslandskrankenversicherung, siehe Kapitel „Gesundheit".

Weitere Versicherungen

Ist man mit einem Fahrzeug unterwegs, ist der **Europaschutzbrief** eines Automobilclubs eine Überlegung wert. Wird man erst in der Notsituation Mitglied, gilt diese Mitgliedschaft auch nur für dieses Land und man ist in der Regel verpflichtet fast einen Jahresbeitrag zu zahlen, obwohl die Mitgliedschaft nur für einen Monat gültig ist.

Ob es sich lohnt, weitere Versicherungen abzuschließen wie eine Reiserücktrittsversicherung, Reisegepäckversicherung, Reisehaftpflichtversicherung oder Reiseunfallversicherung, ist individuell abzuklären. Aber gerade diese Versicherungen enthalten viele Klauseln, sodass sie nicht immer Sinn machen.

Die **Reiserücktrittsversicherung** für 35–80 Euro lohnt sich nur für teure Reisen und für den Fall eines schweren Unfalls, einer Erkrankung, einer Schwangerschaft, einer Kündigung oder eines neuen Arbeitsplatzes u. Ä. Es gelten hingegen nicht: Krieg, Unruhen, Streik, etc.

Auch die **Reisegepäckversicherung** lohnt sich seltener, da z. B. bei Flugreisen verlorenes Gepäck oft nach Kilopreis ersetzt wird. Auch sonst wird nur der Zeitwert nach Vorlage der Rechnung berücksichtigt. Wurde eine Wertsache nicht im Safe aufbewahrt, gibt es bei Diebstahl auch keinen Ersatz. Kameraausrüstung und Laptop dürfen beim Flug nicht als Gepäck aufgegeben worden sein. Gepäck im unbeaufsichtigt abgestellten Fahrzeug ist ebenfalls nicht versichert. Die Liste ist endlos ... Überdies deckt häufig auch die Hausratsversicherung schon Einbruch, Raub und Beschädigung von Eigentum, auch im Ausland.

Eine **private Haftpflichtversicherung** hat man in der Regel schon. Hat man eine Unfallversicherung, sollte man prüfen, ob diese im Falle plötzlicher Arbeitsunfähigkeit aufgrund eines Unfalls im Urlaub zahlt. Auch durch manche Kreditkarten oder Automobilclubmitgliedschaft ist man für bestimmte Fälle schon versichert. Die Versicherung über die Kreditkarte gilt jedoch nur für den Karteninhaber!

Zollbestimmungen

In allen EU- und EFTA-Mitgliedstaaten gelten weiterhin **nationale Ein-, Aus- oder Durchfuhrbeschränkungen,** z. B. für Tiere, Pflanzen, Waffen, starke Medikamente und Drogen (auch Cannabisbesitz und -handel). Außerdem bestehen weiterhin Grenzen für die steuerfreie Mitnahme von Alkohol, Tabak und Kaffee. Bei Überschreiten der Freigrenzen muss nachgewiesen werden, dass keine gewerbliche Verwendung beabsichtigt ist.

Freimengen innerhalb EU-Ländern

- **Alkohol** (für Personen über 17 Jahre): 90 l Wein (davon max. 60 l Schaumwein) oder 110 l Bier oder 10 l Spirituosen über 22 Vol.-% oder 20 l unter 22 Vol.-% oder eine anteilige Zusammenstellung dieser Waren
- **Tabakwaren** (für Personen über 17 Jahre): 800 Zigaretten oder 400 Zigarillos oder 200 Zigarren oder 1 kg Tabak oder eine anteilige Zusammenstellung dieser Waren
- **Anderes:** 10 kg Kaffee und 20 Liter Kraftstoff im Benzinkanister

Freimengen für Reisende aus der Schweiz

- **Alkohol** (für Personen ab 17 Jahren): 1 l Spirituosen (über 22 Vol.-%) oder 2 l Spirituosen (unter 22 Vol.-%) oder eine anteilige Zusammenstellung dieser Waren, und 4 l nicht-schäumende Weine, und 16 l Bier
- **Tabakwaren** (für Personen ab 17 Jahren): 200 Zigaretten oder 100 Zigarillos oder 50 Zigarren oder 250 g Tabak oder eine anteilige Zusammenstellung dieser Waren
- **Andere Waren:** 10 Liter Kraftstoff im Benzinkanister; für See- und Flugreisende bis zu einem Warenwert von insgesamt 430 €, über Land Reisende 300 €, alle Reisende unter 15 Jahren 175 € (bzw. 150 € in Österreich)

Freimengen bei Rückkehr in die Schweiz

- **Alkohol** (für Personen ab 17 Jahren): 2 l bis 15 Vol.-% und 1 l über 15 Vol.-%
- **Tabakwaren** (für Personen ab 17 Jahren): 200 Zigaretten oder 50 Zigarren oder 250 g Schnitttabak oder eine anteilige Zusammenstellung dieser Waren, und 200 Stück Zigarettenpapier
- **Anderes:** neuangeschaffte Waren für den Privatgebrauch bis zu einem Gesamtwert von 300 SFr. Bei Nahrungsmitteln gibt es innerhalb dieser Wertfreigrenze auch Mengenbeschränkungen

Nähere Informationen

- **Deutschland:** www.zoll.de oder unter Tel. 0351 44 834 510
- **Österreich:** www.bmf.gv.at oder unter Tel. 01 51 433 564 053
- **Schweiz:** www.ezv.admin.ch oder unter Tel. 061 2 871 111

276cs Foto: sm

Land und Leute

Geografie

Die eigentliche **Costa del Sol** erstreckt sich über die gesamte Küstenlinie der Provinz Málaga. Die östlich anschließende Küste der Provinz Granada, **Costa Tropical** genannt, ist aber allgemein unter dem Oberbegriff Costa del Sol mitgemeint, obwohl sie nach offiziellem Sprachgebrauch nicht dazu gehört.

Die Costa Tropical beschreibt einen relativ schmalen Küstenstreifen und beginnt im Osten an der Provinzgrenze zwischen Granada und Almería, ein paar Kilometer westlich von Adra. Im Westen reicht sie etwa bis Almuñécar. Den Abschluss der Costa del Sol im äußersten Westen bildet die Grenze der Provinzen Málaga und Cádiz, etwa beim Ort Sotogrande, auf halbem Weg zwischen Gibraltar und Estepona gelegen. Die gesamte Küstenlänge beträgt etwa 250 Kilometer.

Gebirgszug im Hinterland

Beinahe durchgängig verläuft parallel zur Costa del Sol ein Gebirgszug, der sich an manchen Stellen bis auf einen sehr schmalen Streifen der Küste nähert. Im äußersten Osten recken sich die Ausläufer der **Alpujarras** sogar teilweise bis ans Meer. Da bleibt dann neben der Nationalstraße, die entlang der Küste verläuft, kaum noch Platz für die kleinen Dörfer, die gedrängt am Strandsaum nur wenige Meter unterhalb der steil aufragenden Felswand liegen. Weiter westlich, im Gebiet zwischen Vélez-Málaga und Motril, liegt der Gebirgszug **Sierra de Almijara.** Dort befinden sich hübsche weiße Dörfer, wie beispielsweise Frigiliana, in einer traumhaft urwüchsigen Landschaft.

Gebirge um Málaga

Rings um Málaga erheben sich die **Montes de Málaga,** mit Höhen von 500 bis 700 Metern noch relativ moderat. Noch weiter westlich folgt die **Sierra de Mijas,** die von der **Sierra Blanca** abgelöst wird, und schließlich die **Sierra Bermeja** bei Estepona. Diese Gebirge weisen Höhen von 1000 Metern und mehr auf. Da sie sich erst mehrere Kilometer weit im Hinterland erheben, gewähren sie dem Küstenvorland eine recht weite Zone.

Typisch für die Costa del Sol sind die bis auf wenige Ausnahmen **grauen Strände.** Speziell an der Costa Tropical bestehen sie zumeist aus feinem, manchmal auch grobem Kiesel. Entlang der Küste der Provinz Málaga besteht der Strand häufig aus feinem Sand. Besonders im Bereich der Costa Tropical beeinträchtigen die allgegenwärtigen Treibhäuser das landschaftliche Bild.

278cs Foto: hf

Klima

Im Hochsommer macht die „Sonnenküste" ihrem Namen mit Temperaturen bis zu 40 °C im Schatten alle Ehre. Keine Wolke trübt den Blick, kein Regentröpfchen sorgt für Abkühlung. Gegen sieben Uhr geht die Sonne auf, zieht gnadenlos brennend ihre Bahn und versinkt glutrot gegen 22 Uhr. Da macht dann selbst das Brutzeln am Strand keinen rechten Spaß mehr und ein Stadtbesuch schon lange nicht.

Außerhalb der heißen Sommermonate wird es spürbar angenehmer an der Küste. Selbst im Winter fällt die Quecksilbersäule selten unter 10 bis 15 °C. Auch ein paar Regentage mit bedecktem Himmel sind dann möglich, bei 320 Sonnentagen im Jahr ist

Seite 76/77: Farbenfrohe Feste unter südlicher Sonne

Ein Gebirgszug verläuft parallel zur Küste

das aber kaum vergleichbar mit dem norddeutschen Schmuddelwetter.

Die Luftfeuchtigkeit ist generell niedrig, was zu trockenen, heißen Sommern und milden, angenehmen Wintertemperaturen führt.

	Sonnentage	Regentage	Temperatur °C
Januar	26	5	16
Februar	23	5	17
März	25	6	18
April	27	3	21
Mai	29	2	23
Juni	29	1	27
Juli	31	0	29
August	31	0	29
September	28	2	27
Oktober	27	4	23
November	24	6	19
Dezember	26	5	17
Jahresdurchschnitt	326	39	22

Kühles Mittelmeer

Kleiner Wermutstropfen: Das Mittelmeer misst gerade im Bereich der Costa del Sol zwischen Estepona und Málaga einige Grade weniger als vielleicht erwartet und vor allem als weiter nördlich im Mittelmeer. Grund für diese etwas kühleren Temperaturen ist die **Nähe zur Meerenge von Gibraltar.** Von dort strömen ungeheure Mengen Atlantikwassers ins Mittelmeer. Nach dem Gesetz der Coriolis-Kraft wird auf der nördlichen Erdhalbkugel Wasser nach rechts abgelenkt, egal ob ablaufendes Abwaschwasser im Ausguss oder strömendes Meerwasser. Das ins Mittelmeer fließende Atlantikwasser wird Richtung afrikanische Küste abgelenkt und zieht das Mittelmeerwasser in einem Sog nach. Durch nachströmendes Tiefenwasser kommt es genau vor der Costa del Sol zu den relativ kühlen Wassertemperaturen von etwa 15 °C im Winter und **19 bis 22 °C** in den Sommermonaten.

Die Andalusier

„Die hervorstechenden Eigenschaften des andalusischen Charakters sind sorgloser Leichtsinn, übermütige Fröhlichkeit, Redseligkeit ... Zu diesen teilweise nicht sehr empfehlenswerten Eigenschaften gesellt sich jedoch ein gutmütiges, leicht versöhnliches Wesen, höfliche Zuvorkommenheit ... und eine überschwengliche orientalische Phantasie." So steht es in einem hundert Jahre alten Spanien-Lexikon. Sicherlich ein Klischee, aber wie viel Wahrheit lässt sich darin finden?

Eine gewisse Fröhlichkeit und eine gehörige Portion Leichtigkeit in der andalusischen Mentalität fallen wohl tatsächlich auf. Gerade im alltäglichen Miteinander bleibt für gedankenschwere Problembewältigung wenig Raum. Dabei geht es den Andalusiern, zumindest wirtschaftlich betrachtet, alles andere als blendend. Die Region gehört nicht zu den wirtschaftlich stärksten Gegenden Spaniens.

279cs Foto: sm

Geliebt und verpönt – der Kampf mit den Stieren

Auch in Spanien wird um die **corrida de toros** heftigst gestritten, fanatische Befürworter zanken sich mit ebensolchen Gegnern. Tatsache bleibt, dass der Stierkampf seinen Platz im spanischen Alltagsleben hat. Die wichtigsten *corridas* werden live im Fernsehen übertragen. Damit nicht genug, die beste und angesehenste spanische Zeitung, „El País", schreibt montags mit dem gleichen Ernst über die Stierkämpfe aus Madrid und Sevilla wie ein paar Seiten weiter über Fußball und Basketball. Ob Gegner oder Fan, dem Spektakel können und wollen sich nur wenige entziehen. Viele Urlauber schauen sich in den Sommermonaten wenigstens einmal eine *corrida* an.

Andalusien gilt gewissermaßen als die erste Liga. In den Sommermonaten finden jeden Sonntag in Städten wie Ronda, Estepona oder Málaga Stierkämpfe statt, meist zur klassischen Uhrzeit um 17 Uhr. Dies ist übrigens schon sprichwörtlich geworden, gilt doch eine Verabredung „a la hora de los toros" (zur Uhrzeit der Stiere) als klar umrissener Zeitpunkt. In allen touristischen Orten werden Sonderfahrten angeboten, die Plakate hängen unübersehbar aus.

Der Stierkampf entwickelte sich aus einer früheren Jugendtradition, den Stier mit Lanzen zu bekämpfen. Erst im 16. Jh. wurde daraus ein Sport für junge Adlige. Nachdem ihnen verboten wurde, auf diese Weise ihr Leben aufs Spiel zu setzen, wurde es dann eine Mutprobe für das „niedere Volk". Die *muleta,* das rote Tuch, entwickelte sich aus dem großen Mantel, mit dem Mutige dem Stier entgegentraten. Den offiziellen Charakter gab ihr aber erst *Romera*. Sein Heimatort Ronda in Andalusien gilt als die Wiege des Stierkampfes. Hier wurde 1775 die erste Arena Spaniens gebaut.

Früher bestand die *corrida de toros* nicht nur aus würdigen Ritualen, die nach strengen Regeln vom Torero in ebenso würdiger Haltung aufgeführt wurden, sie war vielmehr eine Art Gaudi für jedermann. Die (männlichen) Zuschauer nahmen nicht selten aktiv am Geschehen teil, stürmten in die Arena, um den Stier zu ärgern oder dem Torero beizustehen. Ebenso begnügten sich die Toreros nicht damit, den Kampf nach den allgemein gültigen Regeln abzuhalten, sondern man sprang schon mal über den angreifenden Stier hinweg oder „bekämpfte" ihn mit einem Stuhl. Im Laufe der Zeit bildete sich die heutige Form des Kampfes heraus. Hierzu trug im besonderen Maße ein Buch über den modernen Stierkampf des legendären *Pepe Illó* bei.

Wer sich das Spektakel einmal gönnen möchte, sollte wenigstens die Grundregeln kennen. Ein unbedarfter Zuschauer erkennt tatsächlich nur eine unaufhörliche Folge von Versuchen, dem Stier irgendwelche Speere, Degen oder Messer in den Nacken zu rammen. Zwischendurch wird noch ein wenig mit dem roten Tuch gewedelt, das scheint dann alles zu sein. Tatsächlich ist es jedoch wesentlich komplizierter. Der Ablauf ist dabei genau festgelegt, und jede Handlung, jede Körperdrehung hat ihren eigenen Namen.

Die *corrida de toros* steht unter der Leitung eines Präsidenten *(el presidente)*. Sie beginnt immer mit dem Umzug aller Teilnehmer, dem **paseo,** bei dem die Musikkapelle den berühmten Paso Doble spielt. Angeführt wird der Zug von Männern in der Tracht des *siglo de oro* (goldenes Jahrhundert = 16./17. Jh.). Dann folgen die drei Matadore, die je zwei Kämpfe bestreiten. Rechts geht der Älteste, links der Zweitälteste, in der Mitte der Jüngste. Ihnen folgen die *picadores* zu Pferd und die *banderilleros*. Den Schluss bilden die Helfer in roten Hemden und blauen Hosen, die nach dem Kampf den getöteten Stier von Maultieren aus der Arena schleifen lassen. Der Präsident wirft einen Schlüssel in die Arena, mit dem das Tor aufgeschlossen wird, hinter dem die Stiere warten.

Wenn der Stier in die Arena stürmt, beginnt die erste der drei Phasen, **tercio de varas** (Drittel der Lanzen). Im Nacken des Stieres steckt ein kleines Fähn-

110cb Foto: hf

chen mit den Farben seiner Zucht. Der Matador und seine Helfer vollbringen zum Kennen lernen des Stieres einige Manöver mit der *capa,* einem gelb-weinroten Tuch. Dieser Teil wird *suerte de capa* (Phase der Capa) genannt. Der Matador überprüft auch, ob der Stier gesund ist, die Sehkraft ungetrübt ist usw. Falls er nicht einwandfrei ist, wird der Stier auf Zeichen des Präsidenten wieder aus der Arena gelockt.

Im zweiten Abschnitt des ersten Drittels, *suerte de varas,* findet der Auftritt des **Picadors** statt. Dies ist gewöhnlich ein schwerer Mann, der auf einem muskulösen Pferd reitet, dessen Augen verbunden sind. Die Aufgabe des Picadors besteht darin, den Stier mit der *pica,* einer 2,60 Meter langen Lanze, zwischen den Schulterblättern zu treffen und ihn somit zu schwächen. Er muss dafür sorgen, dass der Stier nur von rechts angreift, da nur diese Seite besonders gut gepanzert ist. Er nutzt den Schwung des angreifenden Stieres aus, um die Lanze zwischen die Schulterblätter zu stoßen, da es ihm aus eigener Kraft nicht gelingen würde.

Der Präsident entscheidet über die Anzahl der *picas.* Dieser Akt wirkt tatsächlich recht brutal, verglichen mit den eleganten Bewegungen der Kämpfer in den beiden folgenden Dritteln. Da der Picador oft mit dem ängstlichen Pferd beschäftigt ist, kann der Stier schon mal Ross und Reiter zu Fall bringen und verletzen. In diesem Teil spielen auch die beiden Kreidekreise eine Rolle. Der Picador darf den Stier nur zwischen der Holzwand und maximal dem inneren Kreis bekämpfen, besser jedoch zwischen Wand und äußerem Kreis.

Im zweiten Drittel, **tercio de banderillas,** treten die **Banderilleros** auf. Ihre Aufgabe ist es, dem anstürmenden Stier zwei oder drei *banderillas,* kleine Holzstäbe mit einer Stahlspitze, in den Nacken zu stoßen. Das Ganze ist keine ungefährliche Sache. Stier und Mensch stürmen aufeinander zu, der Banderillero sticht mit Schwung in den Nacken und schwingt sich förmlich mit einem eleganten Seitenschwung vorbei. Bleiben die Stäbe stecken, ist der Applaus gewiss.

Der dritte Teil, **tercio de la muerte,** ist dann der eigentliche Auftritt des **Matadors.** Er beginnt mit einigen Manövern mit der *muleta,* dem roten Tuch, und versucht sie möglichst mutig, geschickt und genau durchzuführen. Ob der Stier links vom Matador steht oder rechts, mit gesenktem Kopf oder erhobenem, jede Bewegung hat ihren Namen und ist genau festgelegt. Diese *faena de la muleta* soll nicht zu lange andauern, um den Stier nicht übermäßig zu quälen.

Aufgabe des Matadors ist es, den Stier schließlich in die richtige Stellung zu manövrieren, um ihm den tödlichen Stoß mit dem Degen zu versetzen. Der Kopf des Stieres muss weit gesenkt sein (Ablenkung durch die *muleta*), und der Degen muss an der Wirbelsäule vorbei genau zwischen die Schulterblätter gestoßen werden. Dieser Stoß, „Augenblick der Wahrheit" genannt, tötet den Stier sofort, wenn er richtig ausgeführt wird. Leider muss er bei durchschnittlichen Matadoren häufig mehrmals wiederholt werden, da dies nur einem guten Matador auf Anhieb gelingt. Wenn es geklappt hat, gibt es tosenden Applaus, die ganze Equipe schreitet stolz eine Ehrenrunde, und **Maulesel** schleifen den toten Stier aus der Arena. Zum Schluss gibt es für den erfolgreichen Kämpfer Geschenke und Blumen. Als Anerkennung erhält er das Ohr des Stieres, bei besonders gutem Auftritt beide Ohren und den Schwanz.

Eine *corrida de novillos* ist ein Anfängerkampf von Leuten, die noch nicht die *alternativa,* die Matadorenweihe, erhalten haben. Die hier Auftretenden kämpfen mit Jungstieren.

Da gerade die *suerte de varas* und der *tercio de la muerte* in kleinen Arenen von Anfängern oder sogar von Stümpern ausgeführt werden und damit tatsächlich zum blutigen Spektakel eskalieren können, lohnt es in jedem Fall, etwas mehr Geld für eine gute *corrida* in einer großen Stadt auszugeben. Zu den Eintrittspreisen: Grundsätzlich unterteilt man die Plätze in billige, *sol* (Sonnenplätze), und teure, *sombra* (Schattenplätze), manchmal gibt's auch noch die Zwischenstufe *sol y sombra.* Das sind Plätze, die zunächst in der Sonne und später im Schatten liegen.

Der Stierkampf hat in Spanien und speziell in Andalusien noch immer genügend Fans, aber so langsam ändert sich doch etwas. Das nördliche Katalonien beispielsweise hat den Stierkampf verboten, was sofort wieder heftigste Proteste aus dem Süden hervorrief. Kein Wunder, denn Stierkampf ist schon ein Wirtschaftsfaktor, denn Arenen, Züchter, Toreros und Andenkenhändler verdienen alle mit. Aber wie lange noch? Auch in andalusischen Arenen bleiben durchaus mal Sitze frei, denn die spanische Jugend orientiert sich eher nach Europa und wendet sich zumindest teilweise vom Stierkampf ab. Es dauert sicher, aber zu übersehen ist diese Entwicklung auch nicht. Auf Facebook gibt es die Anti-Stierkampf-Seite „No es mi fiesta nacional" („Es ist nicht meine National-Feier", mit einer Anspielung auf „Fiesta nacional", womit eben der Stierkampf gemeint ist), die 765.000 Leuten gefällt.

Emigration Mit Beginn der Industrialisierung verbesserten sich die Bedingungen etwas, viele Andalusier emigrierten nach Nordspanien, nach Bilbao oder Barcelona. Von 1940 bis 1970 sollen mindestens 1,6 Mio. Andalusier nach Nordspanien gezogen sein. So leben beispielsweise in Katalonien mehr Zuwanderer aus Almería, als in der Stadt selbst, die knapp 160.000 Einwohner zählt. Gern gesehen waren sie im Norden aber nicht, mussten so manche katalanische Überheblichkeit ertragen, bis hin zu rassistischen Tönen. In der Provinz Barcelona lebt heute gut eine Million Andalusier, allein schon sprachlich getrennt, denn die Katalanen pflegen seit Jahren immer stärker ihre katalanische Sprache.

In der spanischen Wahrnehmung werden Andalusier häufig als fröhliche, umgängliche Menschen gesehen, aber gleichzeitig auch als etwas unzuverlässig und – zumindest früher war das so – als etwas faul. Der nicht ganz leicht zu verstehende andalusische Akzent wurde als eine Art „unkorrektes Spanisch" gewertet und der Sprecher damit auch gleich etwas despektierlich beurteilt. Noch heute wird manchmal auf der Theater-Bühne der andalusische Akzent genutzt, um Personen als etwas einfältig darzustellen.

Stellenwert der Familie Dieser sozio-ökonomische Hintergrund prägte ganze Generationen von Andalusiern. Ihre Welt bestand aus fest umrissenen sozialen Strukturen, die zumindest in den Dörfern unumstößlich waren. Heute hat sich die Situation sicherlich entspannt, in den Städten mehr, aber auch im ländlichen Raum. Doch obwohl den Menschen heutzutage mehr Möglichkeiten zur Verfügung stehen als noch zwei, drei Generationen zuvor, ist die Arbeitslosigkeit nach wie vor hoch, besonders unter Jugendlichen. Da kommt der Familie ein hoher Stellenwert zu, als finanzielle Absicherung wie als sozialer Halt. Wenn ein Jugendlicher keinen Job hat, muss er oder sie fast zwangsläufig zu Hause wohnen bleiben. Viele Studenten leben angesichts hoher Studiengebühren von rund 500 € pro Jahr bis zum Examen bei ihren Eltern. Studentenjobs gibt es so gut wie nicht. Aber auch Beschäftigte bleiben heute lange im „Hotel Mama", und nicht immer ist es nur eine Frage des niedrigen Einkommens. Die Familie gibt Halt und wird gepflegt.

Mentalität Soweit die äußeren Bedingungen, die aber im Allgemeinen hingenommen, manchmal auch verdrängt werden. „Man kann ja doch nichts machen", ein schulterzuckendes Bekenntnis, dass es ist, wie es ist. Warum sich groß Gedanken machen? Die ökonomischen

¡Bendita sea la madre que te parió!

„Gesegnet sei die Mutter, die dich gebar!" Das ist nicht nur ein Satz, das ist ein *piropo,* ein Kompliment, eine Schmeichelei, mal so eben im Vorbeigehen einer schönen Frau zugerufen. Ein *piropo* kommt spontan über die Lippen, aus vollem Herzen, wie ein Vulkanausbruch, eine spontane Liebeserklärung. Passiert ein Mann zufällig auf der Straße eine schöne Frau, drängt es ihn förmlich, ihr ein Kompliment zu machen, oder bei weniger lyrisch veranlagten Geistern, eine ordinäre Zote abzulassen.

Piropos gelten als eine typische Sitte oder Unsitte (ganz wie man will) der Andalusier, entstanden durch die streng katholische Erziehung und gesellschaftliche Zwänge, die in der Vergangenheit kaum Kontakt zwischen den Geschlechtern zuließen. So war ein flüchtig zugerufener *piropo* schon das Höchste der Gefühle oder die maximale Kontaktaufnahme. Wobei so gut wie nie eine weibliche Erwiderung kam, das schickte sich einfach nicht. Sicherlich spielte und spielt dabei auch ein traditionelles männliches Überlegenheitsgefühl eine Rolle, à la: „Seht her, was bin ich doch für ein toller Hecht!", oder so ähnlich.

Heute werden *piropos* nicht mehr ganz so häufig gebracht, aber trotzdem kann es passieren, dass einer Frau im schönsten spanischen Slang hinterhergerufen wird: „Ay, mi arma, qué cachas má' güays!", was übersetzt in Hochspanisch heißen soll: „ay, mi alma, qué piernas más bonitas", und auf Deutsch etwa: „Boh ey, meine Seele, was für geile Stelzen!"

Verhältnisse sind nicht rosig, sie dominieren aber auch nicht das Bewusstsein. Wenn ein Andalusier in einer Bar großzügig eine Runde schmeißt – obwohl es sein letztes Geld war – ist das nun der eingangs zitierte sorglose Leichtsinn oder eine Lebenshaltung, von der wir uns eine Scheibe abschneiden könnten?

604c Foto: hf

Staat und Gesellschaft

Symbole Andalusiens

Flagge

An manchen Stränden flattern drei Fahnen im Wind, zwei davon kennt sicherlich jeder: die blaue EU-Fahne und die rot-gelbe spanische Flagge. Bei der dritten, der grün-weiß-grünen, handelt es sich um die andalusische Flagge, schlicht gehalten, aber doch mit Stolz neben den anderen am Mast hochgezogen. Kein Wunder, ist Andalusien doch die größte Provinz Spaniens, sowohl nach der Fläche als auch der Bevölkerungszahl.

Lange hat es allerdings an diesem Bewusstsein gemangelt. Erst 1915 veröffentlichte ein ausgeprägter andalusischer Regionalist namens *Blas Infante* ein wegweisendes Buch: „El ideal Andaluz" (Das andalusische Ideal). Seine Vorschläge wurden später von den Provinz-Deputierten angenommen, 1918 legte man die Symbole für Flagge und Wappen fest. Es dauerte aber noch bis 1982, bis ein andalusisches Regionalparlament erstmals gewählt wurde.

National-hymne

Die andalusische Hymne thematisiert die grün-weiße Fahne ebenfalls:

La bandera blanca y verde
vuelve, tras siglos de guerra
a pedir paz y esperanza,
bajo el sol de nuestra tierra

Die grün-weiße Fahne
kehrt heim nach Jahrhunderten des Krieges
um Frieden und Hoffnung zu erbitten
unter der Sonne unserer Erde

Geschichte

Spanische Geschichte, das war jahrhundertelang andalusische Geschichte. Hier spielte das Konzert der Macht, wurden Schlachten geschlagen, Gebiete erobert und rückerobert, von hier wurde die Iberische Halbinsel beherrscht. Einen einheitlichen Staat „Spanien" gab es bis zum Ende des 15. Jh. überhaupt noch nicht. Madrid war damals nichts weiter als ein winziges Dörflein, „una población manchega", wie einst Nobelpreisträger *Camilo José Cela* scherzte, ein rückständiges Dörfchen aus der Mancha, der Gegend, wo *Don Quichote* die Windmühlen bekämpfte. Jahrhundertelang prägten die Araber von Andalusien aus das Geschehen auf der ganzen Iberischen Halbinsel, erst nach deren Vertreibung 1492 erlangte Madrid seine Bedeutung als Hauptstadt des spanischen Königreichs. Von da an spielte Andalusien historisch betrachtet in Spanien nur die zweite Geige, von gelegentlichen Ausnahmen einmal abgesehen.

Seite 88/89: Plaza del Socorro in Ronda

Erste Besiedlung

Man nimmt an, dass die ersten Siedler auf der Halbinsel um 2000 v. Chr. die **Iberer** waren. Historische Zeugnisse verraten, dass um 1100 v. Chr. die **Phönizier** auf der Iberischen Halbinsel eine erste Siedlung gründeten, Gadir, das heutige Cádiz an der Costa de la Luz. Um 800 v. Chr. verschlug es **Kelten** nach Nordspanien. Keltische Stämme gelangten dann um 600 v. Chr. bis ins Zentrum des Landes, wo sie auf die Iberer trafen und sich mit ihnen zu den **Keltiberern** vermischten. Um 300 v. Chr. wurde die keltiberische Stadt Numancia gegründet. Sie lag am Río Duero in der Provinz Soria, etwa zwischen Valladolid und Zaragoza.

Die Römer

Um 250 v. Chr. betraten von Afrika aus **Karthager** spanischen Boden. **Hannibal,** ihr Anführer, begnügte sich aber nicht mit der Inbesitznahme dieses Landstriches, er wollte weiterziehen und das mächtige Rom angreifen. Die Geschichte ist bekannt: Mit einem riesigen Heer zog er über die Alpen, inklusive 37 Elefanten. Rom einzunehmen schaffte er trotz einiger Siege im Vorfeld nicht. Die Römer waren aber so sehr verärgert, dass sie selbst auf der Iberischen Halbinsel einrückten. Man einigte sich zunächst auf eine Art Nichtangriffspakt, indem man den Río Ebro als Trennlinie festlegte, die von keiner Partei überschritten werden durfte. 219 v. Chr. brach Hannibal diesen Pakt, indem er die Stadt Sagunto, jenseits des Río Ebro, eroberte. Dies war der Auslöser für den **Zweiten Punischen Krieg,** der von 218 bis 201 v. Chr. dauerte. 203 v. Chr. musste Hannibal spanischen Boden verlassen und nach Afrika zurückkehren. 197 v. Chr. wurde Cádiz eingenommen, die letzte Bastion der Karthager. Die Iberische Halbinsel war damit unter römischer Kontrolle, jedenfalls fast.

Die Römer, einmal schon dabei, wollten natürlich das ganze Land beherrschen. Eine kleine Siedlung namens Numancia leistete aber anhaltend Widerstand. Der römische Feldherr ließ einen Wallring um die Stadt ziehen und belagerte sie neun Monate lang, bis sie sich im Jahr 133 v. Chr. ausgehungert ergab. Die Römer machten Numancia dem Erdboden gleich und beherrschten nun endlich die Halbinsel. Noch heute sind viele Bauwerke aus römischer Epoche erhalten. So wurde beispielsweise 25 v. Chr. die römische Kolonie Emérita Augusta gegründet, das heutige Mérida.

Dann kam die Zeitenwende, das römische Reich welkte so langsam dahin. 258 n. Chr. wurden erstmals Stämme aus Gallien und Germanien auf die Iberische Halbinsel gespült, die Sweben, Alanen und Vandalen kamen. Noch hielten die Römer Stand, aber als nach vielen Kämpfen – jeder gegen jeden – 411 n. Chr. auch noch die **Westgoten** einfielen, war's aus. Die Römer verschwanden, die Goten blieben. Das ging dann etwa drei Jahrhunderte so weiter. Die ursprünglich besiegten **Vandalen** nisteten sich 425 n. Chr. kurzfristig in Nordafrika ein.

Arabische Herrschaft

Die Eroberung (711–756)

Dann folgte die **700-jährige Phase** der arabischen Herrschaft. 711 n. Chr. sah die Situation so aus, dass ein gotischer Herrscher namens *Roderich* sich mit dem Clan der Witzia um die Macht stritt. Letztere, in Nordafrika schon fest verwurzelt, fragten bei einem **Berberstamm** um Unterstützung an. Die kam prompt. Im Maghreb residierte *Musa Ibn Nusayr,* ein Repräsentant des Kalifen von Damaskus. Er trug sich schon lange mit der Idee, den Islam über die Meerenge zu tragen, und just da erreichte ihn der Hilferuf. Sein Heerführer *Tarik Ibn Ziyab* wurde mit 7000 Männern losgeschickt. Sie setzten an einer schmalen Stelle über und landeten an einem steil aufragenden Felsen. Den nannten sie zu Ehren des Anführers „Berg von Tarik“ (Yabal Tariq), woraus später **Gibraltar** werden sollte.

Im andalusischen Barbate gab's den ersten Kampf mit den Goten, die schnell besiegt wurden. Das war das **Ende des gotischen Reiches** auf der Iberischen Halbinsel. Die Sieger marschierten gleich weiter nach Norden. Zuerst wurde Toledo eingenommen, der Hauptsitz der Goten. Da das alles glatt ging, kam 712 *Musa Ibn Nusayr* selbst rüber und brachte 18.000 Mann Verstärkung mit. Damit ging es dann Schlag auf Schlag: Bis 716 eroberten sie Zaragoza, Pamplona, Barcelona, Gerona und Narbonne, 719 sogar Toulouse. Innerhalb von sieben Jahren war fast die gesamte Iberische Halbinsel erobert, nur das gebirgige Galicien und Asturien nicht. Der Vormarsch der Berber endete 732 vor Poitiers, dort gab's die erste Niederlage. 722 verloren sie bereits eine Schlacht in den asturischen Bergen bei Covadonga, die in den spani-

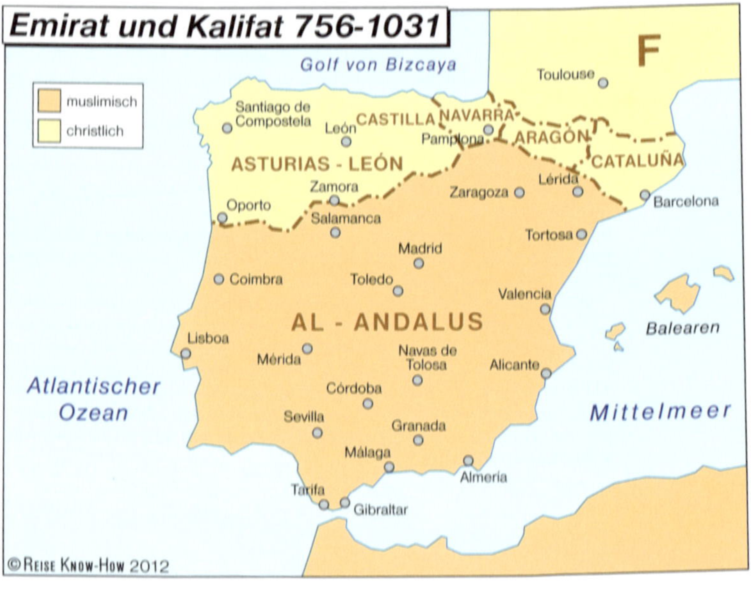

schen Geschichtsbüchern bis heute als Beginn der *Reconquista,* der Rückeroberung, gefeiert wird. Der lokale Häuptling *Pelayo,* dem in einer asturischen Höhle ein Denkmal gesetzt wurde, gilt seitdem als Held.

Emirat von Córdoba (756–929)

Nicht nur die Berber, die das Land eroberten, sondern auch eine arabische Kultur- und Oberschicht aus weiter östlich gelegenen Ländern setzte sich auf der Halbinsel fest. Während der Anfangszeit der maurischen Herrschaft wurden Münzen mit dem Aufdruck **al-Andalus** in Umlauf gebracht. Dieser Begriff stand dann für die unter maurischer Hoheit stehenden Gebiete, die zunächst von Córdoba aus regiert wurden. Aus *al-Andalus* wurde viel später der Name Andalusien. Die Grenzen von al-Andalus veränderten sich ständig, immer wieder kam es zu Kriegen. Aber alles in allem waren die Bewohner gar nicht so abgeneigt gegen die neuen Herren. So manche gotische Stadt soll sogar die Pforten freiwillig geöffnet haben. Die Mauren zwangen die Bevölkerung zu nichts, niemand musste konvertieren, Christen und Juden konnten ihre Religion weiter ausüben.

Währenddessen geschahen im islamischen Mutterland weitreichende Ereignisse. In Damaskus wurde 750 der Kalif blutig abgesetzt. Eine schiitisch ausgerichtete Dynastie betrat die Bühne und brachte die Herrschaftsfamilie kurzerhand um. Nur ein junger Prinz konnte entkommen, *Abderraman Ibn Mu'awiya.* 755 erreichte er spanischen Boden in Almuñécar. Er erhielt dort von allen Getreuen sofort Unterstützung und ernannte sich ein Jahr später zum Emir von al-Andalus mit Namen *Abderramán I.* Als Symbol seiner Herrschaft wurde die **Moschee von Córdoba** gebaut.

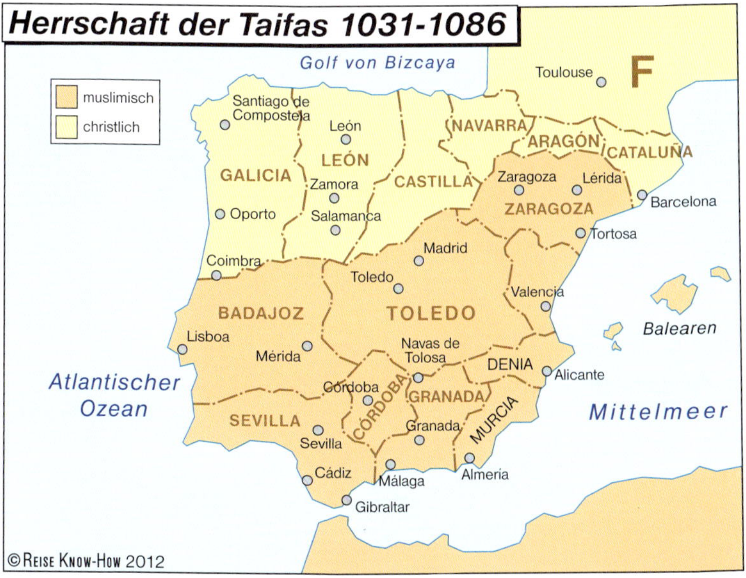

Kalifat von Córdoba (929–1031)

Die Sippe festigte ihre Position in den nächsten Jahrzehnten. Zwei Generationen später regierte *Abderramán III.*, der 912 an die Macht kam und sich 929 zum von Bagdad unabhängigen Kalifen ernannte. Er war somit geistiger Führer der hispanischen Araber. Unter seiner Zeit blühte Córdoba als **geistig-kulturelles Zentrum des Islams** auf. Das hielt noch einige Zeit an, so ließ sein Nachfolger *Hakam II.* eine gewaltige Bibliothek in Córdoba anlegen.

Reinos de Taifas (1031–1086)

Mit Hakams Tod begann allerdings der schleichende Niedergang. Sein Sohn *Hisam III.* war zu schwach, den Intrigen und Kämpfen standzuhalten. Es gab Unruhen und interne Kämpfe, obendrein ständige Kriege im Norden gegen attackierende christliche Heere. Nach und nach bildeten sich eine Menge lokaler Herrschaftsgebiete heraus, die so genannten *Reinos de Taifas* (etwa: Herrschaft der Kleingruppen). Diese innere Zerstrittenheit half indirekt den **Christen.** 1085 erobert *Alfonso VI.* die Stadt Toledo, was ein schwerer Schlag für die Mauren war. In ihrer Not wandten sich die lokalen Fürsten an einen neuen starken Mann in Nordafrika, den Sultan der Sippe der Almoraviden, *Yusuf I.*

Die Almoraviden (1086–1148)

Er kam, und sein Einstand war nicht von schlechten Eltern. Bei Badajoz wurden die Christen vernichtend geschlagen. Da *Yusuf I.* nun schon einmal da war, entschied er sich, auch gleich zu bleiben. Die lokalen Größen der Reinos de Taifas waren ihm unterlegen, und schon bald wurde aus dem Retter in der Not der neue starke Mann in al-Andalus. Die Sippe der Almoraviden regierte bis 1148, dann kamen die Almohaden.

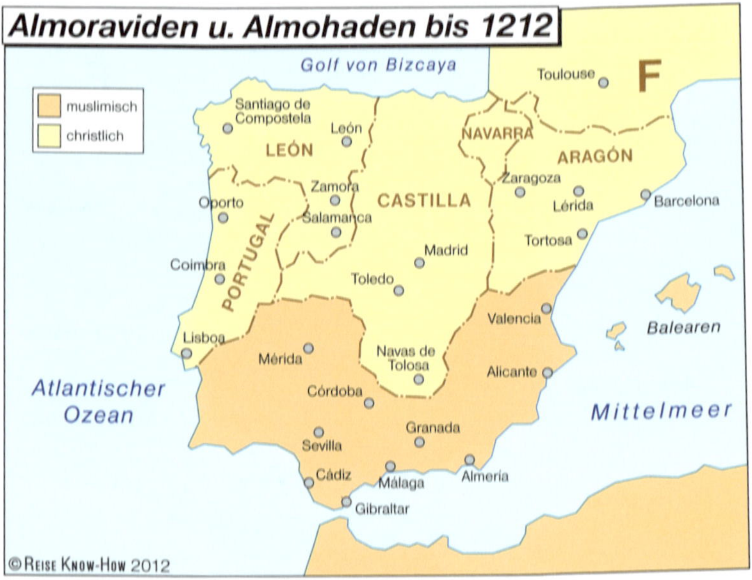

Die Almohaden (1148–1232)

Dieser Berberstamm besetzte 1143 große Teile von Nordafrika, sogar Marrakesch, den Hauptsitz der Almoraviden. 1149/50 waren dann Sevilla, Córdoba und Badajoz an der Reihe, und 1195 besiegten die Almohaden unter Führung von *al-Mansur* sogar *Alfonso VIII.*, immerhin König von Kastilien. Das war aber nur von kurzer Dauer. Alfonso verbündete sich mit *Pedro II. von Aragón* und *Sancho von Navarra*, und gemeinsam schlugen sie 1212 in Navas de Tolosa zurück, diesmal derart massiv, dass die Herrschaft der Almohaden ins Wanken geriet. *Fernando III.*, neuer König von Kastilien, schlug dann richtig zu, eroberte 1236 Córdoba und 1248 sogar Sevilla. Etwa zur gleichen Zeit nahm *Jaime I.* Mallorca (1229) und Valencia (1238) ein.

Die Nasriden (1232–1492)

Nach diesen Verlusten blieb von al-Andalus nur noch das **Königreich Granada** übrig, dort regierte die Sippe der Nasriden. Noch beherrschten sie einen Landstrich, der Málaga, Jaén und Almería einschloss, aber die christlichen Heere drängten nach. Dann kam der entscheidende Schlag: 1469 heirateten *Isabel de Castilla* und *Fernando de Aragón*, zwei mächtige Herrschaftshäuser mit großen Heeren gingen zusammen. Später sollte man dies auch die **Geburtsstunde Spaniens** nennen. Sie fühlten sich nun endgültig im göttlichen Auftrag, die letzten maurischen Bastionen zu erobern. **Los Reyes Católicos** (die katholischen Könige) ließen sie sich nennen, trugen das Banner des einzig rechten – katholischen – Glaubens mit Schwert und Bibel vor sich her. **Granada** musste fallen! 1492 war es soweit, zerstört und isoliert verblieb nur noch die Stadt selbst. In der dortigen Burg, der **Alhambra,** herrschte *Boabdil,*

der es weise vorzog aufzugeben, bevor dieser Prachtbau durch Kämpfe zerstört würde. Weinend zog er sich zurück nach Nordafrika, heftigst beschimpft von seiner Mutter. An der Straße, die von Granada an die Küste führt, liegt ein Ort namens Suspiro del Moro (Seufzer des Mauren), dort soll er einen letzten Blick auf Granada geworfen haben.

Im März desselben Jahres wurde den **Juden** befohlen, das Land zu verlassen, wenn sie nicht zum Christentum übertreten wollten. An die 100.000 gingen daraufhin. 1502 wurde die Anordnung auch auf die verbliebenen muslimischen Araber ausgedehnt, etwa 200.000 lebten zu der Zeit noch im Großraum Granada. 1609 der Schlusspunkt: König *Felipe III.* verjagte sogar 300.000 **Morisken,** so wurden Muslime genannt, die zum Christentum konvertiert waren.

Übergabe der Alhambra

Am 2. Januar 1492 übergab *Boabdil* die Alhambra gegen das Versprechen, Religion, Gesetze und Steuern der Verbliebenen Mauren zu achten. Das hielt nicht lange vor. 1512 kam es ob der ständig gebrochenen Versprechen sogar zu einer Rebellion, die blutig niedergeschlagen wurde. Gegenüber „Heiden" müsse man keine Versprechen einhalten, so die damalige Devise. Die **Reconquista** (Rückeroberung) war damit 1492 abgeschlossen, genau 770 Jahre nach dem ersten erfolgreichen christlichen Aufstand gegen die maurischen Herrscher.

Spanien als Weltmacht

Kolumbus entdeckt Amerika (1492)

Glückliche Umstände bescherten den *Reyes Católicos* ein neues Feld. Am 12.10.1492, im gleichen Jahr also, als Granada fiel, entdeckte Kolumbus Amerika. *Cristóbal Colón,* wie er auf Spanisch heißt, konnte Königin Isabel nach einigem Hin und Her von seiner Mission überzeugen. Damit füllte sich auch die Lücke, die sich mit dem Ende der Kämpfe gegen die Mauren auftat. Spanien war befreit, aber weiter vordringen, nach Afrika gar, das traute man sich dann doch nicht. So blieben nur die fern im Atlantik liegenden **Kanarischen Inseln,** aber das war ja nur ein Häppchen, verglichen mit Kolumbus' Neuentdeckungen.

Es dauerte noch ein paar Jahre, bis man überhaupt begriff, welche Reichtümer sich auf der anderen Seite des Atlantiks auftaten. 1519 eroberte der spanische Abenteurer *Hernán Cortés* das legendäre Aztekenreich in **Mexiko,** schier unglaubliche Goldschätze fielen ihm in die Hände. 1535 unterwarf ein anderer Spanier, *Pizarro,* das Inkareich in **Peru,** Silberschätze in gigantischen Mengen sind die Beute. Beide Ereignisse führten dazu, dass Spaniens Politik mit einem Mal eine ganz neue Richtung erfuhr. Jenseits des Atlantiks sollten immer mehr, immer reichere Länder erobert werden, „nur" einige Kulturen musste man dabei vernichten. Die Gier zog Abenteurer und „arbeitslose Ritter" auf den neuen Kontinent.

Isabel von Kastilien, die nach ihrer Heirat Isabel la Católica genannt wurde

113c Foto: sm

Andalusien im Zentrum der Macht

In **Sevilla** wurde 1503 eine Art Monopolbehörde installiert, die *Casa de Contratación.* Über sie musste der gesamte Überseehandel laufen. Sevilla profitierte davon, dass alle Schiffe aus der Neuen Welt hier oder im benachbarten Cádiz ihre Schätze abliefern mussten.

Immer größer wurde die Anzahl derer, die ihr Glück in den neuen Ländern, „en las Indias" wie es hieß, versuchen wollten. Die Katholischen Könige legten

Begriffe aus al-Andalus

Während der **maurischen Epoche** wurden einige Begriffe geprägt, die auch heute noch in der spanischen Sprache zu finden sind:

Alcázar: In den Städten von al-Andalus war dies der Sitz des Sultans, ein Palast oder eine Festung. In den Provinzen lebte dort auch der lokale Herrscher.

Almohades (Almohaden): Ein Berberstamm aus dem Süden des heutigen Marokko. Sie besiegten den Stamm der Almoraviden und übernahmen etwa Mitte des 12. Jh. die Macht in al-Andalus.

Almorávides (Almoraviden): Eine muselmanische Sekte, die den Islam in Nordafrika verbreitete. Ende des 11. Jh. dehnten sie ihr Machtgebiet nach al-Andalus aus, bis sie von den Almohaden besiegt wurden.

Cadí: Ein Zivilrichter, der bei Streitigkeiten Entscheidungen fällte, aber auch in zivilen Angelegenheiten (Heirat, Erbschaften, Scheidung) Recht sprach.

Mezquíta: Die Moschee, zumeist aus einem geschlossenen Raum bestehend, ohne Schmuck und Abbildungen.

Moriscos (Morisken): Araber, die nach der christlichen Rückeroberung (Reconquista) in Spanien blieben. Sie behielten trotz Taufe ihre Sitten und Gebräuche bei und wurden 1614 schließlich aus dem Land gejagt.

Mozárabe (Mozaraber): Gewissermaßen „arabisierte" Christen, also Christen, die in al-Andalus lebten und ihrem Glauben nachgingen.

Nasríes (Nasriden): Die Nasriden regierten al-Andalus, oder was noch übrig geblieben war, von Granada aus zwischen 1231 und 1492. *Boabdil,* der letzte Herrscher von Granada, gehörte zu dieser Dynastie.

Omeyas (Omajiaden): Eine arabische Dynastie, die im 7. Jh. die islamische Welt von Damaskus aus regierte. Sie wurde im 8. Jh. gestürzt, die Herrscherfamilie getötet. Nur ein Prinz, *Abderramán I.,* konnte nach al-Andalus fliehen. Er gründete das Emirat von Córdoba.

Taifas, Reinos de: „Herrschaft kleiner Gruppen" wird die Zeitspanne ab 1031 genannt, als kein starker Alleinherrscher al-Andalus regierte. Die Sippe der Nasríes überlebte in Granada am längsten.

230c Foto: hf

so den Grundstein für Spaniens Weltreich. 1504 starb Königin Isabel, 1516 ihr Gatte Fernando. Nach einem kurzen Zwischenspiel von Isabels Tochter *Juana* auf dem Königsthron regierte schließlich ab 1516 *Carlos I.* Er war durch Geburt sowohl spanischer Herrscher, dort genannt *Carlos V.*, als auch **Habsburger.** 1519 wurde er dann als *Karl V.* auch gleichzeitig zum deutschen König gekrönt. Zum einen sorgte er sich als römisch-deutscher Kaiser um Germanien, nebenbei um Spanien. „Nebenbei" trifft es recht gut, er war nämlich ziemlich selten dort. In jenen Tagen ging in seinem Reich die Sonne nicht mehr unter, so salopp formulierte es eben jener Doppel-Herrscher.

Die Historie berichtet, dass *Jakob Fugger*, ein schwerreicher Augsburger Kaufmann, Carlos V. seinerzeit massiv mit Geld unterstützt habe. Dieser regierte damit eines der größten europäischen Reiche inklusive der spanischen Überseekolonien in Amerika und den Philippinen. Das war ein Imperium, in dem die Sonne wahrlich nicht unterging. In seine Regentschaft fielen auch die Eroberungen von Pizarro und Cortés, **unglaubliche Reichtümer** flossen zurück in die spanische Truhe. Aber nicht nur dorthin, genügend Gelder wurden an Jakob Fugger und andere Kaufleute weitergereicht. Carlos V. musste

Kolumbus wird von der spanischen Königin empfangen

Einmal Gott spielen – Spanien und Portugal im Eroberungsrausch

Neben den Spaniern versuchten auch die Portugiesen, Asiens Schätze zu erreichen. Sie wählten aber nicht wie Kolumbus den Westweg, sondern fuhren rund um Afrika gen Osten. 1494, zwei Jahre nach Kolumbus' Entdeckung, wurde zwischen beiden Ländern der **Vertrag von Tordesillas** geschlossen. Durch päpstliches Dekret abgesegnet, wurde darin nichts Geringeres festgelegt, als die Aufteilung der neu entdeckten Welt zwischen Spanien und Portugal. Entlang einer Linie, die man 370 Meilen westlich der Azoren zog, sollte die Grenze liegen. Alle neu entdeckten Länder westlich dieser Linie fielen an Spanien, alle östlichen an Portugal. Wenig später stellte man fest, dass die Linie genau durch Brasilien verlief. Und so kommt es, dass dort noch heute Portugiesisch gesprochen wird, während auf dem Rest des Kontinents bis auf kleine Ausnahmen Spanisch vorherrscht.

Schulden begleichen, wie *Eduardo Galeano* in seinem Buch „Die offenen Adern Lateinamerikas" anschaulich schildert. Galeano schreibt, dass 1543 insgesamt 65 % der königlichen Einnahmen zur Abzahlung von Schulden genutzt wurden.

Zwischen 1503 und 1660 gelangten 185.000 Kilogramm **Gold** und 16 Millionen Kilogramm **Silber** in den Hafen von San Lúcar de Barrameda, ein schierer Wahnsinn. Die Gelder wurden verpulvert in Kriegen, in Eroberungszügen durch Amerika und in der Inquisition, der Verfolgung Andersgläubiger. Und nicht zuletzt musste ein Heer von Müßiggängern unterhalten werden – spanische Edelmänner, *Caballeros*, arbeiteten schließlich nicht. Wenig fiel dabei für Andalusien ab.

Carlos V. war es auch, der sich Denkmäler schuf. Er ließ in die **Moschee von Córdoba** hinein eine **Kathedrale** bauen und direkt neben den maurischen Palästen in der **Alhambra** einen eigenen **Palast.** Carlos trat 1556 zurück und verbrachte seine letzten Lebensjahre in einem Kloster. In Spanien regierte nun sein Sohn *Felipe II.* Dieser setzte sich selbst ebenfalls ein Denkmal, nämlich das riesige Kloster El Escorial bei Madrid. Felipe zog es auch vor, von **Madrid** aus zu regieren.

Andalusiens Zeit als Machtzentrum war damit zu Ende. Sieben Jahrhunderte lang wurde spanische Politik von andalusischem Boden aus betrieben, mit Felipe II. endete diese Epoche. Deshalb seien im Folgenden nur noch im Zeitraffer die wichtigsten Ereignisse der spanischen Geschichte dargestellt. Andalusien spielte darin bis auf wenige Ausnahmen nur noch eine Nebenrolle.

114c Foto: sm

Spanische Geschichte von 1556 bis heute

1556: *Felipe II.* wird König.
1559: Die ersten Ketzergerichte in Valladolid und Sevilla, die Inquisition setzt ein.
1561: *Felipe II.* verlegt seinen Thron nach Madrid.
1568: Aufstand der Morisken in Granada
1581: In Andalusien herrscht die Pest.
1588: Die „unsinkbare" Armada geht vor Schottland unter.
1598: *Felipe III.* wird König.
1605: Der erste Teil von „Don Quichote" erscheint.
1609: Ausweisungsbeschluss der Morisken
1621: *Felipe IV.* wird König.

„Land in Sicht!", nachgestellte Szene von der Entdeckung Amerikas

Kolonialmacht Spanien – die Reste eines Weltreichs

Die ersten spanischen Expansionszüge blieben bescheiden. Man traute sich nicht recht vom Festland weg, weite Wege übers Meer waren tabu. Also ging es immer entlang der Küste, der afrikanischen nämlich. Dabei eroberten die Spanier zunächst die **Kanarischen Inseln,** wobei „erobern" zwar stimmt, aber die dort lebenden Guanchen konnten nur bescheidenden Widerstand leisten. Und so richtig nach Afrika rein, in das Hinterland des dunklen Kontinents, traute man sich auch nicht. Also blieb man in Küstennähe.

Die Portugiesen, nicht weniger expansionsfreudig, besetzten 1415 ein kleines Nest auf afrikanischem Boden namens **Ceuta.** 1580 fiel diese Stadt an der marokkanischen Küste dann an Spanien, doch so recht wusste man nicht, was man damit anfangen sollte. Also behielt man sie einfach. 1497 hissten die Spanier dann ihr Banner in einer zweiten Stadt auf afrikanischem Boden, **Melilla.**

Dann kam *Kolumbus.* Der traute sich erstmals über das offene Meer und erreichte Nuevas Indias (Neu-Indien), wie der **amerikanische Kontinent** zuerst hieß, aufgrund der irrigen Annahme, in Asien gelandet zu sein. Binnen weniger Jahre hatten die Spanier beinahe den gesamten Kontinent im Griff, bauten ein Kolonialreich auf, das von Kalifornien und Florida bis hinunter nach Feuerland reichte. Einige karibische Inseln nahm man so im Vorbeigehen mit: **Jamaica, Puerto Rico, Hispaniola, Cuba.** Auch in Asien wurden die Spanier aktiv. Um 1571 wehte die spanische Flagge über den **Philippinen.** Keine Frage, die Spanier regierten tatsächlich ein Weltreich, suchten aber zuallererst nur nach Gold und Silber. Die indianische Urbevölkerung Amerikas wurde derart rasch dezimiert durch Krankheiten, Kriege und brutale Frondienste, dass alsbald „Ersatz" her musste: schwarze Sklaven aus Afrika.

Das konnte nicht lange gutgehen. Mit *Simón Bolívar* tauchte Anfang des 19. Jh. ein starker Mann auf, der die südamerikanischen Länder befreien wollte und auch konnte. Ein Land nach dem anderen erkämpfte die **Unabhängigkeit.** Zwischen 1811 und 1824 lösten sich nach und nach die südamerikanischen Überseekolonien vom spanischen Mutterland. 1821 erklärte sich Mexiko für unabhängig, damit hatte das hispano-amerikanische Reich auf dem Kontinent aufgehört zu existieren, mit Ausnahme einiger Karibikinseln. Aber auch das blieb nicht von Dauer. Jamaica war schon 1655 an die Briten übergegangen und um Hispaniola stritt man sich mehrfach erfolglos mit den Franzosen.

Wohnhaus von Kolumbus in Santo Domingo, Dominikanische Republik

Ende des 19. Jh. kam ein verhängnisvoller **Krieg mit den USA,** da Spanien als Kolonialmacht Kubas Unabhängigkeit verhindern wollte und ausgerechnet die Amerikaner genau diese unterstützten. Das Ergebnis: Spanien verlor den Krieg, und Cuba, Puerto Rico und die Philippinen wurden den USA überlassen. Ein einschneidendes Ereignis, für viele Spanier einem Schock gleichkommend. Noch heute gibt es ein Sprichwort: „Más se perdió en Cuba" (noch mehr verlor man in Cuba), wenn jemand viel Pech hatte und getröstet werden soll. Schlimm, schlimm, aber vergiss nicht, was uns mit Cuba passiert ist, oder so ähnlich.

Als das Weltreich nun an allen Ecken und Enden erst bröckelte und dann zusammenkrachte, suchte man das Heil in neuen Zielen, in **Afrika.** Kurzfristig waren Teile der Sahara, Spanisch-Guinea (Äquatorial-Guinea) und Tanger unter spanischer Hoheit. Es half alles nichts, Ende der 60er Jahre des 20. Jh. wurden die letzten Flaggen eingeholt, die Spanier zogen ab. Geblieben sind zwei kleine Städtchen aus den Anfängen der Eroberung, die hartnäckig verteidigt werden: **Ceuta und Melilla,** nebst einer Handvoll winziger Inselchen vor Marokkos Küste. Marokko und Spanien streiten sich schon seit Jahren darum, die Spanier sollen gehen, wollen aber bleiben. Verquere Logik, immerhin fordert Madrid von den Briten nichts anderes, nämlich, dass sie **Gibraltar** endlich verlassen und den Spaniern übergeben. Schließlich läge doch der Felsen auf spanischem Territorium ...

Staat und Gesellschaft

231c Foto: hf

1640: Vergeblicher Aufstand der Katalanen gegen die kastilische Herrschaft.
1665: *Carlos II.* wird König.
1700: *Carlos II.* stirbt in Madrid kinderlos, er ist der letzte Habsburger. In seinem Testament verfügt er, dass *Felipe de Anjou* ihn beerben soll, die Familie der Habsburger akzeptiert dies nicht.
1702: Der Erbfolgekrieg bricht aus.
1704: England besetzt Gibraltar.
1713: Friedensvertrag von Utrecht, *Felipe V.* wird König und bestraft die Katalanen wegen ihrer „falschen" Parteinahme.
1746: *Fernando VI.* wird König.
1759: *Carlos III.* wird König.
1765: Fünf Häfen wird der Handel mit Amerika erlaubt, ein fast dreihundertjähriges Monopol fällt.
1788: *Carlos IV.* wird König.
1805: Vor Trafalgar in Südspanien zerschlägt eine britische Flotte unter *Lord Nelson* die französisch-spanische Armada. Zur Erinnerung an diesen Sieg wird noch heute auf allen Schiffen und in den Landeinrichtungen der Royal Navy das so genannte Trafalgar Night Dinner am 21.10. veranstaltet.
1808: Französische Truppen marschieren in Spanien ein, *Carlos IV.* tritt zurück, *Joseph Bonaparte* regiert. In Madrid kommt es am 2. Mai zum Aufstand, zahlreiche Straßen sind heute danach benannt *(Calle dos del mayo)*, und Goya malt ein anklagendes Bildnis.
1810: Die Cortes, das Parlament, konstituiert sich erstmals in Cádiz.
1811: Venezuela und Paraguay erklären sich unabhängig.
1812: Die erste Verfassung wird formuliert.
1813: Die Cortes schafft die Inquisition ab.
1822: Ecuador wird befreit.
1824: Peru erklärt sich unabhängig.
1833: *Fernando VII.* stirbt, der Karlistenkrieg beginnt, sie wollen einen Bourbonen zum König. *Isabel II.* regiert.
1839: Ende des Karlistenkriegs, eine Militärherrschaft mit insgesamt dreißig ständig wechselnden Regierungen beginnt.
1844: Die Guardia Civil wird gegründet.
1859: Krieg mit Marokko
1868: Provisorische Regierung unter *Francisco Serrano*
1871: *Amadao I.* aus dem Hause *Savoyen* regiert.
1872: Der Zweite Karlistenkrieg beginnt.
1873: Die erste Republik wird ausgerufen.
1874: *Alfonso XII.* wird König.
1876: Ende des Zweiten Karlistenkrieges
1876: Die sozialistische Arbeiterpartei PSOE wird gegründet.
1885: *Alfonso XII.* stirbt.
1886: *Alfonso XIII.* wird König.
1898: Die USA erklären Spanien den Krieg, besiegen Truppen in Santiago de Cuba. Verlust der letzten Kolonien: Cuba, Puerto Rico und Philippinen.
1904: Erste Autofabrik in Spanien, „Hispano-Suiza"
1910: Frauen wird erlaubt, die Universität zu besuchen.
1914: Im Ersten Weltkrieg bleibt Spanien neutral.
1923: Staatsstreich von General *Primo de Rivera*, die Militärs regieren bis 1925.
1931: Die zweite Republik wird ausgerufen.
1933: Rechte Parteien gewinnen die Wahlen, Frauen dürfen erstmals wählen.

1936: Das Militär erhebt sich in Melilla, der Bürgerkrieg bricht aus.
1939: Ende des Bürgerkriegs, Beginn von *Francos* fast 40-jähriger diktatorischer Regierungszeit
nach 1945: Spanien steht jahrelang sehr isoliert da, verbündete Diktatoren *(Hitler, Mussolini)* leben nicht mehr, „Hungerjahre" brechen aus.
1953: Militärabkommen mit den USA, vorsichtige Öffnung des Landes
1959: Die baskische Untergrundorganisation ETA erscheint auf der Bildfläche. *Franco* lässt sich mit dem Valle de los Caídos (Tal der Gefallenen) ein gigantisches Ehrenmal bauen, errichtet vor allem durch Zwangsarbeiter.
1968: Erste Attentatsopfer der ETA
1973: Der von *Franco* als Ministerpräsident eingesetzte *Carrero Blanco* wird durch die ETA ermordet.
1975: Hinrichtung von fünf Antifrankisten, im selben Jahr stirbt *Franco. Juan Carlos I.* wird zum König ernannt, er regiert noch heute.
1977: Die ersten freien Wahlen gewinnt die UCD (Unión de Centro Democrático), eine Zentrumsunion.
1978: Die Verfassung wird verabschiedet.
1979: Auch bei den zweiten Wahlen gewinnt die UCD erneut.
1981: Ministerpräsident *Adolfo Suárez* tritt zurück, *Calvo-Sotelo* folgt ihm nach. Am 23. Februar versucht ein Guardia-Civil-Offizier, das Rad der Geschichte zurückzudrehen. Er besetzt pistolenschwingend das Parlament, will, dass die Panzer rollen. König *Juan Carlos I.* stellt sich ihm mutig entgegen, was die Spanier ihm nie vergessen werden. Frankisten haben keine Chance mehr in Spanien. Im gleichen Jahr wird das Scheidungsrecht eingeführt.
1982: Spanien tritt der NATO bei, die sozialistische Partei PSOE gewinnt die Wahlen, *Felipe González* wird Ministerpräsident.
1983: Die UCD wird aufgelöst.
1986: Spanien wird Mitglied der EG, die Mehrwertsteuer wird eingeführt.
1988: Generalstreik gegen die Politik der Regierung. Das Privatfernsehen wird eingeführt.
1989: Dritter Wahlerfolg für die PSOE, *Camilo José Cela* erhält den Nobelpreis für Literatur. Frauen dürfen in die Armee eintreten.
1991: Vizepräsident *Alfonso Guerra* tritt zurück.
1992: Olympische Spiele in Barcelona, Madrid ist Kulturhauptstadt Europas. In Sevilla findet die Weltausstellung statt, 500-Jahrfeier der Entdeckung Amerikas.
1993: Vorgezogene Wahlen, die Sozialisten gewinnen noch einmal.
1994: Generalstreik, nachdem die Regierung soziale Einschnitte verkündet.
1995: *Solana* wird NATO-Generalsekretär, erste Skandale erschüttern das Land. *Roldán,* Ex-Chef der Guardia Civil, wird verhaftet wegen Unterschlagung. Geheimdienst CESID hat Politiker und sogar den König abgehört.
1996: Neuer Skandal: Die GAL, eine Antiterroreinheit, hat ETA-Leute umgebracht. Polizisten wandern hinter Gitter, das Land fragt sich: Wie groß ist die Mitwisserschaft? Bei vorgezogenen Neuwahlen gewinnt der konservative *José María Aznar* von der PP (Partido Popular), der „Volkspartei".
1998: Der ehemalige Innenminister *Barrionuevo* wird verurteilt, geht tatsächlich ins Gefängnis, wenn auch nur kurz.
1999: *Aznar* sitzt fest im Sattel, seinem Motto „España va bien" (Spanien geht's gut) wird nicht widersprochen.
2000: Das sieht der Wähler genauso, *Aznar* gewinnt die absolute Mehrheit bei den Parlamentswahlen und bleibt Regierungschef, wird aber wegen seiner

bedingungslosen Unterstützung von US-Präsident *Bush* im Irakkrieg stark kritisiert.

2004: Im März kommt es in Madrid zu einem fürchterlichen Attentat im Bahnhof Atocha, drei Tage vor den Wahlen. Die Regierung Aznar beschuldigt sofort die ETA der Täterschaft und hält die Behauptung bis zur Wahl aufrecht, was diese aber heftigst dementiert. Bis zum Wahltag sickert die Wahrheit durch, dass es ein al-Quaida-Anschlag war. Die Konsequenz: Aznar wird förmlich aus dem Amt gefegt, der Sozialist *José Luis Rodríguez Zapatero* gewinnt haushoch. Seine erste Maßnahme: sofortiger Abzug der 1300 spanischen Soldaten aus dem Irak.

2006: In Marbella wurden 23 Verdächtige verhaftet, die in einem der größten Korruptionsskandale Spaniens involviert sein sollen, darunter die Bürgermeisterin, Anwälte, Stadträte, Bauunternehmer und der Polizeichef.

2007: Die Urteile im Prozess gegen die Attentäter von Madrid werden gesprochen. Die 21 Hauptangeklagten werden zu langjährigen Haftstrafen verurteilt.

2009: Die Wirtschaftskrise trifft Spanien hart, die Arbeitslosenquote steigt auf 21,5 %, was ein Negativ-Rekord in der EU bedeutet. Auch der Immobiliensektor verliert seinen jahrelangen Schwung, die Preise fallen und so manches Vorhaben bleibt auf halbem Wege als Ruine stehen.

2011: Die Krise vernichtete zahlreiche Jobs in ganz Spanien, in Andalusien liegt die offizielle Arbeitslosenquote bei knapp 30 %. Die spanische Regierung versucht durch verschiedene unpopuläre Maßnahmen, die Wirtschaftskrise in den Griff zu kriegen. So wurde die Mehrwertsteuer von 16 auf 18 % erhöht, außerdem kürzte man die Gehälter der Staatsangestellten und das Rentenalter wird auch erhöht.

Im November kam es bei den Parlamentswahlen zu einem Erdrutschsieg der konservativen PP, die bis dahin regierenden Sozialisten wurden regelrecht aus dem Amt gefegt. Die Spanier warfen Ministerpräsident *Zapatero* vor, nicht genügend und vor allem nicht richtig auf die Wirtschaftskrise reagiert zu haben. Nun regiert *Mariano Rajoy* mit 10 Stimmen über der absoluten Mehrheit und muss den Spaniern noch mehr zumuten, um das hochverschuldete Land zu sanieren. Beispielsweise sollen die beliebten „Brückentage" zwischen einem Feiertag und dem Wochenende abgeschafft werden. Dazu sollen die meisten Feiertage per Dekret auf den folgenden Montag verlegt werden.

Andalusien heute

Andalusien zählte schon immer zu den wirtschaftlich schwächeren Regionen in Spanien und das galt bereits in den 1960er-Jahren, als Spanien selbst im europäischen Vergleich bezüglich Lebensstandard und Wirtschaftsleistung eher hintere Plätze einnahm. Seit Beginn der demokratischen Phase nach *Francos* Tod 1975 stieg Spaniens Wirtschaftskraft ganz langsam an, sie nahm erst deutlich Fahrt auf, als Spanien 1986 der EG beitrat. Das war ein Meilenstein, wurde doch nicht nur eine Diktatur beendet, sondern auch verkrustete gesellschaftliche Strukturen aufgerissen. Ziemlich schnell stiegen die Wirtschaftsleistung und der allgemeine Lebensstandard. An Andalusien ging dieser Boom aber doch etwas vorbei, denn hier blieben viele Grundkoordinaten konstant.

Das durchschnittliche **Pro-Kopf-Einkommen** in Andalusien lag 2009 bei 18.507 Euro im Jahr (keine aktuelleren Zahlen verfügbar) und erreicht damit 60 % vom spanischen Durchschnitt.

Großgrundbesitz

Die Wirtschaft in Andalusien ist seit Generationen agrarisch geprägt, knapp die Hälfte des Landes wird landwirtschaftlich genutzt, wobei weite Teile des Landes immer noch Großgrundbesitzern gehören. So war es bereits viele Jahrhunderte. In grauer Vor-

Andalusien (Flagge links) ist fest verankert in Spanien (Mitte) und Europa (rechts)

116c Foto: sm

zeit wurden die Weichen gestellt für eine Situation, die noch heute vorherrscht: Großgrundbesitz. Wenige sehr Reiche besitzen sehr viel Land, die **Latifundien** (Höfe mit mehr als 500 Hektar Land), der große Rest der Landbevölkerung schuftet zumeist als Tagelöhner. Etliche politische Versuche, dies zu ändern, scheiterten regelmäßig. In Zahlen: 3 % der Höfe mit mehr als 100 Hektar haben 63 % der Nutzfläche, das sind knapp 8 Mio. Hektar.

Das System ist uralt. Nach Abschluss der *Reconquista,* der Vertreibung der Araber im Jahr 1492, erhielten Adel, Ritter und Kirche das Grundeigentum der verjagten Mauren gewissermaßen als Dankeschön für die geleistete militärische Hilfe. Die neuen Herren dachten aber überhaupt nicht daran, jetzt als Bauern diese Güter zu bewirtschaften. Nein, ein Edelmann setzt seinen Fuß nicht in den Staub oder arbeitet gar! Sie holten sich Verwalter, die wiederum im Bedarfsfall Arbeiter aus dem nächsten Dorf beschäftigten, gerade solange es nötig war. So entstand ein System, das sich trotz aller Reformversuche bis heute nicht entscheidend geändert hat. Die Besitzer ließen es sich in Madrid gut gehen, die andalusischen Tagelöhner versanken in Armut.

281cs Foto: hf

Auch wenn sich diese Situation mittlerweile etwas geändert hat, Hunderttausende fanden in vergangenen Jahrhunderten und teilweise noch heute bestenfalls zeitweise Arbeit – beispielsweise bei der nur wenige Monate dauernden Olivenernte auf den großen Gütern. Die restliche Zeit passierte nichts, eine minimale soziale Sicherung vom Staat gab es zumindest früher nicht. Lange Zeit erhielten arbeitslose Saisonarbeiter eine karge Unterstützung von etwa 330 € für maximal 6 Monate, wenn sie wenigstens 35 Tage gearbeitet hatten. Diese Regelung wurde unter der Regierung *Aznar* deutlich verschärft.

Die Spanische Fahne wird gern gezeigt

Die Bauwirtschaft brach durch die Wirtschaftskrise komplett ein

Nur einmal, da versuchte Andalusien dann doch mit Macht aus diesem Tal heraus zu kommen. 1992 fand die **EXPO,** die Weltausstellung in Sevilla statt. Viel Geld wurde investiert, die Infrastruktur verbessert, Autobahnen und eine ganz neue Bahnstrecke für Hochgeschwindigkeitszüge nach Madrid wurden gebaut. Vor allem wurde vor den Toren der Stadt ein riesiges Gelände mit Ausstellungshallen für die EXPO errichtet, in denen sich nach Ende der Ausstellung internationale Firmen ansiedeln sollten. Soweit der Plan. Aber tatsächlich kam kaum jemand und internationale Firmen schon gar nicht. Die Fiesta ist vorbei, Andalusien wurde sich wieder selbst überlassen.

Bis heute wird die wirtschaftliche Situation in Andalusien vom **landwirtschaftlichen Sektor** bestimmt, weniger stark auch vom Fischfang. Auf weiten Feldern wachsen Oliven, des Weiteren wird Viehzucht betrieben, und man baut Wein, Sonnenblumen und Gemüse an. An der Küste sind ganze Landstriche mit **Treibhäusern** zugestellt. Dort wächst all das Gemüse, das in Nordeuropa auch außerhalb der natürlichen Reifezeit erhältlich ist. Diese Plastikdach-Zonen sind optisch alles andere als eine Bereicherung, hier schuften kaum noch Spanier, sondern überwiegend Ausländer. Sehr viele **illegale Afrikaner,** aber auch immer häufiger Menschen aus den ehemaligen Ostblockstaaten. Ein Großteil der spanischen Gemüseproduktion stammt aus Andalusien und wird in diesen Plastikkulturen gezüchtet. Im Bereich der Costa del Sol sind sie so gut wie gar nicht zu finden, häufiger schon an der Costa Tropical. Ihre Hauptzone liegt allerdings bei Almería und teilweise auch in der Provinz Huelva, also außerhalb des hier beschriebenen Gebietes.

Tourismus

Arbeit wird auch immer mehr im Tourismus geschaffen. Die Costa del Sol als Spaniens Hauptzielgebiet (nicht nur des ausländischen Tourismus) hat für viele Arbeitsplätze im **Hotel- und Gaststättenbereich** gesorgt, für längerfristige sogar, denn die Saison im Norden, an der Costa Brava, dauert nur von Mai bis September, im Süden jedoch fast das ganze Jahr – endlich einmal auch ein Vorteil für Andalusien.

Der Tourismus ist immer noch der größte wirtschaftlicher Motor und hier durchaus auch der nationale Tourismus. Neben dem reinen Bade-Urlaub haben sich mittlerweile auch der **Golf-Tourismus** (etwa 60 Golfplätze gibt es in Andalusien), **Sprachtourismus** (vor allem in Granada) und **Städtetourismus** (vor allem in Ronda,

280cs Foto: hf

Tourismus ist ein Job-Motor in Andalusien

Sevilla, Granada, Córdoba) etabliert. So besuchten 2010 allein 2,17 Mio. Menschen die Stadt Granada und die Alhambra, insgesamt kamen etwa 30 Mio. Menschen nach Andalusien, das ist fast die Hälfte aller nach Spanien eingereisten Ausländer.

Man darf es schon so deutlich sagen: In weiten Teilen wurde die Costa del Sol zubetoniert. Und wie viele Gebäude davon illegal hochgezogen wurden, kann auch niemand beantworten. Immer wieder kochen **Korruptionsskandale** hoch, die illegale Machenschaften bei Erschließung und Bau von Ferienwohnungen zeigen, die Stadtverwaltung von Marbella bildet ein besonders extremes Negativ-Beispiel.

Industrie Industrielle Ansiedlungen gibt es nur im Bereich der wenigen Großstädte und an der Küste bei Algeciras und La Línea, dem Grenzort zu Gibraltar. Unübersehbar ragen dort im Hafen die Türme der petrochemischen Industrie in den Himmel. Ein paar Kilometer weiter außerhalb verdorrt der Boden wie immer seit Jahrhunderten.

Arbeitslosigkeit Die Beschäftigung verteilt sich grob auf 9 % in der Landwirtschaft und Fischfang, 26 % in Industrie und Baugewerbe und 65 % im Dienstleistungsbereich, hier vor allem im touristischen Sektor. Der Bausektor brach in der Krise seit 2009/2010 völlig ein, gebaut wird fast gar nicht mehr. Im Gegenteil: Überall stehen unfertige Häuser, bieten überschuldete Besitzer ihre Immobilien zum Kauf

233c Foto: hf

an. Ungefähr 800.000 Wohnungen entstanden vor der Krise pro Jahr in Spanien, mehr als in Deutschland, Frankreich und Italien zusammen. Trotzdem: Die **Arbeitslosenquote** liegt in Andalusien höher als in Restspanien, sie pendelt **um die 30 %,** bei Jugendlichen noch deutlich darüber.

Wandteller aus Andalusien sind ein beliebtes Mitbringsel

Ein Plausch im Schatten

206c Foto: hf

Die Costa del Sol im Überblick

Kurzcharakteristik aller Orte

Für die schnelle Orientierung folgt eine Übersicht aller beschriebenen Orte an der Costa del Sol in alphabetischer Reihenfolge:

Almuñécar: größter touristischer Ort an der Costa Tropical mit vielen Lokalen, Unterkünften und einem kilometerlangen Strand, aber auch einer netten, kleinen Altstadt
Arroyo de la Miel: Mischung aus *urbanización* und älterem Ort, etwa einen guten Kilometer vom Meer entfernt
Benalmádena Costa: „Ferienmaschine“ am Meer
Benalmádena Pueblo: gemütliches Weißes Dorf, hoch oberhalb der Küste gelegen
Calahonda: an der Costa Tropical gelegen, mit einem fünf Kilometer langem Strand, der teilweise kieselig ist. Der Ort wird von spanischen Urlaubern geschätzt. Es gibt noch ein zweites Calahonda, die nur eine reine *urbanización* unweit von Marbella ist.
Casares: malerisches Weißes Dorf in den Bergen unweit von Estepona
Castell de Ferro: etwas größerer Ort an der Costa Tropical mit breitem, grauem Strand
Castillo de Baños: kleines Dorf mit einer handvoll Straßen an der Costa Tropical
El Pozuelo: kleines Dörflein an der Costa Tropical ohne nennenswerten Tourismus
Estepona: Angenehmer Schlusspunkt der Costa del Sol, der Tourismus hält sich in Grenzen. Der Strand ist ganz nett, obendrein gibt es eine unterhaltsame Altstadt.
Frigiliana: sehr schönes Weißes Dorf, nur sechs Kilometer von der Küste entfernt
Fuengirola: Stadt, die sich im Laufe der Jahre komplett dem Tourismus ergeben hat, mit etlichen Hochhausriesen im Strandbereich. Der Strand fällt allerdings ganz nett aus.

Seite 114/115: Málaga – Blick auf Hafen und Stierkampfarena

Souvenirladen in Frigiliana

116c Foto: sm

La Mamola: mittelgroßer Ort an der Costa Tropical mit spanischem Tourismus
La Rábita: kleiner Ort an der Costa Tropical mit ganz angenehmer Atmosphäre
La Herradura: relativ ruhiger, kleiner Ort an einer weitgeschwungenen Bucht
Málaga: Großstadt mit urigem Zentrum und einigen Sehenswürdigkeiten aus maurischer Zeit
Marbella: „Stadt der Reichen und Schönen" mit nettem Zentrum und dem elegantesten Hafen weit und breit.
Maro: Dorf an der Costa Tropical mit wenig Tourismus, ein paar Kilometer vom Strand entfernt
Mijas: hübsches Weißes Dorf, das allerdings täglich eine Touristeninvasion überstehen muss. Der lokale Hit sind Esel-Taxis, auf denen Urlauber eine Runde durch den Ort reiten können. Sehenswert sind die kleine Stierkampfarena und die urigen Gassen abseits der touristischen Trampelpfade.
Motril: geschäftige Stadt ohne nennenswerte Reize, zwei Kilometer vom Meer entfernt. Der Strand ist recht lang und erstaunlich breit.

Nerja: trotz starkem Tourismus ein angenehmer Ort mit unterhaltsamem Zentrum. Die lokale Sehenswürdigkeit sind die Tropfsteinhöhlen.
Rincón de la Victoria: eine Art Vorort von Málaga, am Strand gelegen
San Pedro de Alcántara: netter Ort, einen Kilometer von einem schönen Strand entfernt, mit großer *urbanización*. Marbella verschmilzt beinahe nahtlos mit diesem Ort.
Sabinillas: kleines Dorf am Strand mit angenehmer Atmosphäre, hier urlauben nur wenige spanische Familien.
Salobreña: der „weiße Ort" schlechthin! Ein Gesamtkunstwerk, das zum Bummeln durch die steilen Gassen einlädt. Ganz oben thront die alte maurische Burg.
Torre del Mar: mittelgroßer Ort, der von vielen Hochhäusern geprägt wird, mit drei Kilometer langem Strand.
Torremolinos: quirliger, lebhafter Ort mit sieben Kilometer langem Strand, geht nahtlos in den Nachbarort Benalmádena über
Torrenueva: Ort, der mehrheitlich aus Ferienwohnungen besteht und wegen des 2300 Meter langen Strandes sehr beliebt bei Spaniern ist.
Torrox: kleiner, ruhiger Ort im Hinterland
Torrox Costa: reine *urbanización am Meer* mit etlichen Hochhäusern und einem vier Kilometer langen Strand
Vélez-Málaga: etwas geschäftiger Ort mit sehenswerter weißer Altstadt, oben thronen Überreste einer Burg

Die Highlights

Im Folgenden in aller Kürze ein paar Vorschläge für lohnende Ausflüge, außerdem eine **Auswahl** empfehlenswerter Restaurants und Hotels, sehenswerter Museen und eine Übersicht über die Wochenmärkte. Detaillierte Beschreibungen sind unter den jeweiligen Orten zu finden.

Im Patio de los Arrayanes (Myrtenhof) der Alhambra in Granada

312cs Foto: hf

Orte und historische Bauten

Benalmádena Pueblo: welch ein Kontrast zu den nahen Hochhausmonstern an der Küste ist dieses kleine Dorf in den Bergen! Vom Kirchenvorplatz aus kann man die ganze Küste mit ihren modernen Bauten „bewundern".

Casares: abseits des Küstenrummels in den Bergen liegt dieses kleine Weiße Dorf, das durch die etwas abseitige Lage seine angenehme Atmosphäre erhalten konnte.

Frigiliana: ein sehr schönes Weißes Dorf ohne jeglichen Autoverkehr, allerdings schon gut besucht!

Granada: die maurische Palaststadt Alhambra muss man einfach gesehen haben, und die Kathedrale sollte man sich auch nicht entgehen lassen.

Málaga: das Castillo de Gibralfaro aus maurischer Zeit und die Kathedrale sind ein Muss.

Marbella: nicht nur die zentrale Plaza de los Naranjos in der schmucken Altstadt lohnt einen Bummel, eine Pflicht ist auch der Besuch des Hafens Puerto Banús, wo 40-Meter-Jachten jenseits der Neidgrenze liegen.

207c Foto: hf

Mijas: durch und durch touristisiert, aber dennoch besuchenswert ist dieses kleine Weiße Dorf.
Nerja: der Ort hat ein nettes Stadtbild mit einem reizvollen Aussichtspunkt, dem Balcón de Europa, von wo man weit über das Meer blickt.
Ronda: eine Brücke, die abenteuerlich eine Schlucht überspannt, die älteste Stierkampfarena Spaniens und einige Bauten in der Altstadt lohnen die Anfahrt durch die Berge.
Salobreña: das Weiße Dorf schlechthin. Strahlend weiß, fast stechend blitzt es schon von Weitem, oben thront als grauer Klecks eine alte Burg. Zwar ein schweißtreibender Aufstieg durch steile, enge Gassen, aber als Belohnung winkt ein superber Ausblick.
Vélez-Málaga: ähnlicher Charakter wie Salobreña, aber alles eine Nummer kleiner.

Museen

Benalmádena Costa: das Sea Life Center am Hafen ist kein klassisches Museum, sondern eine thematisch geordnete Sammlung von tropischen und heimischen Meeresbewohnern.
Estepona: Fünf auf einen Streich! In der Stierkampfarena liegen fünf unterschiedliche Museen und alle sind kostenlos zu besichtigen.
Málaga: endlich, endlich gibt es in Picassos Heimatstadt ein würdiges Museum mit über 200 Werken des Meisters und nun auch eine sehr schöne Ausstellung der privaten Kunstsammlung von *Carmen Thyssen-Bornemisza,* die bereits in Madrid ein sehenswertes Museum einrichten ließ.
Mijas: auch für Leute, die den Stierkampf ablehnen, lohnt vielleicht mal ein Blick ins Museo Taurino. Ebenfalls in Mijas: das Kuriositätenkabinett Carromato de Max, eine Sammlung von skurrilen Miniaturen.
Ronda: ziemlich ungewöhnlich, Schmugglern und Banditen ein eigenes Museum zu widmen: Museo del Bandolero.

Restaurants

Die hier genannten Lokale zeichnen sich durch eine exzellente Küche aus oder durch ihre besondere Lage, im Idealfall finden sich beide Kriterien. Ausgesprochene Billiglokale sind nicht darunter.

Ronda: Eine spektakuläre Schlucht „bricht" die Stadt in zwei Teile

Nerja: das Restaurant *Rey Alfonso,* direkt unterhalb des Balcón de Europa, bietet eine tadellose Aussicht.
Benalmádena Pueblo: In der Fonda de Benalmádena ist eine Hotelfachschule integriert, in der angehende Köche und Kellner unter echten Bedingungen üben können. Dazu wird ein Restaurant betrieben, in dem sehr gute Gerichte zu zivilen Preisen serviert werden.
Fuengirola: das Restaurant *La Langosta* ist seit 1960 bekannt für konstante Qualität, was alles andere als einfach ist in diesem Fastfood-Ort.
Málaga: im Weinlokal *Bodega Antigua Casa Guardia* scheint die Zeit stehen geblieben zu sein.
Marbella: *La Taberna del Puerto* am Hafen bietet ein gutes Preis-Leistungs-Verhältnis. *Marisquería Santiago* an der Strandpromenade ist eines der besten Fischlokale der Stadt. *Pasta da Bruno* ist ein gutes italienisches Restaurant, aber bitte nicht draußen an der Durchgangsstraße sitzen.
Torremolinos: es gibt nicht nur Fastfood, im ehemaligen Fischerviertel Carihuela bieten etliche alteingesessene Küchenchefs fundierte Küche, z. B. im *Roqueo* oder im *Antonio.*

Hotels

Eine Übersicht von besonderen Hotels, die entweder durch ihre Lage aus dem Rahmen fallen oder durch besondere Qualität hervorstechen.

Motril: *Gran Hotel de Motril,* ein Viersternehotel, das nur einen Steinwurf vom Strand entfernt in relativ ruhiger Umgebung liegt.
Almuñécar: *Hotel San Cristóbal,* ein kleines Haus, an einem kleinen Platz mitten im Zentrum gelegen. Gleich nebenan befindet sich das *Hotel Casablanca* mit vergleichbaren Merkmalen.
Benalmádena Pueblo: *Fonda de Benalmádena,* mit viel Liebe zum Detail eingerichtetes kleines Haus.
Granada: *Parador* und *Hotel América,* zwei stilvolle Häuser, die mitten in der Alhambra liegen. Der Parador ist um einiges teurer.
La Herradura: *Hotel Los Fenicios,* ein im andalusischen Stil gehaltenes Haus mit 43 Zimmern

Einen Wochenmarkt gibt es überall

234c Foto: hf

Málaga: der *Parador* liegt sehr schön hoch oben am Fuße des Gibralfaro, damit weit über den Dächern der Stadt. Sagenhafter Ausblick, wenn abends die Lichter der Stadt angehen.
Nerja: *Hotel Balcón de Europa,* an exponierter Stelle seitlich vom Aussichtspunkt hoch über dem Meer, gleichzeitig im Zentrum und doch ruhig.
Ronda: der *Parador* liegt direkt an einer Schlucht unmittelbar neben der fotogenen Brücke und offeriert eine unschlagbare Aussicht ins Tal.
Torremolinos: *Hotel Miami,* ein privat geführtes kleines Haus, das sich vom „Betonbrei" wohltuend abhebt.

Wochenmärkte

Montag: Marbella
Dienstag: Fuengirola, Mijas, Motril, Nerja
Mittwoch: Estepona
Donnerstag: Torre del Mar, Torremolinos
Freitag: Almuñécar, Benalmádena, La Herradura,Motril, Salobreña
Samstag: Marbella (Antiquitätenmarkt in Puerto Banús)
Sonntag: Málaga

120c Foto: sm

Costa Tropical

Überblick

Früher war alles besser, behaupten immer wieder alte Leute. Früher war alles einfacher, das gilt jedenfalls für die Namensgebung der südspanischen Küste. Irgendwann in vergangenen Jahrzehnten, als die erste Tourismuswelle nach Spanien zu schwappen begann, dachten sich flinke PR-Strategen griffige Namen für ihre Küsten aus. Einer davon war zugleich Programm: **„Costa del Sol"** (Sonnenküste). Er hätte gar nicht besser gewählt werden können – satte 320 Tage lacht die Sonne vom Firmament.

Viele Jahre später aber genügte dieser Slogan einigen Touristikmanagern nicht mehr, sei es, dass ein eigenes touristisches Profil gesucht wurde, oder dass man sich bewusst von dem Costa-del-Sol-Image befreien wollte. Denn im Laufe der Jahre hatte der strahlende Name einige Beulen und Dellen bekommen. Hochhausriesen waren aus dem Boden gestampft worden, ehemals urige Fischerdörfer hatten sich in gigantische Ferienmaschinen verwandelt. Der Ruf litt, der Lack blätterte ein wenig ab.

So entschieden die Touristiker der Provinz Almería, am nordöstlichen Ende der Costa del Sol gelegen, ihre Küste offiziell in **„Costa de Almería"** umzubenennen. Seufzend nahm es die geschrumpfte Costa del Sol zur Kenntnis und mit ihr Reiseveranstalter, Karten- und Reisebuchverlage. Die Leute aus Almería hatten erfolgreich ihren Kopf durchgesetzt.

Das können wir auch, meinten wiederum ein paar Jährchen später die Verantwortlichen des sich westlich anschließenden Küstenstreifens, zur Provinz Granada gehörig. **„Costa Tropical"** wollen wir unsere Ecke nennen, wäre doch gelacht, wenn uns das nicht auch gelänge. Aber diesmal verkalkulierte man sich ein wenig. So recht überzeugen konnten die Visionäre den Rest der Welt von ihrer Idee nämlich nicht. Und so herrscht heute Durcheinander: Mal taucht der Küstenabschnitt namens „Costa Tropical" als eigenständige touristische Region auf, aber genauso häufig auch nicht.

Halten wir es wie die meisten Landkarten: Der Begriff „Costa Tropical" soll genannt sein, aber nur als eine Art Unterabteilung

Seite 124/125: Strand von Almuñécar

der Costa del Sol. Gemeint ist ein knapp 80 Kilometer langes Stück Küste, dessen Grenzen die **Provinz Granada** markiert. Als grobe Fixpunkte gelten die Orte Adra im Osten und Almuñécar im Westen.

Der Name „Tropische Küste“ lässt einiges erwarten, doch leider müssen die Hoffnungen etwas enttäuscht werden. Weder Palmen noch Puderzuckerstrände gibt es zu entdecken, höchstens das schon angesprochene Klima. Das zeigt sich aber auch nicht tropisch-feucht, sondern heiß und trocken. Die Landschaft wird durch einen parallel zur Küste verlaufenden Gebirgszug geprägt, davor schlängelt sich die A-7, die ehemalige Nationalstraße N-340, und in gar nicht so ferner Zukunft auch irgendwann einmal die Autobahn. Die Strände bestehen zum großen Teil aus grauem Kiesel. Nur im westlichen Teil finden sich vereinzelt sandige *playas*, die aber ebenfalls grau sind.

El Pozuelo

- **Einwohner:** 625
- **PLZ:** 18770
- **Entfernung nach Málaga:** 134 km
- **Touristeninformation:** –

Überblick

El Pozuelo ist nicht mehr als ein kleines Dörflein, kaum 100 Meter von der A-7 entfernt direkt an der Küste gelegen. Tourismus findet hier praktisch nicht statt, der Ort lebt zum überwiegenden Teil von der Landwirtschaft. Bis an die Dorfgrenzen reichen die Plastikplanen der *invernaderos,* wie die Treibhäuser hier genannt werden (übersetzt etwa: Winterweide oder Wintergarten). Eine kleine Promenade lädt zum Spaziergang ein, und das war's dann auch schon, was an touristischem Reiz zu finden ist.

Der Strand

Der Strand erstreckt sich über 1200 Meter und misst zwischen 15 und 30 Meter Breite. Leider besteht er aus groben Steinchen, und die graue Grundfarbe lockt auch nicht gerade. Links wie rechts angrenzende Treibhäuser sind ein weiterer optischer Minuspunkt.

Unterkunft

- **Hotel Beatriz**€€, c/ Alfonso Zamora s/n, Tel. 958 829 040. Insgesamt 14 Zimmer werden vermietet, teilweise mit Meerblick. Das ganze Gebäude sieht gut aus, unten wird eine Bar betrieben. Zu finden: Das Haus liegt am Anfang des Strandweges, gleich nach dem Abbiegen von der A-7 erkennt man es schon.

Essen & Trinken

- **Bar Wuppertal II.,** c/ de Enmedio s/n, Tel. 958 829 238. Eine Bar mit diesem überraschenden Namen liegt gleich am Ortseingang auf der linken Seite. Vermietet auch Zimmer.

Der einsame Strand von La Rábita

La Rábita

- **Einwohner:** 2000
- **PLZ:** 18760
- **Entfernung nach Málaga:** 147 km
- **Touristeninformation:** -

Überblick

Am Ortsschild wird der Besucher eingestimmt: Ein *castillo* aus arabischer Epoche und eine *playa* sind die lokalen Sehenswürdigkeiten. Davon sollte sich aber niemand zu viel versprechen. Der Strand erweist sich als gräulich-kieselig, und die Burg, *el castillo,* entpuppt sich lediglich als ein kleines Gebäude mit Wehrturm. Es war Bestandteil der arabischen Grenzsicherung und Teile stammen noch aus dem 15. Jh., während ein weiterer Bereich erst im 18. Jh. entstand. Diese Festung wurde bis in jüngste Zeit von der Guardia Civil genutzt, ist jetzt aber frei zugänglich.

119c Foto: sm

La Rábita hat aber eine ganz angenehme Atmosphäre. Wer die A-7 etwa einen bis zwei Kilometer vor Erreichen des Ortes verlässt (bei Punta Negra abbiegen), nähert sich auf einer äußerst kurvigen Strecke dem Dorf. Etwa auf halber Strecke kann an zwei Aussichtspunkten (*miradores* genannt) ein fantastischer Blick über die Küste und La Rábita genossen werden. Deutlich zu erkennen sind die kleinen weißen Häuser, der dunkle Strand und die kurze, palmenbestandene Promenade. Überwiegend spanische Touristen kommen hierher, um ruhiges Ferienleben zu genießen.

Der Strand

Der Strand von La Rábita liegt mitten im Ort, misst 570 Meter in der Länge und durchschnittlich 30 Meter in der Breite. Er besteht aus grobem Kiesel und ist Dunkelgrau bis fast schwarz. Auch die Fischer nutzen den Strand noch und flicken dort ihre Netze. Das zeigt, dass der Tourist hier noch nicht alles erobert hat. Eine völlig unspektakuläre **Promenade** ohne jegliche Einrichtung begleitet den Strand.

Unterkunft

- **Hotel Las Conchas**€€-€€€, Paseo Marítimo 55, Tel. 958 829 017, www.hotellasconchas.com. Die 25 Zimmer verteilen sich auf drei Etagen, von etlichen hat der Gast Meerblick. Das Haus ist ein Klassiker im Ort und hat gute, modern eingerichtete Zimmer, eine Terrasse mit Meerblick, wo Frühstück, aber auch der abendliche Drink serviert wird.

Essen & Trinken

- **Bar Casa Sergio,** Tel. 958 829 100, liegt am Hauptplatz und ist spezialisiert auf Grillfleisch, sowie auf Paella, Fr geschlossen.

Feste

- **15. Mai:** Fiesta de San Isidro Labrador, Fest zu Ehren des Schutzpatrons der Arbeiter. Wird mit einer Prozession gefeiert, die durch die Felder rings um den Ort führt.
- **8. September:** Fiesta de la Virgen del Mar, Auftakt ist eine „Meeresschlacht" zwischen *Moros* (Mauren) und *Cristianos* (Christen). Später folgt ein Umzug mit dem Bildnis der Virgen del Mar (der Meeresjungfrau) durch die Straßen des Ortes zum Fischerviertel Mochilas, von wo sie übers Meer in einer Prozession zurückkehrt an den Strand von La Rábita.

La Mamola

Überblick

La Mamola ist ein kleiner Ort, der ein wenig eingeklemmt zwischen Meer und steil aufragendem Gebirgszug liegt. Die Küstenstraße (heißt hier noch N-340) verläuft direkt am Fuße des Felsens. Eine zweite breite Straße führt mitten durch den Ort und wird von

250c Foto: hf

kleineren Gassen gekreuzt. Auf einer Promenade kann der Besucher direkt vor dem Strand entlangspazieren. Neben einigen Bars und dem obligatorischen Blick aufs Meer ist nichts hervorzuheben. Die Bürger leben noch immer zum Teil vom Fischfang, und ein wenig strahlt La Mamola denn auch maritime Atmosphäre aus.

Etwa 2000 Menschen leben dauerhaft hier, im Sommer dann, wie in so vielen Küstenorten, deutlich mehr. Die Infrastruktur ist insgesamt gut, zwei Supermärkte, zwei Fischhändler und vier Lokale haben ganzjährig geöffnet und in der Saison sind es dann sogar acht Kneipen. La Mamola entstand eigentlich nur als eine Art kleiner Außenposten des weiter im Hinterland gelegenen Ortes Polopos. Denn zur Zeit der maurischen Regentschaft und auch später kam es immer wieder zu Piratenüberfällen an der Küste.

La Mamola: weiße Häuser und schwarzer Strand

Deshalb entstanden Schutzburgen und Wachtürme vor allem im 15. Jh. In La Mamola wurde der Turm **Torre de Cantor** errichtet, der heute noch besichtigt werden kann. Er steht hoch oberhalb des Ortes auf einem Felsvorsprung in strategisch äußerst günstiger Lage.

Der Strand

Über knapp 1200 Meter erstreckt sich der graue, steinige Strand, die durchschnittliche Breite liegt bei etwa 20 Metern. Ungewöhnlich ist, dass hier kleine künstliche Buchten geschaffen wurden. Etwa 30 bis 50 Meter weit ragen aufgeschüttete Wellenbrecher wie Speerspitzen ins Meer und unterteilen den Strand in acht Buchten.

Ein gar nicht mal so reizloser **Weg** begleitet den Strand, hier wachsen an manchen Stellen sogar einige Palmen. Am Strand stehen auch *chiringuitos*, die aber außerhalb der Saison stark eingeschränkt geöffnet sind.

Unterkunft

- **Pension Amat**€€, c/ Dr. Sánchez Moreno 30, Tel. 958 829 521. Einige der wenigen Zimmer haben Meerblick.
- **Onteniente**€€, Paseo Marítimo s/n, Tel. 958 829 650, ist gar nicht mal so klein und hat einen Zugang sowohl oben von der Durchgangsstraße, als auch unten vom Strand. Einige Zimmer weisen zum Meer, ein Restaurant ist angeschlossen. Außerdem werden Apartments vermietet.

Essen & Trinken

- Die Auswahl ist nicht groß, einige wenige Lokale liegen am Paseo Marítimo. Die meisten haben saisonal eingeschränkte Öffnungszeiten.
- **Casa Patricio,** Paseo Marítimo 55, Tel. 958 829 632, ist so etwas wie das größte Haus am Ort, schon von der Dekoration und dem Tischschmuck hebt es sich ein wenig ab. Serviert wird klassische Küche mit viel Fisch und einigen Fleischgerichten. Spezialitäten des Hauses sind Paella und Zarzuela, eine reichhaltige und kräftige Fischsuppe. Do geschlossen.

Castillo de Baños

Überblick

Die alte Nationalstraße N-340 geht genau oberhalb von Castillo de Baños in die neue A-7 über und verläuft dort am kleinen Ort vorbei, der knapp 200 Einwohner hat. Seine Häuser drängen sich in einer Hand voll Gassen. Neben dem *castillo,* das dem Ort den Namen gab, gibt es nichts zu weiter entdecken. Die Burg selbst erweist sich aber lediglich als Ruine, aus der nur noch halbwegs intakt der Wehrturm herausragt.

So klein der Ort auch ist, ihn gibt es sozusagen zweimal. Die Ortschaft unten am Meer heißt offiziell nämlich **Castillo de Baños**

de Abajo (unteres Castillo de Baños). Und natürlich gibt es auch ein **Castillo de Baños de Arriba** (oberes Castillo de Baños), welches man oberhalb der Durchgangsstraße findet. Da möchte man eigentlich einen größeren Ort vermuten, tatsächlich sind es jeweils nur eine Hand voll Häuser. Sehr viel größer ist immer noch die Fläche der Treibhäuser unter Plastikplanen, die bis fast an den Ort heranreichen und keinen besonders schönen Anblick bieten.

Der Strand

Der **Ortsstrand** erstreckt sich immerhin über 900 Meter, aber selbst mit größtem Wohlwollen kommt nicht allzu viel Freude auf. Abgesehen davon, dass er sehr schmal ist – durchschnittlich misst er kaum zehn Meter – besteht diese *playa* aus grobem Kiesel und faustgroßen Steinen. Etwas besser wird es im Bereich des Zeltplatzes.

Camping

- **Castillo de Baños,** 2. Kategorie, Tel. 958 829 528, Fax 958 829 768, www.campingcastillo.com, ganzjährig geöffnet. Der Platz erstreckt sich weitläufig an der Küste, 690 Personen finden hier Parzellen. Nicht überall gibt es Schatten. Rezeption, Bar, Supermarkt sind vorne in einem Gebäude untergebracht, dann folgt eine Terrasse mit Pool, und dahinter beginnen die Parzellen. Zu finden: N-340 am Km. 360

Essen & Trinken

- **Restaurant El Paraíso,** Tel. 958 829 700, liegt unübersehbar mitten im Ort und hat eine kleine Terrasse zum Meer. Serviert werden hauptsächlich Fischgerichte, die frisch gefangen aus dem Meer vor der Haustür stammen, außerdem gibt es wechselnde Tagesgerichte.

Castell de Ferro

- **Einwohner:** 2580
- **PLZ:** 18740
- **Entfernung nach Málaga:** 130 km
- **Touristeninformation:** Ayuntamiento (Rathaus), c/ Escuelas 8, Tel. 958 656 237, www.castelldeferro.org

Überblick

Einer der etwas größeren Orte der Costa Tropical, an der sich auch der Tourismus breitgemacht hat. Es bleibt aber noch alles im Rahmen, denn zumeist verweilen hier spanische Gäste, die hauptsächlich Ferienwohnungen mieten. Der Ort zeigt sich etwas geschäftiger als die benachbarten Dörfer, Touristen und Einheimische bevölkern die nicht allzu großen Straßen. Die Häuser sind weiß getüncht und verleihen dem Ort beinahe das Bild eines typischen andalusischen Dorfes.

Die Zone war lange schwach bevölkert und nach der Vertreibung der letzten Morisken (zum christlichen Glauben konvertierte Mauren) war das Dorf bis auf die Familien des Wachpersonals der Burg praktisch entvölkert. Ende des 18. Jahrhunderts begann eine neue Besiedlungsphase, als Bewohner des benachbarten Ortes Gualchos hierher kamen und sich ansiedelten. Aber es dauerte noch, bis sich im Ort etwas entscheidendes tat, erst seit den 1970er Jahren ging es spürbar aufwärts, vor allem durch den nationalen Tourismus, da sich viele Spanier hier eine Ferienwohnung kauften.

Herausragend ist die namensgebende **Burg,** die, auf einem Hügel thronend, den Ort in früheren Jahrhunderten bewachte. Heute kann leider nur noch von einer Ruine gesprochen werden. Der Ausblick von dort oben ist allerdings superb. Mit dem Auto ist das *castillo* nicht zu erreichen. Der Fußweg beginnt bei der Playa Sotillo. Verfehlen kann man den Weg eigentlich nicht, im oberen Bereich ist er obendrein ausgeschildert. Daneben existieren noch vier **Wehrtürme,** die alle zusammen mit der Burg ein System zur Gefahrenabwehr an der Küste bildeten. Leider sind diese Türme teilweise doch arg verfallen, allerdings wurde ein Turm in einen Leuchtturm verwandelt. Auch der vierte Turm, Torre de Cambriles am gleichnamigen Strand, ist noch halbwegs intakt, allerdings von Häusern umringt und nicht sofort erkennbar.

Der Strand

Immerhin gute 2200 Meter misst der Strand, der zwei Namen trägt: **Castell de Ferro** im Westen und **Cambriles** im östlichen Abschnitt. Der graue Sandstrand ist durchschnittlich 30 Meter breit, an manchen Stellen deutlich breiter, und vereinzelt mit Steinchen durchsetzt. Eine recht lange Promenade führt zur etwas weiter westlich gelegenen **Playa Sotillo.**

Unterkunft

- **Hostal Costa Sol**[€€], Plaza España 2, Tel. 958 656 054. Ein schmales, dreistöckiges Haus, 38 Zimmer teilweise mit Meerblick.
- **Hostal Bahía**[€€], Plaza España 5, Tel. 958 133 739. Ein kleines, dreistöckiges Haus mit Blick aufs Meer, direkt neben einem modernen Kirchengebäude.

Camping

- **Huerta Romero,** 2. Kategorie, Paseo Marítimo 18, Tel./Fax 958 656 001, ganzjährig geöffnet. Liegt ebenfalls unmittelbar an der Promenade und damit am Strand und bietet Platz für 365 Gäste. Hübsch begrünte Anlage, die viel Schatten spendet.

Essen & Trinken

- **Restaurant Brisa,** Plaza España 10, Tel. 958 656 380. Kleines Lokal mit einer Miniterrasse, das günstige Tagesgerichte serviert.
- **Restaurant Al'Andaluz,** Plaza España 12, Tel. 958 656 557. Am zentralen Platz gelegen, mit kleiner Terrasse.

Markt

- Jeden **Samstag** auf dem Parkplatz zwischen den Straßen c/ Carlos Cano und c/ de las Flores.

Feste

- **2. Februar:** La Candelaria
- **3. Mai:** Las Cruces
- **16. Juli:** Virgen del Carmen

Ausflüge von Castell de Ferro

Gualchos

Das winzige Nachbardorf, nur vier Kilometer entfernt in den Bergen gelegen, ist ein fast schon untypisches **Weißes Dorf,** da es nicht täglich von Touristenhorden überfallen wird, was mit ähnlichen Dörfern weiter westlich ständig passiert. Hier spaziert der Besucher tatsächlich durch urtümliche Gassen. Nichts Spektakuläres darf erwartet werden, aber genau das macht den Reiz aus.

Calahonda

- **Einwohner:** 1600
- **PLZ:** 18730
- **Entfernung nach Málaga:** 120 km
- **Touristeninformation:** –

Überblick

Calahonda wird im Sommer von spanischen Urlaubern und Wochenendausflüglern regelrecht überflutet. Angeblich kommen dann an die 20.000 Gäste. Wo sollen die bloß alle unterkommen? Zweifellos zählt der Ort für Spanier zu den beliebtesten Zielen an der Costa Tropical. Übermäßig viel zu bieten hat er allerdings nicht, abgesehen von einem kilometerlangen Strand. Die nächste Umgebung glänzt auch nicht gerade vor landschaftlicher Schönheit, sondern bestenfalls im Sonnenreflex: Auf etlichen Quadratkilometern wurden dicht an dicht Gewächshäuser errichtet, von deren Plastikplanen das Sonnenlicht reflektiert wird.

Die Nationalstraße beschreibt einen leichten Bogen um den Ort. Wer hinein fährt, gerät schnell in ein Gewirr von schmalen Gassen und sollte sich gleich bis zum Strand durchtasten. Dort wurde genügend Parkfläche zur Verfügung gestellt, bei einem kleinen Spaziergang erschließt sich Calahonda sowieso viel besser. Das maritime Flair des ehemaligen Fischerdorfes bleibt teilweise noch spürbar; man kann auch die eine oder andere urige Bar finden.

Das Zentrum dieses Ortes bildet die **Hauptkreuzung** der N-340, die mitten hindurchführt, mit einer ähnlich großen Querstraße. Diese Kreuzung wird durch eine Ampel gesichert und dort befinden sich unübersehbar einige wenige Bars.

Um all die Sommergäste unterbringen zu können, wurden in den Außenbezirken einige Wohnblocks hochgezogen, die muss man tapfer übersehen. Als eine Art lokale Sehenswürdigkeit wird das **Castillo de Carchuna** verkauft, unmittelbar am gleichnamigen Strand gelegen. Erbaut im 18. Jh. unter der Regentschaft von *Carlos III.*, zeigt es sich heute doch arg vernachlässigt. Man will hier in Zusammenarbeit mit dem Nachbarland Marokko ein Zentrum für nachhaltige und erneuerbare Energien (ENERCOOP) errichten, das zum größten Teil aus Mitteln der EU gespeist wird. Da gab es aber zuletzt Probleme und der angepeilte Termin wurde verschoben. Weit im westlichen Hintergrund sendet übrigens der Leuchtturm **Faro de Sacratif** seinen Strahl über das Meer.

Die Strände

Nach Osten begrenzt eine Felsenklippe abrupt die **Playa de Calahonda**. Calahondas Stadtstrand erstreckt sich auf 1300 Meter Länge und 40 Meter in der Breite, teilweise auch mehr. Er besteht großteils aus grauem Kiesel.

Die **Playa de Carchuna** schließt sich nahtlos an und verläuft über 4000 Meter, bis sie an einem kleinen Felsvorsprung endet. Stolze 100 Meter misst der Strand in der Breite, und der graue Kiesel schreckt die Besucher keineswegs ab. Speziell am Wochenende kommen die Stadtbewohner aus Granada und lassen es sich am Strand gut gehen. Platz ist genug da, man verteilt sich. Ein optischer Wermutstropfen: Beinahe entlang der gesamten vier Kilometer wird der Strand von Treibhäusern begrenzt. Es gibt schönere Anblicke.

Unterkunft

- **Hotel Citymar Perla de Andalucía**€€€, Carchuna s/n, Tel. 958 624 122, Fax 958 624 362, www.hotelcitymarperladeandalucia.com. Das Haus mit 57 modern und zweckmäßig eingerichteten Zimmern liegt nahe dem Strand, aber etwas außerhalb vom Ort. Es bietet einen Pool und eine Liegewiese, außerdem Bar und Restaurant. Geöffnet von Ostern bis September.
- **Hotel El Ancla**€€, Avda. Geráneos 1, Tel. 958 623 042, Fax 958 622 427. Ein sandfarbenes, dreistöckiges Haus mit 30 Zimmern in einer Parallelstraße zur Durchgangsstraße.

Camping

- **Don Cactus,** 1. Kat., Tel. 958 623 109, Fax 958 624 294, www.doncactus.com, an der N-343 bei km 34. Im Ortsteil Carchuna abbiegen und durch die Treibhausreihen Richtung Meer fahren. Der mittelgroße, langgezogene Platz mit vielen Schattendächern bietet Raum für knapp 1000 Gäste. Teilweise Stellplätze mit Baumbestand oder Hecken, großer Pool. Zum Meer muss man eine schwach befahrene Straße überqueren. Ganzjährig geöffnet.

Essen & Trinken

- Das **Hotel El Ancla** hat auch eine Taberna, eine Art kleine Nachbarschaftskneipe, nichts Besonderes, aber mit kleinen Gerichten im Angebot.
- **Chiringuito Calahonda** liegt am Strand unterhalb der Hauptkreuzung. Hat auch vereinzelt außerhalb der Saison geöffnet. Überschaubare Auswahl, mit kleiner, angenehmer Terrasse.

Feste

- **2.–5. Juli:** Virgen de los Llanos

Torrenueva

- **Einwohner:** 2600
- **PLZ:** 18720
- **Entfernung nach Málaga:** 114 km
- **Touristeninformation:** –

Überblick

Nur ein kleiner Punkt auf der Landkarte, aber welche Überraschung! Einer der größten Orte im touristischen Sinne verbirgt sich hinter diesem Pünktchen. Nur 2600 ständige Bewohner leben hier, aber es existieren viel mehr Wohnungen. Das zeigt, dass Torrenueva ein äußerst beliebtes spanisches Urlaubsziel darstellt. Kein Wunder, dass in den 1970er Jahren angefangen wurde, **Wohnblocks** hochzuziehen, diese Skyline prägt das Ortsbild. Bei genauerem Hinsehen können aber drei Bereiche unterschieden werden. Direkt am Strand stehen vier- bis sechsstöckige Häuser, und im äußersten Westteil erheben sich wahre Wolkenkratzer mit bis zu 14 Etagen. Am Ortsrand stehen dann kleinere Häuser. Die Mehrheit dieser Immobilien sind Zweit- und Ferienwohnungen. Das geballte Angebot führt dazu, dass der Ort im Hochsommer vor Menschen überquillt, im Winter dagegen einer Geisterstadt gleicht.

Historisch betrachtet geht der Name des Ortes (übersetzt: Neuer Turm) auf einen **Wehrturm** zurück, dieser existiert noch heute und steht im Innenhof einer Schule, also ziemlich versteckt. Leider führt die Nationalstraße mitten durch den Ort, was speziell im Sommer zu endlosen Staus führt. Direkt am Strand verläuft eine sehr angenehme Promenade. Ein räumlicher Fixpunkt, der etwas am Rande vom Geschehen leicht erhöht steht, ist der 1863 erbaute **Leuchtturm Faro de Sacratif,** von dessen Vorplatz man einen tollen Fernblick über die felsige Küste genießt.

Der Strand

Die **Playa de Torrenueva** ist ein etwa 2300 Meter langer, grausandiger Strand, flankiert von einer ebenso langen Promenade, an der nur wenige Lokale um Kundschaft buhlen. Zu Beginn breitet er sich auf 50 bis 60 Metern aus, verjüngt sich aber zum unteren Ende beträchtlich. Richtig eng wird's am Strand jedoch nicht.

Insgesamt gibt es recht gute und vor allem **ausreichende Serviceeinrichtungen** wie Dusche, WC und Umkleidekabinen.

Unterkunft

- **Hotel Sacratif**€€-€€€, bei km 337 der N-340 (offizielle Adresse: Ctra. de Almería 31), Tel. 958 655 011, Fax 958 655 036, www.hotel-sacratif.com. Insgesamt 68 Zimmer bietet dieses einzige Hotel des Ortes. Das Haus liegt an der stark befahrenen Durchgangsstraße etwa in der Ortsmitte, unweit einer grünen Fußgängerbrücke. Achtung: Es ist nur in der Sommersaison von Juni bis September geöffnet.

Essen & Trinken

An die zwei Dutzend Bars und Restaurants liegen an der unteren Promenade. Einen herausragenden Koch konnte ich allerdings nicht entdecken. Das soll nicht heißen, dass die Lokale schlecht wären – im Gegenteil! Mein Eindruck war, dass die meisten *cocina casera* anbieten, was wohl ganz treffend mit „Hausmannskost" übersetzt werden kann. Und das muss ja wahrlich nicht das Schlechteste sein.

- **Heladería Perandrés,** Avenida del Mar 1. Dieses Lokal hat schon fast ein wenig Kult-Status, denn hier gibt es nicht nur leckeres Eis, sondern auch leckere *leche rizada,* eine Art Milkshake.

Motril

- **Einwohner:** 61.000
- **PLZ:** 18600
- **Entfernung nach Málaga:** 110 km
- **Touristeninformation:** Patronato Municipal de Turismo, Plaza de las Comunidades Autónomas s/n, Tel. 958 825 481, Fax 958 609 312, www.turismomotril.com

Überblick

Dieser Ort besteht eigentlich aus zweien: zum einen aus Motril selbst, gut zwei Kilometer von der Küste entfernt und entsprechend wenig touristisch gefärbt, und zum anderen aus dem Hafen mit angrenzenden Strandgebieten. Motril ist eine geschäftige Kleinstadt mit einer Reihe von Fabriken, Autowerkstätten und einer kleinen **Zuckerrohrindustrie.** Letztere wurde im 18. Jh. eingeführt und breitete sich aufgrund des guten Klimas so stark aus, dass dieser Landstrich mit einer gehörigen Portion Neid auch als „Klein-Cuba" bezeichnet wurde. Noch heute werden hier dank des Klimas tropische Früchte geerntet, wie beispielsweise Mango, Chirimoya oder auch Bananen. Zuckerrohr wurde bis 2006 angepflanzt, aber heute nicht mehr, nachdem die letzte Zuckerrohrfabrik Europas(!) die Pforten geschlossen hatte.

Motril zählt zu den ältesten Siedlungen Spaniens. Ursprünglich von den Phöniziern gegründet, herrschten hier später viele Jahrhunderte lang die Araber. Seinerzeit waren die benachbarten Orte Almuñécar und Salobreña von großer Bedeutung, so dass Motril, hübsch versteckt, von großen Ereignissen verschont blieb. Als eine der letzten Städte Spaniens eroberten die Katholischen Könige gewissermaßen im Vorbeigehen schließlich auch Motril und vertrieben die arabischen Herrscher.

Der **Hafen von Motril** gilt als der wichtigste und größte der gesamten Provinz Granada.

Der Strand

Die **Playa de Poniente,** der Hauptstrand von Motril, beginnt unmittelbar am Hafen. Er hat eine Länge von 2200 Metern und eine durchschnittliche Breite von 100 Metern, allerdings dürfte er im Bereich des Hafens auf gut die doppelte Breite kommen. Er ist grausandig, leicht von Steinchen durchsetzt und liegt an einer weit geschwungenen Bucht. Eine Reihe von mittelgroßen Häusern, deren Stil leicht maurische Einflüsse verrät, begrenzt die *playa.* Es sind praktisch alles Ferienwohnungen. Eine nett gestaltete Promenade hat sich zum beliebten Treff entwickelt.

Die Promenade ist ziemlich breit und hat sogar einen eigenen **Radweg.** Am Strand befinden sich Sportzonen, ein Kinderspielplatz und vereinzelte *Chiringuitos.* Alles durchaus nett und reizvoll, nur schaut man nach halblinks auf weniger schöne Industrie- und Hafenanlagen.

Sehenswertes

In dieser industriell geprägten Kleinstadt lassen sich einige wenige klassische Sehenswürdigkeiten finden, beispielsweise der **Parque de los Pueblos de América.** Hier kann man etwa 50 verschiedene Pflanzen (z. B. außergewöhnliche Palmen, exotische Bäume und Blumen) aus Lateinamerika bewundern. Ein kleiner Wasserlauf und eine überlebensgroße Skulptur von zwei nackten Jünglingen zählen weiterhin zum Inventar.

Hier wurde auch ein **archäologischer Lehrpfad** angelegt, der 500 Mio. Jahre archäologische Geschichte von Andalusien in fünfzehn Etappen beleuchtet.

Gleich nebenan erhebt sich das Gotteshaus **Santuario de Nuestra Señora de la Cabeza.** Die heute gelbfarbene Kapelle wurde auf den Grundmauern des Sommerpalastes der Mutter von *Boabdil* errichtet, des letzten maurischen Herrschers in Granada. Errichtet ab 1631 von *Isidro de la Chica* wurde die Kirche im Bürgerkrieg stark zerstört. Lange dauerten danach die Restaurierungsarbeiten, bis ihre ehemalige Struktur wieder hergestellt war. Hier wird die **Virgen de la Cabeza** verehrt, die Schutzheilige von Motril.

Weitere Stationen sind die zentrale Plaza España mit dem **barocken Rathaus** aus dem Jahr 1631. Das Rathaus entstand auf den Überresten eines älteren Gebäudes, das bei einem Piratenüberfall spektakulär in die Luft gesprengt wurde. Das neue Gebäude erbaute dann ein örtlicher Baumeister im Stile eines Herrenhauses aus jener Epoche mit einer barocken Fassade und einem insgesamt beeindruckenden Portal. Die nahegelegene Kirche **Iglesia Mayor de la Encarnación** aus dem 16. Jh. war einst eine wehrhafte Burg und wurde später zum Gotteshaus konvertiert. Sie ist das älteste Bauwerk der Stadt und durch ihre frühere Funktion als Schutzburg bezeichnen nicht einmal die Stadtväter von Motril sie als besonders schön. Die Kirche entstand zwischen 1510 und 1514 auf den Resten einer alten Moschee. Viel später erst folgten Nebenräume und Kapellen, so dass das Erscheinungsbild etwas unregelmäßig ausfällt. Im Bürgerkrieg wurde das Gebäude dann wieder militärisch genutzt. Leider explodierte Munition im Inneren und richtete große Zerstörungen an. Die Restaurierungsarbeiten

Santuario de Nuestra Señora de la Cabeza von Motril

121c Foto: sm

dauerten dann viele Jahre und man versuchte den ursprünglichen Stil wieder herzustellen.

• **Geöffnet:** Mo–Fr 10.30–13.30 Uhr.

Das **Centro de Interpretación de la Caña** befindet sich unterhalb vom Touristenbüro am Parque de los Pueblos de América. Dort wird die **Zuckerrohrpflanze,** ihre Wachstumsbedingungen, ihre Ursprünge und ihr Transport nach Spanien gezeigt.

• **Geöffnet:** Mo–Fr 17–20.30 Uhr, im August geschlossen, Eintritt ist frei.

Unterkunft

• **Hostal Tropical Motril**€€, Avda. Rodríguez Acosta 23, Tel. 958 600 450, Fax 958 600 454, www.tropicalmotril.com. Das Haus hat 21 Zimmer und ist eigentlich leicht zu finden: In den Ort durch das nicht so ganz kleine Industriegebiet hineinfahren und hinter einer auffällig großen Kreuzung mit Parkplätzen liegt das ebenso auffällig rot gestrichene Haus.

• **Gran Hotel Elba Motril**€€€, Avda. Playa de Poniente s/n, Tel. 958 607 744, Fax 958 607 776, www.hoteleselba.com. Dieses Dreisternehotel hat 93 Zimmer, die sich auf vier Etagen verteilen. Das Haus liegt nur einen Block vom Meer entfernt, Zimmer mit Terrasse oder Balkon.

• **Hotel Estrella del Mar**€€-€€€, Avda. Playa de Poniente s/n, Tel. 958 602 570, Fax 958 822 827, www.hotelestrelladelmarmotril.com. Insgesamt 49 Zimmer bietet dieses Zweisternehotel, das ebenfalls nur einen Block vom Strand entfernt liegt.

Camping

• **Playa de Poniente,** 2. Kat., Playa Poniente, Tel. 958 820 303, Fax 958 604 191, www.campingplayadeponiente.com. Immerhin 636 Personen können sich auf diesem Platz ausbreiten. Zum Strand sind es knapp 100 m. Bietet einen günstigen Spezialtarif für Wohnmobile, die nur eine Nacht von 20 bis 9 Uhr bleiben. Ganzjährig geöffnet.

• **Playa Granada,** 2. Kat., Playa Poniente, Tel. 958 822 716, www.campingplayagranada.com. Gerade mal für 120 Gäste ist dieser Platz angelegt. Zum Strand sind es keine 100 m. Der Platz liegt am westlichen Ende der Playa Poniente, hat einen Pool, Restaurant und Sportanlagen. Ganzjährig geöffnet.

Essen & Trinken

In Motril existieren mehrere Straßen mit einer Vielzahl von **Bars,** die zum *tapeo* einladen, zum zwanglosen Durch-die-Kneipen-Ziehen und überall einen Happen essen. „Ruta de las Tapas" wird das auch treffend genannt. Vor allem in den Straßen calle Nueva, calle Princesa und calle Piqueta. Im Umfeld des Parks Parque de los Pueblos de América in der Avenida Salobreña finden sich weitere Bars zum *tapeo*. Direkt am Strand der Playa Poniente stehen ein paar zumeist ziemlich gute **Chiringuitos,** und an der hinter der ersten Häuserreihe verlaufenden Straße Camino del Pelaillo liegen noch einige Restaurants.

Adressen

• **Post:** Avda. de Salobreña

Feste

• **1.–3. Mai:** Fiesta de Cruces de Mayo, mit einer beeindruckenden Prozession am 3. Mai, die Stadt wird dabei mit zahlreichen Kreuzen dekoriert.

• **13. Juni:** Romería de San Antonio, wird im nördlichen Teil von Motril gefeiert bei der Kapelle des Heiligen (San Antonio).

- **23. Juni:** San Juan, die kürzeste Nacht des Jahres wird am Strand von Motril gefeiert, u. a. mit uralten Handlungen, wie dem gemeinsamen Waschen von Gesicht und Händen im Meerwasser.
- **15. August:** Virgen de la Cabeza, Patronatsfest mit Konzerten, Umzügen, Party und Feuerwerk während der ganen Woche.

Markt

- **Dienstag** u. **Freitag** 9.30–13.30 Uhr an der Avenida Rambla de los Álamos.

Salobreña

- **Einwohner:** 12.000
- **PLZ:** 18680
- **Entfernung nach Málaga:** 102 km
- **Touristeninformation:** Plaza de Goya s/n, Tel. /Fax 958 610 314, www.ayto-salobrena.org

Überblick

Schon von Weitem ist Salobreña zu sehen, die weißen Häuser blitzen auffällig in der Sonne. Auf einem Felshang bauten einst maurische Herrscher eine **Festung,** und genau darunter siedelte sich im Laufe der Jahrhunderte ein Dorf an. Im Jahre 713 kamen erste arabische Eroberer an die Küste und besetzten den kleinen Flecken, der damals Salobreña war. In späteren Tagen residierten die arabischen Herrscher im nahegelegenen Granada, und Salobreña wurde eine strategisch wichtige Stadt an der Küste. Hier kontrollierte man den Küstenstreifen und erntete Reis, Zuckerrohr und Gemüse aus dem fruchtbaren Boden. Gern zogen sich die granadinischen Herrscher in der Sommerhitze hierher zurück. Kurzfristig war die Burg aber auch eine Art Gefängnis für in Ungnade gefallene Sultane. So ist überliefert, dass der Vater von *Boabdil,* dem letzten maurischen Herrscher in Granada, dort eingesperrt war.

Wer sich heute der Stadt nähert, sieht zunächst nur eins: strahlendes, fast stechendes Weiß ohne Ausnahme. Sämtliche Häuser wurden perfekt getüncht. Selbst die modernen Gebäude, die dieser Tage vor dem alten Dorf errichtet wurden, sind zumeist hell gehalten. Oberhalb dieser weißen Stadt thront ein grauer Klecks: die Festung. Ein Besuch sollte zu Fuß erfolgen, denn die Straßen und Gassen im Kern des alten Dorfes sind relativ steil und verlaufen in engen Kurven. Autofahrer müssen gewaltig achtgeben und verpassen dabei die schönsten Details.

208c Foto: hf

Die Strände

Zwei Strände hat Salobreña zu bieten, gut 1,5 Kilometer vom Ortskern mit der Burg entfernt. Für die Bewohner eine kurze Distanz, flüchten sie sich doch sogar in der Mittagspause *a la playa*.

Die Playa de Salobreña wird auch **Playa de la Charca** genannt. Etwa 1800 Meter Länge und 40 Meter Breite sind die Ausmaße, grauer Sand vermischt mit Kiesel die Beschaffenheit.

Nur durch einen Felsvorsprung getrennt schließt sich die **Playa de la Guardia** an. Etwa 1000 Meter lang und knapp 20 Meter breit zeigt sich dieser grausandige Strand, der ebenfalls leicht kieselig durchsetzt ist. Begrenzt wird er von Zuckerrohrfeldern. Parkmöglichkeiten gibt es nur in geringem Maße.

Sehenswertes

Salobreña ist ein Gesamtkunstwerk, das zum planlosen Herumstreifen und Staunen über die schönen Details einlädt. Die engen Gassen und Treppen leiten den Besucher „irgendwie" nach oben, dorthin, wo die Burg thront. Auf dem Weg passiert man hübsch dekorierte Häuser, liebevoll mit Blumen und Kacheln geschmückt. Die Bewohner geben sich auffällig Mühe. Mit ein wenig Fantasie fühlt man sich zurückversetzt in die Zeit der Mauren.

282cs Foto: sm

Costa Tropical

Kurz vor Erreichen der Burg gelangt man zur Kirche **Nuestra Señora del Rosario.** Diese wurde im 16. Jh. im Mudéjarstil erbaut, sehr wahrscheinlich auf den Überresten einer Moschee aus dem 13. Jh. 1821 brannte das Innere der Kirche völlig aus. Knapp ein Dutzend Jahre später war die Renovierung abgeschlossen.

Unterhalb des Kirchvorplatzes verläuft die schmale Gasse **calle Bóveda,** eine Art tiefer Torbogengang von gut fünf Metern, also eine Art Tunnel. Dieser stammt noch aus dem Mittelalter und trennte damals das städtische Viertel vom Albaicín, wo die maurische Bevölkerung lebte.

Das kleine Stadtviertel **Barrio del Albaicín** lag unterhalb der Burg und war einst der Kern des alten Salobreña. Hier scheinen die Häuser noch enger zusammenzurücken, die Gassen noch

Wie ein Häufchen Würfelzucker: Salobreña aus der Ferne

Hübsch geschmücktes Haus in der Altstadt

schmaler zu sein. Etwas versteckt, aber doch zu finden: Mitten im Albaicín befindet sich ein Aussichtspunkt *(Mirador)* auf immerhin 98 Meter Höhe

Nur wenige Schritte weiter erreicht man das **Castillo.** Es stammt aus arabischer Zeit aus dem 10. Jahrhundert und besteht aus drei Bereichen. Der innere, maurische Bereich wird von zwei weiteren Verteidigungsringen umgeben, die aus der christlichen Phase Ende des 15. Jh. stammen. Schöne Grünanlagen im Inneren und vor allem genießt man eine tadellose Fernsicht.

Über die Dächer von Salobreña streift der Blick und verliert sich irgendwo in weiter Ferne in der Sierra Nevada oder nach Süden, zur anderen Seite, über dem Meer.

- **Geöffnet:** Sommer: 10–13.30, 17.30–21 Uhr, Winter: 10–13.30, 16–18 Uhr. Eintritt: 2,25 € bzw. zusammen mit Museum: 2,95 €.

Direkt am Haupteingang verläuft die „Blumengasse", der **Paseo de las Flores,** wo mehrere Häuser übers Jahr mit äußerst liebevoll gepflegten Blumen und Pflanzen dekoriert sind.

Knapp unterhalb der Festung befindet sich an der Plaza del Ayuntamiento ein **historisches Museum** im ehemaligen Rathaus. Erzählt wird die knapp 6000-jährige Geschichte der Stadt. Besonders reizvoll sind die historischen Fotos und das Modell der Burg in der oberen Etage. Im Untergeschoss kann noch der ehemalige Kerker bestaunt werden.

- **Geöffnet:** Sommer: 10–13.30, 17.30–21 Uhr, Winter: 10–13.30, 16–18 Uhr. Eintritt: 1,50 € bzw. zusammen mit Castillo: 2,95 €.

Unterkunft

- **Best Western Hotel Salobreña**ccc-cccc, N-340, km 323, Tel. 958 610 261, Fax 958 610 101, www.bestwestern.es/salobrena.html. Das beste Haus, außerhalb des Ortes an der Nationalstraße hoch oberhalb des Meeres gelegen. Insgesamt 130 Zimmer in zwei miteinander verbundenen Gebäuden. Es liegt sehr schön erhöht auf einem Plateau unmittelbar am Meer und hat einen mittelgroßen Pool.
- **Hostal MaryTere**cc, Carretera de la Playa 7, Tel. 958 610 126, www.hostalmarytere.com. Mittlerweile ein Klassiker und eine gute Wahl im unteren Preissegment. Knapp außerhalb der Altstadt gelegen, Zimmer mit „echten" Balkonen, also solchen, auf die man sich auch mal raussetzen kann. Unten befindet sich eine Bar. 14 Zimmer, die eher etwas schlicht, aber völlig okay eingerichtet sind, einige davon sind für drei Personen ausgelegt. WiFi wird angeboten.
- **Hostal Miramar**cc, c/ Arribal Villa D 37, Tel./Fax 958 828 534. Liegt schräg gegenüber vom *MaryTere*, aber, so scheint es zumindest, durch die leicht

Salobreña, Blick in die Blumengasse

122c Foto: sm

zurückversetzte Lage vielleicht einen Tick ruhiger. Kleines Haus mit nicht zu großen Zimmern und einer Kapazität für 28 Gäste.

• **Pensión Castellmar**€, c/ Nueva 21, Tel. 958 610 277. Liegt knapp hinter *MaryTere* die steile Straße ein Stück hoch. Recht einfache Pension mit korrekten Zimmern.

- **Hotel Avenida**€€€, Avda. del Mediterráneo 33, Tel. 958 611 544, Fax 958 611 555, www.hotelavenidatropical.com. Mittelgroßes 3-Sterne-Haus, das an der Hauptstraße zum Strand liegt, ein Supermarkt befindet sich gleich ums Eck. Es hat zwei Etagen, die Zimmer sind in Ordnung, der Eingangsbereich wurde etwas historisch mit antiquarischen Möbeln dekoriert.
- **Hostal San Juan**€€, c/ Jardines 1, Tel./Fax 958 611 729, www.hostalsanjuan.com. Nett gestaltete Pension, nicht weit vom Gassengewirr der Altstadt entfernt (im Ort ausgeschildert, wie die meisten Unterkünfte). Liebevoll im andalusischen Stil dekoriert, die Zimmer liegen um einen Patio und haben Aircondition bzw. Heizung. Oben auf dem Dach gibt es eine Gemeinschaftsterrasse mit Liegestühlen und für Gäste gibt es einen kostenlosen Internet-Zugang.

Camping

- **El Peñón,** 2. Kat., N-340, km 345,5, Tel. 958 610 207. Kleiner Platz in Strandnähe bei den *urbanizaciones*, geöffnet April bis Oktober.

Essen & Trinken

- **Bar Pesetas,** c/ Bóveda 11, Tel. 958 610 182. Liegt knapp unterhalb der Iglesia del Rosario. Hier gibt's kleine Gerichte, aber vor allem einen formidablen Blick von der Terrasse über den Ort.
- **Cervecería Martín,** c/ Agrela 11, Tel. 958 612 749. Liegt strategisch günstig auf halbem (steilem!) Weg zwischen Rathausvorplatz und Castillo. Eine kleine Terrasse an der Straße lädt zum Verschnaufen ein. Neben den „üblichen Verdächtigen" gibt es auch arabische Gerichte.
- **Pizzería La Traviesa,** c/ Antequera 4, Tel. 958 612 672. Das Lokal liegt kurz unterhalb der Burg am Ende der kleinen Blumengasse.

Feste

- **Ostern:** Die Osterwoche *(Semana Santa)* wird mit vielen Prozessionen der verschiedenen Bruderschaften von Dienstag bis Karfreitag gefeiert. Herausragend ist dabei die Schweige-Prozession *(Procesión de la Soledad)* am Karfreitag, bei der Hunderte von Frauen in Trauerkleidung schweigend dem Bildnis der María Santísima folgen.
- **24. Juni:** San Juan Bautista, wird mir einer *Feria* gefeiert, also einem ganz großen Volksfest.
- **7. Oktober:** Nuestra Señora del Rosario, Patronatsfest mit einer in der ganzen Provinz sehr beliebten Prozession.

Markt

- **Dienstag und Freitag**
- **Juli bis September:** nächtlicher Flohmarkt

Ausflüge von Salobreña

Für etwas abenteuerliche Naturen hier zwei Hinweise zu einsam gelegenen Strandbuchten:

Playa Barranco de Enmedio

Die nicht einmal 200 Meter lange Bucht Playa Barranco de Enmedio liegt ziemlich isoliert, wenn auch im Sommer der eine oder andere Badegast die ruhige Lage zu schätzen weiß. Der Strand besteht aus grobem Kiesel. Zu erreichen: Bei Kilometer 321,5 der

N-340, etwa auf der Höhe der *urbanización* Alta Mar, zweigt ein Weg Richtung Meer ab. Die ersten 200 Meter sind noch befahrbar, dann sollte der Wagen abgestellt werden. Bis zum Strand bleibt noch ein guter Kilometer. Dort unten bietet ein *chiringuito* kleine Mahlzeiten an. Vom Strand aus ist es möglich, eine Wanderung zum **Wehrturm Torre de Cabría,** auch Torre del Diablo genannt, zu unternehmen.

Playa Cabría

Die anschließende Bucht ist 330 Meter lang und hat einen schwarzen, steinigen Sandstrand. Dort stehen einige Häuser und sogar Restaurants in bevorzugter Lage. Das zeigt, dass die Playa Cabría alles andere als ein Geheimtipp ist. Von hier aus kann man die Torre de Cabría leicht erreichen. Eine perfekte Aussicht auf die Orte Velilla und Almuñécar gibt es als Belohnung für die Mühe.

Zu erreichen: Die Playa Cabría liegt ausgeschildert an der N-340, etwa bei Kilometer 320. Das Auto muss oben geparkt werden, den Rest (einen guten Kilometer) legt man zu Fuß zurück.

Almuñécar

- **Einwohner:** 27.700
- **PLZ:** 18690
- **Entfernung nach Málaga:** 89 km
- **Touristeninformation:** Palacete de Najarra, Avda. de Europa s/n, Tel. 958 631 125, Fax 958 635 007, www.almunecar.info oder www.turismoalmunecar.com. Geöffnet: 1.7.–15.9. tägl. 10–14, 18–21 Uhr, 1.4.–30.6. und 16.9.–31.10. tägl. 10–14, 17–20 Uhr, restliche Zeit: 10–14, 16.30–19 Uhr.

Überblick

Größter touristischer Ort der Costa Tropical – das sagt schon in etwa, was einen erwartet. Die N-340 passiert die Stadt am oberen Rand, damit fließt der Durchgangsverkehr glücklicherweise nicht durchs Zentrum. Eine lange Promenade verläuft an einer gut befahrenen Straße fast entlang des ganzen Strandbereichs. Ausgangspunkt ist der benachbarte Strand von Velilla, der Endpunkt kurz vor dem arabischen *castillo*. Entlang des ganzen Weges erheben sich Hochhäuser, größtenteils nur Ferienapartments oder Zweitwohnungen.

Im Zentrum finden sich noch Zeugnisse aus vergangenen Epochen, eine Burg aus arabischer Zeit oder ein Denkmal zu Ehren

Almería
Málaga
Avenida de Juan Carlos I
Avenida de Juan Carlos I
Larache
Cristóbal Colón
Tecuán
De
la Nevería
Manila
Cariñena
Avenida de Andalucía
Montevideo
Avenida Fenicia
Paseo del Altillo
Acera del Mar
Lonja
Pescadería
Baja del Mar
Alta del Mar
Derrumbadero
Suspiro del Moro
Carrera de la Concepción
Cruz
Cta. del Carmen
Angustias Viejas
Puerta de Granada
Derrumbadero
San José
Real
Aire
Plaza Nueva
Carmen
Carmen
Plaza Constitución
Cta. del Castillo
Museo Arqueológico
Avenida de Cala
Plaza de los Higuitos
Antigua
Avenida Costa del Sol
Avenida de Cala
Puerta de Vélez
Morería Alta
Torremolinos
Explanada
Aquarium
Plaza Kuwait
Morería Alta
Avenida de Europa
Juan de la Cierva
Alfredo Velasco
Torres Quevedo
Santa Isabel
Nueva
Cjón. Silencio
Enrique Carrasco
Pablo Iglesias
Parque del Majuelo
Guadix
Placete de la
Guadix

Almuñécar
La Velilla,
Agua Tropic
Übernachtung
2 Hotel Casablanca
3 Hotel Playa San Cristóbal
Essen und Trinken
1 Restaurante
La Última Ola
2 Restaurante Emiliano
4 Restaurante Calabre
5 Restaurante Vizcaya
6 Restaurante Dígame Pepe
Playa Puerta del Mar
Paseo Prieto Moreno
Castillo de San Miguel
Peñon del Santo
Vogelpark Loro Sexi
Peñón del Santo
Geraneos
Denkmal von Abderramán I.
Bikini
Avenida de Europa
Paseo de las Flores
Najarra
Playa de San Cristóbal
Claveles
0
100 m
©Reise Know-How 2012

der Phönizier, die vor 3000 Jahren hierher kamen. Heute sind es vor allem spanische Touristen, die den Ort schätzen. Allerdings bleiben auch immer mehr Nordeuropäern wegen des Klimas dauerhaft hier.

Die Strände

Drei Strände sind im Ortsbereich zu finden. **La Velilla** war einst ein eigenständiger Ort, heute hat Almuñécar ihn lässig geschluckt. Eine Trennung wäre auch kaum zu finden, die Häuserreihen gehen ineinander über. Der Strand misst fast 1500 Meter bei einer Breite von etwa 45 Metern. Er besteht durchweg aus grauem Kiesel. Eine Promenade verläuft neben der stark befahrenen Straße. Dort liegen eine Vielzahl Lokale und ein „Wald" von Hochhäusern der Güteklasse zehn bis zwölf Etagen. Am Ende des Strandes lockt ein Badepark.

Die **Playa Puerta del Mar** schließt sich an. Dieser Strand gilt als der erste „richtige" Strand von Almuñécar. Es ist ein dunkler, leicht steiniger Sandstrand von knapp 800 Metern Länge. Die Promenade zieht sich genauso wie bei Velilla an der Straße parallel zum Strand entlang, allerdings auch die Hochhausriesen in der ersten Reihe.

Die **Playa de San Cristóbal** liegt hinter dem Felsvorsprung Peñón del Santo, und zumindest in Teilen zeigt sich Almuñécar hier noch ursprünglich. Nicht, dass die Blocks verschwunden wären, aber es finden sich auch kleinere, individuellere Häuser und *chiringuitos* nebst Tapasbars. Der Strand besteht aus dunklem Sand mit Kieseln.

Sehenswertes

Rund um den Felsen **Peñón del Santo** liegt der Ortsteil, der einen Spaziergang verdient: Hier finden sich etliche Tapasbars am Strand **San Cristóbal,** der kleine, aber hübsche Platz Najarra, die Reste des arabischen Castillo de San Miguel und das Denkmal für die Phönizier. Die Historie wird hochgehalten, blickt Almuñécar doch auf eine gut 3000-jährige Geschichte zurück. Angeblich kamen damals Phönizier an diese Küste, die bessere Lebensbedingungen versprach. Grabstätten aus jener Zeit liegen außerhalb am Puente de Noy. Eine erste Kolonie namens Sexi wurde gegründet und von den Römern zu einem strategischen Ort ausgebaut. Ein **Aquädukt** aus dieser Epoche kann noch besichtigt werden (zu finden an der Ctra. de Jete, unweit der Hauptzufahrt, von der N-340 kommend auf der linken Seite). 775 schließlich kam *Abderramán I.* auf seiner Flucht aus Damaskus hierher, er wurde später Emir von Córdoba.

283cs Foto: hf

Übrig geblieben aus jener Zeit sind auch Reste der maurischen Festung, zu finden am Ende der Playa Puerto del Mar. Das **Castillo de San Miguel** liegt strategisch wichtig auf dem höchsten Punkt der Stadt. Die Anlage besteht aus drei Verteidigungsmauern, die erste wurde bereits im zehnten Jahrhundert erbaut. Später kamen zur Verstärkung die anderen Schutzmauern hinzu. 800 Jahre später verließen die letzten Araber nach der Kapitulation vor den *Reyes Católicos* hier spanischen Boden. Jetzt ist es einigermaßen restauriert, vor allem die mächtigen Mauern und Schießscharten sind ordentlich erhalten. Das Innere harrt noch einer grundlegenden Restaurierung.

• **Geöffnet:** Di–Sa 10.30–13.30, 17–19.30, im Sommer 18.30–21 Uhr, So 10.30–13.30, Eintritt: 2,35 €.

Die Felserhebung **Peñón del Santo** liegt direkt am Meer, sie wird von einem Kreuz gekrönt. Von oben toller Fernblick, unten befindet sich eine Statue zu Ehren von Abderramán I.

Am Strand von Almuñécar am Ende der Saison

Der **Vogelpark Loro Sexi** liegt vor dem Peñón del Santo (das „Sexi“ erinnert an den phönizischen Namen für Almuñécar). 1500 verschiedene Vogelarten werden hier gehalten, vor allem Papageien. Außerdem gibt es eine Kakteensammlung.

• **Geöffnet:** Stark schwankende Öffnungszeiten, generell 10.30–14 Uhr und wieder ab 16 Uhr geöffnet (1.7.–30.9. ab 17.30 Uhr) bis etwa 18 oder 19 Uhr. Eintritt: 5 €, Kinder (4–12 Jahre) und Pensionäre 3 €.

Der Badepark **Agua Tropic** am Strand Velilla bietet viele Rutschen mit Kreischgarantie und allerlei Vergnügungsmöglichkeiten.

Im **Museo Arqueológico** bzw. der **Cueva de los 7 Palacios** werden Fundstücke aus römischer, phönizischer und arabischer Zeit ausgestellt. Zu finden ist das Museum im Keller eines Gebäudes aus der Römerzeit. Das möglicherweise wertvollste Ausstellungsstück dürfte ein Krug aus dem 16. Jh. v. Chr. sein, der aus einem einzigen Quarzblock hergestellt wurde.

• **Geöffnet:** tägl. außer Sonntag nachmittags 10.30–13.30, 18.30–21 Uhr, außerhalb des Sommers 17–19.30 Uhr, Eintritt Erwachsene 2,35 €, Kinder 1,30 €. Das Museum liegt mitten im Zentrum der Altstadt, etwa dort, wo sich die Kneipenzeile „Bajos del Paseo“ befindet. Man muss von der Strandpromenade in die Altstadt abbiegen.

Das **Aquarium Almuñécar** liegt an der Plaza Kuwait, etwa 300 m vom Parque del Majuelo entfernt. Auf zwei Ebenen werden in 17 Schauaquarien rund 3000 Tiere aus 270 Arten (u. a. auch Haie) gezeigt, wobei das riesige „Ozenarium“ mit einer Million Liter Meerwasser und einem 17 Meter langen Panoramatunnel herausragt.

• **Geöffnet:** Mitte Juni bis Mitte September täglich 10.30–22 Uhr, restliche Zeit Mo–Fr 10–18.30 Uhr, Sa/So 11–19.30 Uhr, Eintritt: Erw. 12 €, Kinder (4–12 Jahre) und Rentner 9 €.

Unterkunft

• **Hotel Playa San Cristóbal**€€-€€€, Plaza San Cristóbal 5, Tel./Fax 958 633 612. Insgesamt 22 Zimmer hat dieses nett gestaltete Haus, das vor dem Vogelpark liegt.

• **Hotel Casablanca**€€€, Plaza San Cristóbal 4, Tel. 958 635 575, Fax 958 635 589, www.hotelcasablancaalmunecar.com. Dieses Hotel liegt gleich nebenan und hat 35 Zimmer, die ordentlich eingerichtet sind, manche Möbelstücke haben einen leicht verspielten, fast barocken Charme. Es gibt WiFi und unten in beiden Häusern jeweils ein Restaurant.

Essen & Trinken

• Mehrere *chiringuitos* liegen an der Playa San Cristóbal. Der stets gute Besuch lässt auf gute Qualität schließen.

- **Restaurante La Última Ola,** calle Helga Sohnel 4–5, Tel. 958 633 056, spezialisiert auf Fisch und Meeresfrüchte, bietet aber auch Fleischgerichte. Ein nicht so ganz kleines Haus mit Terrasse.
- **Restaurante Vizcaya,** Tel. 958 635 712, liegt am Strand Playa de San Cristóbal und hat dementsprechend eine nette Meerblickterrasse. Großer Speiseraum, sehr beliebt, breite Auswahl an Fisch, Fleisch und Pasta sowie Paella, die über offenem Feuer zubereitet wird.
- **Restaurante Calabre,** Tel. 958 630 080, liegt gleich nebenan und ist ähnlich gestrickt, vielleicht etwas kleiner. Gutes *Menú del día* mit leicht über dem Schnitt liegenden Preisen, das ist wohl der Zuschlag für den Meerblick.
- **Dígame Pepe,** Tel. 958 349 315. Liegt ebenfalls am Strand und hat wie seine Nachbarn auch eine Terrasse mit Meerblick. Man sitzt praktisch schon mit den Stühlen ganz entspannt im Sand, serviert werden Fisch, Paella, aber auch einige Fleischgerichte.
- **Emiliano,** Plaza San Cristóbal 4 (im Hotel Casablanca). Gute Auswahl an Tapas und Fischgerichten.

Feste

- **3. Mai:** Fiesta de las Cruces. Wird vor dem Strand Playa de San Cristóbal gefeiert und jeder Gast wird zu einem Glas Wein eingeladen, so heißt es jedenfalls.
- **16. Juli:** Fiesta del Carmen
- **15. August:** Virgen de la Antigua, Patronatsfest, gefeiert wird der Sieg von *Lope de Valenzuela* im Jahr 1569 über das Heer von *Aben Humeya* mit einer nächtlichen Prozession, die von der Kapelle zum Strand führt.
- **29. September:** Fiesta de San Miguel
- **12. Oktober:** Fiesta de Chirimoya

Markt

- **Freitag**

La Herradura

- **Einwohner:** 1900
- **PLZ:** 18697
- **Entfernung nach Málaga:** 82 km
- **Touristeninformation:** über Almuñécar

Überblick

Herradura bedeutet Hufeisen, und so zeigt sich auch diese Bucht, jedenfalls im Ansatz. Hier bleibt es selbst im Hochsommer überschaubar, die Massen ziehen offensichtlich Strände vor, an denen mehr los ist. La Herradura kann zwar nicht mehr ein Geheimtipp genannt werden, wer es aber etwas ruhiger wünscht, dürfte sich trotzdem hier wohl fühlen. Der lange Strand dominiert natürlich, dahinter verlaufen Promenade und Straße, und gleich dahinter zieht sich eine Häuserzeile entlang. Hochhäuser mit zehn Etagen

125c Foto: sm

oder mehr bleiben klare Ausnahmen, auch das trägt zum angenehmen Bild bei.

Der Strand

Beim Ortsstrand handelt es sich um einen grauen, leicht steinigen Strand von 2000 Meter Länge und 50 Meter Breite. Eine Handvoll *chiringuitos* steht hübsch verteilt, weit laufen muss niemand. Ein schmaler Streifen entlang des oberen Strandes wurde als Parkfläche freigegeben.

Sehenswertes

Im oberen Teil des Ortes liegt ein winziger Platz mit Bänken und schattenspendenden Bäumen, fast wie in einem andalusischen Dorf. In den großen Touristenorten muss man lange suchen, um etwas Ähnliches zu finden.

Ansonsten bleibt nicht so sonderlich viel zu erzählen. Die Strandmeile zeigt sich ganz entspannt, hier liegt alles Wichtige: Lokale, Pressekiosk, (wenige) Unterkünfte, Tauchschule, Parkplatz, Promenade, Bushaltestelle. Weiter oben stehen die **Häuser der**

Dorfbewohner, die hier eben auch noch leben, was zeigt, dass La Herradura keine reine Zweitwohnungsstadt ist. Wer nicht gerade in der Hauptsaison kommt, wird hier noch einen relativ ruhigen Rhythmus vorfinden, der sich doch angenehm von vielen anderen Orten an der Costa del Sol unterscheidet. Die örtliche Kirche **Iglesia de San José** aus dem 20. Jh. liegt fast ein wenig versteckt zwischen den vielen Häusern und fällt bestenfalls durch ihren etwas höheren Turm auf, der übrigens quadratisch gebaut wurde.

Unterkunft

- **Hotel Sol Los Fenicios**€€€-€€€€, Paseo Marítimo s/n, Tel. 958 827 900, Fax 958 827 910, www.solmelia.com. Am Strand ganz links gelegen (Blickrichtung Meer), mit einem Hauch andalusischen Stils. Das Hotel bietet 43 modern und zweckmäßig eingerichtete Zimmer, teilweise mit Meerblick. WiFi gegen Gebühr.
- **Hostal La Caleta**€-€€, Paseo Andrés Segovia 12, Tel. 958 827 007. Kleines Haus mit winzigen Balkonen und auch nicht gerade großen Räumen, die meisten haben immerhin Meerblick. Gleich nebenan liegt eine Cafetería und das Haus befindet sich in der Nachbarschaft des Hotels Sol Los Fenicios.
- **Hotel Almijara**€€€, c/ Acera del Pilar 6, Tel. 958 618 053, Fax 958 640 164, www.hotelalmijara.com. Modernes Hotel mit 40 Zimmern, u. a. mit Zimmersafe, Aircondition, Satelliten-TV, Cafetería und Restaurant. Das Haus liegt im Ortskern, etwa 200 m vom Strand entfernt.
- **Finca Baobab**€-€€€, liegt etwas abseits von La Herradura in den Bergen. Mehrere Unterkünfte für 2–4 Personen auf dieser sehr persönlich geführten, deutschsprachigen Finca. Viel Natur, ein Pool, rustikal-nett eingerichtete Häuser. Zufahrt ist etwas eng. Infos: Tel. 670 965 755 oder Tel. 670 965 733, www.avocadofinca.de.

Camping

- **Nuevo Camping La Herradura,** 3. Kategorie, am Paseo Marítimo, Tel. 958 640 634, www.nuevocamping.com. Ein sehr kleiner Platz (288 Personen). Unschlagbarer Vorteil: Die Entfernung zum Strand beträgt acht Meter!

Essen & Trinken

- **Chiringuito La Sardina,** Tel. 958 640 111. Seit über 25 Jahren werden in diesem gemütlichen Strandlokal Hungrige verköstigt – das spricht für sich.
- **El Bambú,** Tel. 958 827 227, ein Chiringuito, der etwa in Ortsmitte am Strand liegt, nette Terrasse, rustikale Gerichte.
- **Pizzería Realengo,** Tel. 958 827 904, Paseo Marítimo, am oberen Ende nach links (Blickrichtung Meer), klassische Pizzeria

Adressen

- **Tauchen:** *Estación Náutica Costa Tropical*, Tel. 958 640 695, www.en-costatropical.com. Hier werden auch Kurse im Windsurfen gegeben und Equipment verliehen.
- **Windsurfen:** *Windsurf La Herradura*, Paseo Marítimo 34, unweit vom Campingplatz, Tel. 958 640 143, www.windsurflaherradura.com

Feste

- **19. März:** San José, Fest zu Ehren des Ortspatrons

Markt

- **Freitag**

Granada

- **Einwohner:** 239.000
- **PLZ:** 18009
- **Entfernung nach Málaga:** 126 km
- **Touristeninformation:**
Plaza de Mariana Pineda 10, Tel. 958 247 146, Fax 958 247 129 und c/ Santa Ana 2, Tel. 958 575 202, Fax 958 572 203, www.turgranada.es

Überblick

„Dale limosna mujer, que no hay en la vida como la pena de ser ciego en Granada." *(F. H. Decasa)* „Gib ihm ein Almosen, gute Frau, denn nichts ist schlimmer im Leben, als blind zu sein in Granada."

Noch immer gilt dieser Ausspruch als treffend, vor allem auf die Alhambra bezogen. Beinahe jeder Costa-del-Sol-Urlauber möchte die Alhambra besuchen – und tut es dann auch. Alljährlich besuchen knapp 3 Mio. Menschen die **Alhambra,** die damit die Liste der am **meisten besuchten Sehenswürdigkeiten Spaniens** knapp anführt vor der Kirche Sagrada Familia in Barcelona und dem Kunstmuseum Prado in Madrid. Die Alhambra ist Pflichtprogramm, aber ein Spaziergang durch das Zentrum Granadas mit einem Besuch der Kathedrale sollte auch bei einem kurzen Trip nicht fehlen. Die Stadt ist im Kern nämlich recht kompakt, die Wege sind nicht allzu lang, und eine Buslinie bringt den Besucher von der Alhambra zur City und zurück.

Granada hat eine ganze Menge zu bieten, mehr als man an einem Tag konsumieren kann. An dieser Stelle soll aber die Stadt nur unter dem Gesichtspunkt eines Tagesausflugs vorgestellt werden, denn darauf dürften sich die meisten Urlauber der Costa del Sol beschränken. Wer länger bleiben möchte, dem sei der Reiseführer „Andalusien" aus diesem Verlag mit vertiefenden Tipps wärmstens empfohlen. Hier sollen alle praktischen Fragen eines **eintägigen Granada-Besuchs** angesprochen werden: Anreise, Besuch der Alhambra, Besuch weiterer, ausgewählter Sehenswürdigkeiten und ein paar Gastronomietipps.

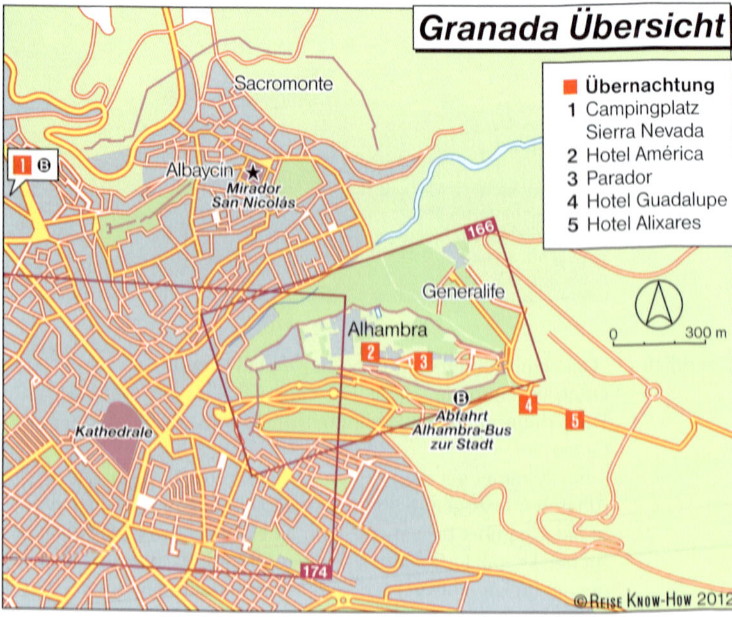

Anfahrt

Anfahrt per Auto

Wer im Bereich der Costa Tropical sein Urlaubsquartier hat, fährt zunächst bis Motril und dann knapp 65 km hoch nach Granada. Die Straße ist gut, außerdem schreitet der Autobahnbau stetig voran. Lange wird es nicht mehr dauern, dann kann von der Küste bis Granada auf einer Autobahn gefahren werden.

Wer aus dem Bereich Málaga anreist, fährt über die Autobahn A-45 Richtung Antequera und dann später weiter auf der A-92 nach Granada. Schon weit vor Granada ist die **Alhambra ausgeschildert.**

Parken

Schließlich landet der Autofahrer auf einem riesigen Parkplatz unmittelbar **vor dem Haupteingang** der Alhambra.

Anreise per Bus

Es ist auch möglich, per Linienbus nach Granada zu reisen. Die Busse bedienen aber nur einige wenige Strecken und fahren im

Wo der Maurenherrscher weinte

Bei der Anfahrt nach Granada durch die Berge wird der Ort **Suspiro del Moro** („Seufzer des Mauren“) passiert. Hier soll *Boabdil,* der letzte maurische Herrscher, nach seiner Vertreibung aus der Alhambra durch die Katholischen Könige einen allerletzten Blick zurückgeworfen und bitterlich geweint haben. Seine weniger sensible Mutter schimpfte ihn daraufhin heftigst aus: „Wenn du wie ein Mann gekämpft hättest, bräuchtest du jetzt nicht wie ein Weib zu flennen!“ Der Maurenherrscher hatte nämlich die Alhambra kampflos übergeben – zum Leidwesen seiner Mutter und zur Freude der Millionen Besucher, die die Palaststadt heute bewundern dürfen.

Allgemeinen relativ selten, von Málaga und Almuñécar allerdings mehrmals täglich. Am Busbahnhof in Granada angekommen, nimmt man den Stadtbus Nr. 3 oder Nr. 33 Richtung Zentrum bis zur Kathedrale. Dazu das Gebäude verlassen und zur Hauptstraße gehen, dort befindet sich die Bushaltestelle. An der Kathedrale heißt es umsteigen in den Alhambra-Bus Nr. 30 oder 32, der bis direkt vor den Eingang fährt. Dieser Bus fährt ab von der nahen Plaza Isabel la Católica. Wer gut zu Fuß ist, kann auch hoch laufen, aber der Weg von der Plaza Nueva über Straße Cuesta de Gomerez ist recht weit und auch steil.

Besuch der Alhambra

Generell

Angesichts des immensen Andrangs wurden Besuchsbeschränkungen eingeführt, die wohl auch notwendig waren. Wenn sich jeden Tag Tausende durch die Alhambra schieben, staut sich der Besucherverkehr sonst fast zwangsläufig an den schönsten Punkten. Dann sieht der einzelne außer fähnchenschwingenden Touristengruppen nichts mehr.

Öffnungszeiten

Insgesamt werden 7700 Tickets pro Tag verkauft, die entweder am Vormittag gelten oder am Nachmittag. Konkret: zwischen 8.30 und 14 Uhr, oder zwischen 14 und 18 Uhr bzw. 20 Uhr (März–Okt.). Für die **Nasridenpaläste** dagegen gilt ein relativ enges Zeitfenster, das ebenfalls auf der Eintrittskarte vermerkt ist und für das jeweils nur 300 Tickets verkauft werden. Nur innerhalb dieses Zeitfensters können die Nasridenpaläste betreten werden, die restliche Anlage dagegen kann in der übrigen Zeit besucht werden.

Weiterhin sind **nächtliche Besuche** inklusive der Nasridenpaläste möglich zwischen 20 und 21.30 Uhr, von April bis Oktober 22–23.30 Uhr. Allerdings werden nur 400 Tickets pro Tag verkauft.

Wer möchte, kann auch nur die **Gartenanlagen** besuchen, auch dafür gelten Tickets entweder am Vormittag oder am Nachmittag.

Eintrittskartenverkauf

Direkt am Schalter beim Haupteingang für den gleichen Tag ab 8 Uhr morgens werden **Restkarten** verkauft, die noch nicht über Vorbestellungen reserviert sind. Theoretisch zumindest. Praktisch sieht es so aus, dass während der Hauptreisezeit so gut wie nie Restkarten angeboten werden.

Vorverkauf

- **Über das Internet:** www.alhambra-tickets.es. Man landet direkt an der richtigen Stelle auf der Homepage der katalanischen **Caixa-Bank,** die einen eigenen Vorverkaufsservice für verschiedene Veranstaltungen und Institutionen betreibt, auch für die Alhambra. Sprache ist neben Spanisch auch Englisch. Bestellt werden kann lange im Voraus.

Und so funktioniert's: Auf der o. a. Homepage die Anzahl der gewünschten Tickets eingeben und vor allem den gewünschten Zeitpunkt, zu dem man die Nasriden-Paläste besuchen möchte. Zum Bezahlen wird eine Kreditkartennummer verlangt. Am Besuchstag dann **mit genau dieser Kreditkarte** an einem Automaten der Caixa die Tickets abholen. In Granada gibt es zwei sinnvolle Möglichkeiten. Entweder im Alhambra Info- und Buchladen im Zentrum („Tienda Librería de la Alhambra") in der calle Reyes Católicos 40 oder eben direkt am Haupteingang der Alhambra. Dort stehen acht Automaten etwas versteckt hinter dem dortigen Buchladen, im Info-Shop in der calle Reyes Católicos nur einer, dort aber hilft dann auch das Verkaufspersonal. Die Bedienung ist leicht: Kreditkarte einführen und schon werden die bestellten Tickets ausgedruckt.

Blick auf die Alhambra vom Mirador San Nicolás

Auf dem Gelände der Alhambra kann man sich frei bewegen, die einzelnen Bereiche (Alcazaba, Generalife) allerdings **nur einmal besuchen,** die Tickets werden entsprechend kontrolliert und markiert.

- **Per Telefon aus dem Ausland:** 0034 934 923 750
- **Per Telefon innerhalb Spaniens:** 902 888 001

Eintritt

- Erwachsene 13 €, Kinder unter 12 Jahren frei, Erwachsene über 65 Jahren 9 €, nächtliche Besuche 8 €.
- Eintritt nur in die Gärten: 7 €, eine Vorverkaufsgebühr kann erhoben werden.

Die Alhambra

Die Alhambra ist die meistbesuchte Sehenswürdigkeit Spaniens und gilt als bedeutendstes Bauwerk aus der Zeit der arabischen Herrschaft auf der iberischen Halbinsel. Der Name leitet sich ab aus dem arabischen *Qal'at al-Hamra,* was soviel wie „rote Festung" bedeutet, eine Anspielung auf die ursprüngliche Farbe.

236c Foto: hf

Geschichte

Die Alhambra war zu Beginn, im 11. Jh., nichts weiter als eine **militärische Festung** (die **Alcazaba,** die es heute noch gibt). Im 13. Jh. wurde in einem zweiten Schritt eine große Mauer um die ganze Anlage gebaut. 1238 begann die Herrschaft der Nasriden-Dynastie mit *Muhammad I.* an der Spitze. Dieser war der erste, der seinen Sitz in die Alhambra verlegte. Von hier aus beherrschte er ganz Andalusien, und im Laufe der folgenden Jahrzehnte wurde die Alhambra immer weiter ausgebaut. Zunächst errichtete man weitere Häuser, schließlich, im 14. Jh., die weltberühmten **Palacios Nazaríes** (Nasridischen Paläste). Jeder Herrscher brachte seine eigene Note ins Spiel, wollte eigene Ideen verwirklicht sehen. Paläste wurden erbaut, großzügige Innenhöfe geschaffen mit verschlungenen Säulengängen und arabischen Ornamenten. Andere Räume erhielten geschickt platzierte Fenster, durch deren Gitter Licht „tröpfchenweise" in einen Raum fällt. Und überall plätscherte Wasser, blühten Blumen.

Bis zur Eroberung durch die Katholischen Könige im Jahr 1492 residierten insgesamt 32 Herrscher in der Alhambra. Alle fügten etwas hinzu, und der letzte, *Boabdil,* wollte all diese Pracht nicht durch einen Krieg beschädigt sehen. Er übergab die Alhambra kampflos am 2. Januar 1492. Danach kam die christliche Phase, während der die Befestigungsanlagen verändert wurden und der spanische Herrscher *Carlos V.* sich 1526 einen eigenen Palast bauen ließ.

Die Mauer, die die Alhambra umgibt, schloss einst die gesamte Stadt Granada ein. Insgesamt 22 Wachtürme, die ziemlich unregelmäßig errichtet wurden, stehen noch heute. Der vermutlich älteste Turm, die **Torre Bermejas,** steht ein wenig abseits, ist aber durch eine Mauer mit der Alhambra verbunden.

Rundgang

Der Alhambra-Komplex kann generell in drei Bereiche unterteilt werden. Da wären in Höhe des Haupteinganges die **Paläste des Generalife** und die angeschlossenen schönen Gärten. Dann gibt es die ehemalige **Festung Alcazaba** und direkt nebenan das Schmuckstück der ganzen Anlage, die **Palacios Nazaríes,** die Nasriden-Paläste. Ein vierter kleinerer Bereich wird El Partal (Porti-

Filigrane Kunst in den Palacios Nazaríes

kus) genannt. Gemeint ist damit der Rest des ehemaligen Palastes von *Yusuf III.,* der malerisch vor einem Wasserbecken liegt und eines der klassischen Alhambra-Fotomotive darstellt.

Ein Besuch muss zwangsläufig an der **Eintrittszeit für die Nasriden-Paläste** ausgerichtet werden, denn man darf diese Paläste nur zur auf dem Ticket angegebenen Zeit betreten.

Wer aus der Stadt über die Straße Cuesta de Gomérez kommt, passiert das Tor **Puerta de las Granadas** und erreicht einen schattigen Wald, den Außenbereich der Alhambra. An der Puerta de las Granadas sind Granatäpfel zu erkennen, das Symbol der Stadt Granada. Die Puerta ist übrigens durch eine kleine Mauer mit der Torre Bermejas verbunden.

Folgt man dem Weg nach oben, passiert man die **Puerta de la Justicia,** hier war früher der Haupteingang. Direkt davor steht die **Pilar de Carlos V.,** ein Brunnen, der von König *Carlos V.* in Auftrag gegeben wurde. Wer sein Ticket schon hat, kann die Anlage auch durch die Puerta de la Justicia und später weiter durch die Puerta del Vino betreten. Wer dagegen sein Ticket erst am Haupteingang abholt, läuft weiter die Straße hoch.

Alhambra
Paseo de las Adelfas
Auditorium
Paseo de la Sabica
Eingang
Escalera del Agua
(Wassertreppe)
Avenida del Generalife
GENERALIFE
0
100 m
Parador de
San Francisco
Cuesta del Rey Chico
Jardines del Partal
Torre de las Damas
EL PARTAL
Iglesia
Santa
Maria de la
Alhambra
Calle Real
Sala de los
Abencer-
rajes
Patio de
los Leones
Palacio de Comares
PALACIOS NAZARÍES
Torre de Comares
(Sala de Embajadores)
Patio de los Arrayanes
Palacio
de Carlos V
Sala del Mexuar
Conjunto del Mexuar
Paseo de los Coches
Puerta de
la Justicia
Puerta
del Vino
Paseo del Padre Manjón
LA
ALCAZABA
Paseo de los Coches
Puerta de
las Granadas
Cuesta de
Gomerez
Torres Bermejas
Zentrum
©Reise Know-How 2012

Seit der Verlegung des Haupteingangs in die Nähe des Generalife muss der Besucher zuerst einmal um die gesamte Anlage herum laufen. Nach dem Passieren des Eingangs gehen die Besucher dann innerhalb der Anlage sozusagen wieder zurück zu den eigentlichen Palästen. Manche machen dies gemütlich, bewundern die Gärten, Brunnen und das Hotel „Parador". Andere beeilen sich, um das Zeitfenster des Tickets zu erfüllen.

Bevor man die Nasridischen Paläste erreicht, kommt man durch das Tor **Puerta del Vino.** Hier soll früher, so die Legende, der Wein kostenlos an die Bevölkerung abgegeben worden sein. Der Besucher schwenkt nach rechts, passiert den wuchtigen Palast von *Carlos V.* und erreicht die dahinter liegenden Palacios Nazaríes. Hier wird man nur zur auf dem Ticket angegebenen Zeit eingelassen.

Palacios Nazaríes

Die Nasridischen Paläste können in drei Großbereiche unterteilt werden: Palacio de Mexuar, Palacio de Comares (die offizielle Herrscher-Residenz) und Palacio de los Leones. Sie sind alle miteinander verbunden. Auch wenn es manchmal angesichts der Besuchermassen schwerfällt, für ein zielloses Bummeln und staunendes Genießen sollte man sich genügend Zeit nehmen.

Der **Palacio de Mexuar** ist so etwas wie der Eingangsbereich, der auf die folgenden Schönheiten einstimmt. Zuerst betritt man die **Sala del Mexuar.** Dieser Saal wurde ursprünglich als Audienzraum genutzt und war mit Stuckarbeiten reich verziert. Durch einen Umbau zu einer Kirche, noch unter der Regie des spanischen Königs *Carlos V.*, gingen diese aber verloren. Von dort gelangt man zum **Patio del Mexuar,** einem Innenhof, der vollkommen mit Marmor ausgelegt ist. An seiner Stirnseite liegt der **Cuarto Dorado** (Goldener Saal), von wo aus man einen herrlichen Blick ins Tal hat. Der Raum hat mehrere reich verzierte Halbbögen, die auf Marmorsäulen stehen.

Der Patio del Mexuar ist mit dem **Patio de los Arrayanes** (Myrtenhof) verbunden, einem rechteckigen, offenen Hof mit einem länglichen Wasserbecken in der Mitte. An der Längsseite öffnen sich einige Räume, alle mit wunderbar verziertem Wandschmuck. An der kürzeren Seite liegt ein Säulengang mit sieben Halbbögen, von denen der mittlere etwas größer ausfällt. Alle sind mit religiösen Lobpreisungen geschmückt. An der Nordseite erhebt sich der höchste Außenturm, die **Torre de Comares,** mit immerhin 45 Metern. Dort befinden sich die **Sala de Embajadores** (Saal der Gesandten) und das Vorzimmer **Sala de Barca.** Beide Räume sind reich verziert, hier sollten Gäste früher mächtig beeindruckt werden. Die Sala de Barca hat eine eindrucksvolle Holzdecke, die 1890 nach einem Brand vollkommen restauriert wurde. In der dahinterliegenden Sala de Embajadores hat wahrscheinlich der Thron des maurischen Herrschers gestanden. Die Schönheit des Raumes beruht auf dem perfekten Zusammenspiel von Fliesen, Stuck und Inschriften aus dem Koran, die kunstvoll in die Wände eingearbeitet wurden. Vor allem aber beeindruckt die Holzdecke! Sie besteht aus 8017 einzelnen Holztäfelchen, die zu einem kunstvollen Mosaik zusammengefügt wurden. Man muss sich die damalige Pracht vorzustellen versuchen: Seidenvorhänge, Brokatkissen, fächerschwingende Sklaven, gelangweilte Hofschranzen ...

Rund um den Löwenhof

Der dritte Komplex liegt um den **Patio de los Leones,** den Löwenhof, herum. Hier ist es endlich zu finden, das weltberühmte Fotomotiv der zwölf wasserspeienden Löwen. Aber leider seit 2007 nicht mehr, denn die Löwen wurden entfernt und stehen nun unter Bewachung in einem Nebenraum. Von dort sollen sie im Laufe des Jahres 2012 wieder an ihrem alten Platz zurückkehren. 124 Säulen aus Marmor umgeben den Hof, kunstvoll mit Ornamenten verziert. An den Löwenhof grenzen mehrere Räume, wie die **Sala de Mocárabes** mit Resten einer ungewöhnlichen Deckenarbeit, die leider vor Jahren bei einer Explosion teilweise zerstört wurde.

An der Südseite liegt die **Sala de Abencerrajes.** Der Name des Saales wurde zum Gedenken an eine Familie aus dem Umfeld der Herrscher gewählt, die hier brutal ermordet worden war. Die dunklen Flecken am Brunnen sollen angeblich vom Blut der Unglücklichen stammen. Der achteckige Raum ist überwölbt von einer sternförmigen Kuppel mit unzähligen Stalaktiten.

Geht man weiter um den Hof herum, erreicht man die **Sala de los Reyes,** den Königssaal, der aus mehreren Einheiten besteht. An den Decken hängen auf Leder gemalte Bilder, die das maurische Leben darstellen.

Der Löwenhof in der Alhambra
vor den umfangreichen Umbaumaßnahmen

210c Foto: hf

Der nächste Raum heißt **Sala de las dos Hermanas,** Saal der zwei Schwestern. Das Besondere daran sind zwei gleiche Marmorplatten, mit denen der Boden ausgelegt wurde. Dieser Raum besticht aber auch durch besonders schöne Ornamente. Von hier gelangt man zum **Mirador de Daraxa,** der einen schönen Ausblick auf die darunter liegenden Gärten gestattet.

Ein Zugang zum **Peinador de la Reina** besteht vom Saal der zwei Schwestern, in dem die Gemahlin von *Carlos V.* ihren privaten Bereich hatte. Danach betritt man Räume, in denen sich *Carlos V.* zeitweise aufhielt und in denen der Schriftsteller *Washington Irving* seine „Erzählungen aus der Alhambra" schrieb.

Über Treppen erreicht man den Garten **Jardín de la Daraxa,** von wo aus der Besucher schließlich zu den **Baños Reales** gelangt, den königlichen Bädern, schön geschmückte und kunstvoll durch *azulejos* (Kacheln) verzierte Räume mit Ruheecken und Wasserbecken.

An der äußeren Mauer erhebt sich vor der schönen Gartenanlage mit Wasserbecken (Jardines del Partal) die **Torre de las Damas.** Fünf kunstvoll gearbeitete Arkadenbögen sind das herausragende Element dieses „Turms der Damen". Hier steht auch nahe der Außenmauer der Rest vom **Palacio de Yusuf III.** (1374–1417). Erhalten ist nur eine Galerie, die aber sehr fotogen vor einem Wasserbecken steht.

Palacio de Carlos V.

Wer zuerst die arabischen Kunstwerke bewundert hat, dürfte sich ein wenig schwer tun bei der Besichtigung des christlichen Palastes von *Carlos V.* Etwas schmucklos sieht er nämlich aus, bombastisch geradezu in den Ausmaßen, verglichen mit den feinen, verspielten Linien der Palacios Nazaríes. Der Palast wurde exakt viereckig gebaut mit einem sehr großen, runden Innenhof. Ein wenig erinnert dieser an eine Stierkampfarena, was wohl nicht beabsichtigt war. Man wollte ein Gegengewicht zum arabischen Stil schaffen und baute deshalb in rein italienischem Hochrenaissance-Stil. Fertiggestellt wurde der Palast allerdings nicht, erst 1957 schloss man das Werk ab. Heute befinden sich zwei Museen in dem Gebäude. Das **Museo de la Alhambra** im Erdgeschoss zeigt die Historie der Alhambra und vor allem archäologische Fundstücke aus der maurischen Epoche.

- **Geöffnet:** Di–So 8.30–14 Uhr, freier Eintritt.

Das **Museo de Bellas Artes** (Museum der schönen Künste) im Obergeschoss zeigt wechselnde Ausstellungen, meist mit Themen in Verbindung zur Alhambra und eine Dauerausstellung mit Werken seit dem 16. Jh., die hauptsächlich aus aufgelösten Kirchen und Klöstern stammen.

• **Geöffnet:** März–Okt. Di 14.30–20, Mi–Sa 9–20, So 9–14.30 Uhr, Nov.–Febr. Di 14.30–18, Mi–Sa 9–18, So 9–14 Uhr, Eintritt: 1,50 €.

Neben dem großen Palast steht eine kleinere Kirche, die 1618 fertig gestellte **Iglesia Santa María de la Alhambra** auf den Ruinen der ehemaligen Hauptmoschee. Herausragend ist der 1671 erstellte Barockaltar, sowie einige großformatige Heiligenbilder.

Alcazaba

In dieser typisch mittelalterlichen Burg fing einst alles an. Wuchtige Mauern, Wehrtürme, Schießscharten dominieren noch heute. Die Burg liegt an einem strategisch günstigen Punkt hoch über der Stadt, steil fällt ein Felsmassiv ab. Es kann nicht leicht gewesen sein, diese Feste einzunehmen. Heutige Besucher genießen einen tollen Ausblick über Granada; viel mehr kann leider nicht empfohlen werden. Das Gebäude befindet sich bedauerlicherweise nicht in einem so sehenswerten Zustand wie die Palacios Nazaríes.

Generalife

Eine wunderschöne **Gartenanlage,** gewissermaßen ein eigener Bereich, ist der Palacio de Generalife. Das trifft auch räumlich zu, liegt der Generalife doch nicht mehr im eigentlichen Alhambra-Komplex. Ursprünglich war dies eine Zone der Erholung, ein Garten mit diversen Wasserspielen, erschaffen wahrscheinlich von *Muhammad II.* (1273–1302). In späteren Jahren wurde er um weitere Anlagen erweitert, immer der Idee folgend, einen perfekten Garten anzulegen. Viel dürfte wahrlich nicht daran fehlen. Wasserfontänen sprühen in gleichmäßigen Bögen an einem länglichen Becken, links und rechts wachsen derweil die schönsten Blumen. Pflanzen wurden zu kunstvollen Ornamenten arrangiert, deren System von den beiden kleinen Gebäuden an der Nord- und Südseite aus gut erkennbar ist. Zwischen diesen Häusern liegt der **Patio de la Acequía,** ein schlanker, schmaler Wasserlauf, bei dem links und rechts etliche Fontänen fast schon choreografisch abgestimmt dünne Wasserfäden speien. Ein besonderer Blickfang ist auch die **Wassertreppe:** In einer kleinen Rinne plätschert Wasser über mehrere Stufen eine Treppe hinunter. Das Ganze hat etwas Beruhigendes, wenn nicht gerade Hunderte von Besuchern neben einem staunen.

284cs Foto: hf

Nach dem Besuch

Natürlich ist der Besuch einer derart großen Anlage wie der Alhambra anstrengend. Also erstmal ausruhen, etwas essen und neue Kräfte sammeln. Möchte man nicht irgendwo im Schatten der Bäume ein Picknick abhalten, bieten sich im Umfeld des Haupteingangs mehrere Lokale an. Aber auch zwischen Alcazaba und Palacios Nazaríes bietet ein Kiosk Bocadillos und kühle Getränke an. Den Blick auf die Alhambra vom Aussichtspunkt Mirador San Nicolás sollte man sich vor der Rückfahrt unbedingt noch gönnen. Und wenn man schon mal da ist, kann auch noch ein Spaziergang durch die engen Gassen des **Albaicín** hinunter ins Stadtzentrum folgen, weit ist es nicht. Dort wird die Ausdauer dann mit ein paar Tapas in einer urigen Bar belohnt.

Stadtrundgang

Mirador San Nicolás

Der Aussichtspunkt Mirador San Nicolás ist kinderleicht zu finden. Nur wenige Schritte vom Haupteingang der Alhambra entfernt startet der Alhambra-Bus Nr. 32. Er fährt im Wechsel nur bis zur Plaza Nueva im Zentrum oder in einer größeren Runde durch das Viertel Albaicín. Dort hält er unmittelbar unterhalb vom Mirador San Nicolás, wo sich ein spektakulärer Blick auf den gesamten Alhambra-Komplex eröffnet, mit den Bergen der Sierra Nevada im Hintergrund. Dies ist das zweite weltberühmte **Alhambra-Fotomotiv,** und zwar vorzugsweise mit schneebedeckten Gipfeln.

Albaicín

Das Viertel Albaicín stammt noch aus maurischen Zeiten. **Weißgetünchte Häuser mit blumengeschmückten Innenhöfen** (*carmen* genannt), ein chaotisches Gassensystem, alles erscheint irgendwie erfrischend lebendig.

Es handelt sich um das ehemalige **arabische Viertel.** Angeblich siedelten sich ab dem 13. Jh. Vertriebene aus der weiter nördlich gelegenen Region Jaén an, die Bevölkerung wuchs bis zum 15. Jh. auf etwa 60.000 Menschen an. Nachdem Granada von den christlichen Heeren erobert wurde, sank die Zahl dramatisch auf 6000 im 17. Jh.

Wasserspiele im Generalife

Granada
Übernachtung
1 Hostal Meridiano
7 Hostal Olympia
8 Campingplatz Sierra Nevada
9 Hotel Palacio de Santa Inés
10 Hotel El Ladrón de Agua
16 Cuesta de Gomérez mit etlichen Billig-Pensionen
17 Hostal Puerta de las Granadas
18 Hostal Landarzurí
Essen und Trinken
2 Restaurant Cunini
3 Bar Puerta del Carmen
4 viele Bars
5 Bar Sevilla
6 Café Via Colón
11 viele Bars
12 Taberna Makande
13 Bodega Castañeda
15 Rest. Los Manueles
18 Rest. Morillo
Geschäfte
14 Ticket- und Buchshop Tienda Librería la Alhambra
Bahnhof
Universität
Plaza Universidad
Plaza Encarnación
Pl. Mtnez. Contreras
Plaza Villamena
Haltestelle Bus Nr.3 oder 33 zum Busbahnhof
Kathedrale/ Capilla Real
Alcaicería
Plaza Pasiegas
Plaza Bib-Rambla
Plaza Lino
Puerta Real
Gran Vía de Colón
Calle de Elvira
Calle de la Duquesa
Los Mesones
Calle de Recogidas
Acera de
Católicos
Tablas
Sta. Paula Marqués
Tendillas
Arandas
Los Santos
Azacayas
Andrés
Artega
de Falaces
Cta. de la Batela
Bocanegra
Cruz de Negros
Quirós
R. Bolas
Alvaro
Valentín Barrecheguren
Cárcel
Cetti Meriem
Santa Paula
Cocheras Sta. Paula
Niños
Trabuco
Luchando
P. Santa Paula
S. Agustín
Bazán
Candiota
Mercaderes
San Jerónimo
Baratillos
San Agustín
Silencio
Horno de Marina
Castillejos
Calón
Franceses
Lucena
Trinidad
Pie. Torre
Colegio
Capuchinas
Silería
Pescadería
Catalino
Liberos
Mqu.
Alhóndiga
Jaudenes
Boabdil
Salamanca
Hileras
Santa Teresa
La Paz
Puentezuelas
Gracia
Sierpe Baja
Campo Verde
Veronica de la Magdalena
Jardines
Calle de
Moral de la Magdalena
la Cruz
Angel
Parraga
C. de San Anton
0
100 m

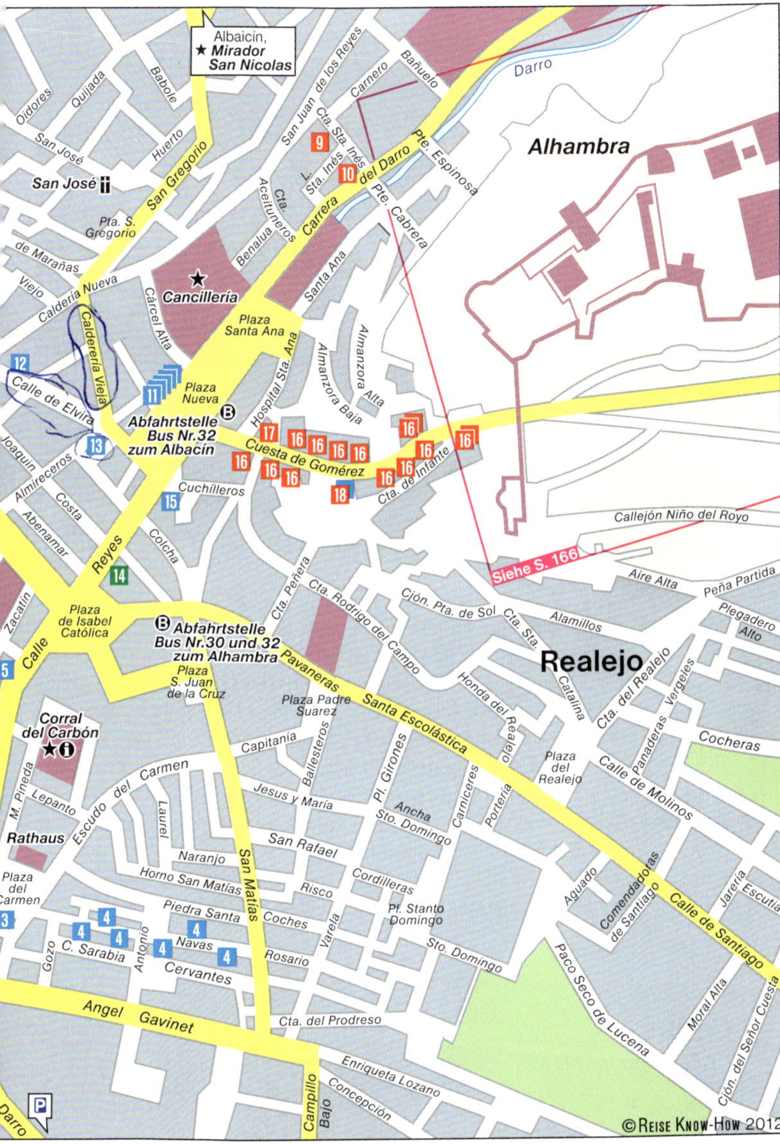
Albaicín,
★ Mirador
San Nicolas
Darro
Alhambra
Oidores
Quijada
Babole
San José
Huerto
San Gregorio
San José
Pta. S. Gregorio
de Marañas
Viejo
Caldería Nueva
Calderería Vieja
Cárcel Alta
Cancillería
Benalua
Cta. Aceituneros
San Juan de los Reyes
Carnero
Bañuelo
Cta. Sta. Inés
L. Sta. Inés
Carrera del Darro
Pte. Espinosa
Pte. Cabrera
Santa Ana
Plaza Santa Ana
Hospital Sta. Ana
Almanzora Baja
Almanzora Alta
Plaza Nueva
Abfahrtstelle Bus Nr.32 zum Albacín
Calle de Elvira
Joaquin
Almireceros
Costa
Abenamar
Cuchílleros
Colcha
Reyes
Cuesta de Goméres
Cta. de Infante
Callejón Niño del Royo
Siehe S. 166
Cta. Peñera
Cta. Rodrigo del Campo
Cjón. Pta. de Sol
Cta. Sta. Catalina
Aire Alta
Alamillos
Peña Partida
Plegadero Alto
Realejo
Zacatín
Plaza de Isabel Católica
Abfahrtstelle Bus Nr.30 und 32 zum Alhambra
Calle
Plaza S. Juan de la Cruz
Pavaneras
Santa Escolástica
Plaza Padre Suarez
Honda del Realejo
Cta. del Realejo
Vergeles
Panaderas
Cocheras
Corral del Carbón
Capitanía
Ballesteros
Pl. Girones
Carniceros
Portería
Plaza del Realejo
Calle de Molinos
M. Pineda
Lepanto
Escudo del Carmen
Laurel
Jesus y María
Ancha Sto. Domingo
Rathaus
San Rafael
Naranjo
San Matías
Horno San Matías
Risco
Cordilleras
Aguado
Comendadoras de Santiago
Calle de Santiago
Jareria
Escutia
Plaza del Carmen
Piedra Santa
Coches
Pl. Stanto Domingo
Varela
Gozo
C. Sarabia
Antonio
Navas
Rosario
Sto. Domingo
Paco Seco de Lucena
Cervantes
Angel Gavinet
Cta. del Prodreso
Moral Alta
Cjón. del Señor Cuesta
Enriqueta Lozano
Concepción
Campillo Bajo
Darro
©Reise Know-How 2012

286cs Foto: hf

Es ist ziemlich sinnlos, mit einem Stadtplan in der Hand hier durchzustreifen. Sicher, an den größeren Straßen kann man sich orientieren, aber die kleinen und **kleinsten Gassen** lassen sich zumeist doch nicht lokalisieren. In genereller Linie geht es „bergauf" oder „bergab" und allemal ist es spannender, durch eine schmale Seitengasse zu schlendern, als sich entlang einer von Autos befahrenen Straße zu bewegen. Wobei man sich wieder einmal nur wundern kann, durch welche schmalen Gassen manche Fahrer ihr Vehikel sicher lenken können.

Hier lebten im Jahr 1492, als die *Reyes Católicos* Granada einnahmen, etwa 60.000 Menschen. Diese mussten zum größten Teil

Im Häuser-Gewirr des Albaicín

Arabisches Flair in Granada

287cs Foto: hf

dann das Land verlassen. Seit einigen Jahren wird in Granada aber von einer neuen *Reconquista* gesprochen, von einer neuen „Wiedereroberung“, denn die Muslime kehren zurück. Das Albaicín war eine Zeit lang heruntergekommen, Drogen und Junkies prägten das Bild. Dann begann etwa zur Mitte der 1980er Jahre die langsame und schleichende Veränderung. Zuerst öffneten nur einige **Teestuben** in der calle Caldería, später folgten kleine Geschäfte, und schließlich wurde irgendwann eine Moschee gebaut. Die Muslime zogen in „ihren“ alten Stadtteil, die Drogen verschwanden und der Albaicín wurde allmählich sogar regelrecht schick. Die Folge: Spanier mit Geld zogen hierher, Muslime sowieso, das Viertel vermischte sich und die Mieten stiegen. Das gilt aber bei Weitem nicht für alle Häuser, es gibt auch noch genügend, denen eine Renovierung mal gut tun würde. Insgesamt wird geschätzt, dass in Granada etwa **20.000 Muslime** leben, inklusive der illegalen und etwa 1500 konvertierten Spanier.

Auf der Plaza Nueva, nicht weit entfernt von der Kathedrale, steht das beeindruckende Gebäude der **Cancillería,** der Staatskanzlei, einem im 16. Jh. von *Diego de Siloé* erbauten Renaissance-

123c Foto: sm

Palast. Kurz vor dem Platz befindet sich die enge Gasse **Caldería Vieja.** Hier ist Granadas **maurisches Erbe** wieder aufgelebt, eine Vielzahl von arabischen Geschäften und **Teestuben** *(teterías)* sind dort zu finden. Die ergeben ein farbenfrohes, „fremdes" Bild, aber auch ungemein reizvoll.

Jetzt könnte sich ein Fußmarsch ins Zentrum anschließen – wer möchte, kann auch mit dem nächsten Bus weiterfahren. Der Weg jedenfalls ist einfach und kompliziert zugleich: Zur Alhambra schauend, geht man nach rechts und folgt der breitesten Straße nach unten. Dann heißt es, immer die Straße wählen, die nach unten führt, ganz einfach. Das Albaicín-Viertel besteht nämlich aus einer Vielzahl kleiner und kleinster Gassen, die teilweise recht steil

An der Plaza Nueva, rechts die Cancillería

verlaufen. Wer immer abwärts geht, sollte nach nicht einmal einer halben Stunde unten sein, an der breiten **Avenida Gran Vía de Colón** unweit der Kathedrale. Dieses graue Gebäude ragt nämlich schon von Weitem gut sichtbar aus dem Häusermeer heraus, ein prima Orientierungspunkt.

Kathedrale Glücklich unten angekommen, darf ein Besuch der Kathedrale eigentlich nicht fehlen, und sei es nur, um den Kontrast zu den filigranen arabischen Schönheiten nochmals auszukosten. Die Kathedrale ist ein wuchtiger Bau mit sehr dicken, fast monströsen Pfeilern, zwei riesigen Orgeln, etlichen Seitenkapellen und einem gewaltigen Hauptaltar. Einige Pfeiler sind fast wie Triumphbögen angeordnet. Allein die Türen messen fünf bis acht Meter Höhe. Hier wollte man wohl mächtig imponieren. Selbst Bücher fielen enorm aus, fast einen Meter große Bibeln können hinter Glas bestaunt werden. 1523 wurde mit dem Bau begonnen, und erst im Jahr 1704 war er beendet.

Errichtet wurde sie auf den Resten einer Moschee auf ausdrücklichem Wunsch von *Isabel la Católica,* wie es zumindest heißt. Ursprünglich befand sich eine erste Kathedrale im Alhambra-Komplex, aber 1507 verlangte die Königin eine neue Kathedrale und diese wurde dann **auf der alten Moschee** im Stadtzentrum errichtet. Durch die lange Bauzeit wechselten die Baumeister und es flossen verschiedene Stilelemente ein. Insgesamt zählt die Kathedrale zur Renaissance, allerdings entstand beispielsweise die Hauptfassade vom bekannten Baumeister *Alonso Cano* im barocken Stil. Die Hauptfassade wird von einem gewaltigen **Glockenturm** (57 Meter) flankiert, geplant waren ursprünglich sogar einmal zwei Türme, aber dazu kam es nicht mehr.

Das fünfschiffige Gotteshaus hat zahlreiche Seitenkapellen und wird getragen von gewaltigen Bündelpfeilern auf korinthischen Säulen. Herausragend bleibt die 45 m hohe **Capilla Mayor** (Hauptkapelle), ein Meisterwerk von *Diego de Siloé*. Sie fällt optisch durch die güldene Farbe deutlich vor dem hellen Stein auf, aus dem die Kathedrale zumeist besteht. Dort stehen die Skulpturen der Katholischen Könige in betender Haltung.

Schräg hinter der Capilla Mayor liegt die **Sakristei,** wo mehrere wertvolle Gemälde aufbewahrt werden, darunter auch eine Skulptur der „Unbefleckten Empfängnis" von *Alonso Cano*.

• **Geöffnet:** Mo–Sa 10.30–13 und 16–19 Uhr (im Sommer bis 20 Uhr), So 16–19 Uhr, Eintritt 3,50 €

Capilla Real

Die Eroberer der Alhambra, die so genannten *Reyes Católicos,* wurden nach einigem Hin und Her in der Capilla Real beigesetzt, der **Königlichen Kapelle,** welche sich unmittelbar an die Kathedrale anschließt. 1521 wurde sie fertiggestellt, da waren die Herrschaften aber schon verschieden. Neben den Katholischen Königen, die aus ihrem Zwischendurch-Grab hierher gebracht wurden, fanden weitere Mitglieder des Königshauses hier ihre vorletzte Ruhestätte. Als König *Felipe II.* etwa 50 Jahre später beschloss, eine wahrlich königliche Grabstätte in der Nähe von Madrid zu bauen, das Panteón Real in El Escorial, wurden die meisten noch einmal umgebettet. Die *Reyes Católicos* blieben, außerdem auch einige weitere, aber wenige Mitglieder der erweiterten Königsfamilie. Angeschlossen ist noch ein kleines **Museum** in der Sakristei, *El Museo de los Reyes Católicos*, in dem einige Insignien der Macht ausgestellt sind, wie die Königskrone, das Zepter oder auch Fernandos Schwert.

- **Geöffnet:** Mo–Sa 10.15–13.30 und 16–19.30 Uhr, So 11–13.30, 16–19.30 Uhr, Eintritt: 3 €. Das Ticket für die Kathedrale gilt hier nicht.

Ende des Rundgangs

Wer diesem Vorschlag gefolgt ist, hat die bedeutendsten Sehenswürdigkeiten Granadas gesehen. Rund um die Kathedrale und die Plaza Nueva liegen in engen, kleinen Gassen einige urige **Bars** – ein wohlverdienter Abschluss des ausgefüllten Tagesprogramms.

Praktische Tipps

Adressen

- **Busbahnhof:** Avda. Juan Pablo II., etwas außerhalb gelegen, unweit des Campingplatzes Sierra Nevada. In die Innenstadt geht es per Stadtbus Nr. 3 oder Nr. 33.
- **Post:** Puerta Real, Ecke c/ Angel Ganivet.

Unterkunft

- Die beste Lage hat wohl unbestritten der **Parador,** der mitten in der Alhambra liegt. Schöner kann man fast nicht wohnen und mehr bezahlen auch nicht: 330 € die Nacht. Tel. 958 221 440, Fax 958 222 264, www.parador.es.
- **Hotel América**€€€-€€€€, Real de la Alhambra 53, Tel. 958 227 471, Fax 958 227 470, www.hotelamericagranada.com. Dieses Haus aus dem 19. Jh. mit 17 Zimmern liegt ebenfalls im Alhambra-Komplex, kostet aber nur ein Drittel des Parador. Die Einrichtung zeigt sich historisch, aber eher im Stil einer mittelalterlichen Burg und weniger maurisch inspiriert. WiFi gratis.
- **Hotel Alixares**€€-€€€, Paseo de la Sabica 40, Tel. 958 225 575, Fax 958 224 102, www.hotelesporcel.com. Ein funktionelles Haus mit 201 Zimmern und einem Pool. Es liegt keine 5 Min. Fußweg vom Haupteingang der Alhambra entfernt und hat eine Tiefgarage.

126c Foto: sm

- **Hostal Olympia**€, c/ Alvaro de Bazán 6, Tel. 958 278 238, www.pensionolympia.es. In einer Seitenstraße der Gran Vía gelegene „Super-Unterkunft" (Leser-Zitat) mit 10 Zimmern, einige ohne eigenes Bad.
- **Hostal Meridiano**€€, c/ Angulo 9, Tel. 958 250 544. Liegt 5 Minuten von der Kathedrale entfernt unweit der Plaza Trinidad. Deutschsprachige Betreiber und sehr gutes Preis-Leistungs-Verhältnis.
- **Hotel Guadalupe**€€€, Paseo de la Sabica s/n, Tel. 958 223 424, Fax 958 223 798, www.hotelguadalupe.es. Ebenfalls in der Nähe des Alhambra-Haupteingangs gelegenes Hotel mit 58 Zimmern. Das Haus wurde 2011 komplett saniert und hat eine modern-funktionale Einrichtung bekommen. WiFi gratis.

Gitarrenbauer in der Gasse Cuesta de Gomérez

●**Hotel El Ladrón de Agua**€€€€, Carrera del Darro 13, Tel. 958 215 040, Fax 958 224 345, www.ladrondeagua.com. Sehr schick eingerichtet, in einem historischen Haus von drei Etagen, ca. 200 m von der Plaza Nueva entfernt. Die Fassade wurde hübsch mit maurischen Stilelementen dekoriert, auch der Innenbereich um den Patio enthält noch die Original-Struktur aus dem 16. Jh. Acht Räume mit Alhambra-Blick, komfortabel eingerichtet.

●**Hotel Palacio de Santa Inés**€€€€, Carrera de Santa Inés 9, Tel. 958 222 362, Fax 958 221 264, www.palaciosantaines.com. Liegt knapp 20 m von der Straße entfernt am Fuße des Albaicín. Ebenfalls in einem historischen Gebäude eingerichtet und hat 35 geschmackvolle Zimmer in unterschiedlicher Ausstattung, die sich um zwei Innenhöfe gruppieren.

●Wer preiswert wohnen möchte, sollte einmal die **Straße Cuesta de Gomérez** hochsteigen. Diese führt von der Plaza Nueva zur Alhambra, und dort liegen etliche Billig-Pensionen.

●**Hostal Puerta de las Granadas**€€-€€€, Cuesta de Gomérez 14, Tel. 958 216 230, www.hotelpuertadelasgranadas.com. Drei Etagen, schmales Haus mit 14 schmalen Zimmern, aber mit korrekter Einrichtung.

●**Hostal Landarzuri**€, Cuesta de Gomérez 24, Tel. 958 221 406, www.hostallandazuri.com. Etwas verwinkelt gebautes Haus, hat aber eine eigene Garage. Seit knapp 50 Jahren existent, gut renovierte und große Zimmer, nicht alle mit Bad. Oben gibt es eine Terrasse mit Bar.

Camping

●**Camping Sierra Nevada,** 1. Kat., Avda. Juan Pablo II. 23 (neben dem Busterminal), Tel. 958 150 062, www.campingsierranevada.com, geöffnet von März bis Oktober. Ein großes Gelände mit Platz für 600 Personen, allerdings etwas außerhalb gelegen. Stadtbus Nr. 3 fährt ins Zentrum bis zur Kathedrale. Platz mit relativ viel Schatten, ein größerer Pool, sowie Supermarkt und Kinderspielplatz sind auch vorhanden. Wer von der Küste kommt, nimmt die Abfahrt Nr. 123, „Granada Almanjayar".

●**Camping Granada,** 1. Kat., Tel./Fax 958 340 548, www.campinggranada.es, geöffnet: März bis Oktober. Zu finden: im benachbarten kleinen Ort Peligros Ausfahrt Nr. 121 nutzen, ab da beschildert. Kleiner Platz mit steiler Zufahrt. Terrassenartige Unterteilung in teilweise schräger Lage. Schöner Blick auf Granada.

●**Camping María Eugenia,** 2. Kategorie, Carretera de Málaga 198, Tel. 958 200 606, Fax 958 958 616, www.campingmariaeugenia.com, ganzjährig geöffnet. Dieser kleine Platz liegt knapp drei Kilometer außerhalb an der Straße nach Sevilla und Málaga bzw. auch zum Flugplatz. Nett begrünt, dadurch viel Schatten, korrekte Installationen. Busverbindung ab Busterminal: zuerst Bus Nr. 33 bis Gran Vía und dann weiter mit Bus Nr. 4 bis Bobadilla, von dort 600 Meter Fußweg.

Essen & Trinken

Im Zentrum:

●**Restaurant Cunini,** Plaza de la Pescadería 14, Tel. 958 267 587. Ein gutes Fischrestaurant, das als Klassiker gilt und kein Billigladen ist.

●**Bar Sevilla,** c/ Oficios 12 neben der Capilla Real. Ein kleines Lokal, bei dem abends der Vorplatz als Terrasse genutzt wird.

●**Bodega Castañeda,** c/ Almireceros 1–3. Ein Klassiker mit langem Tresen und breiter Auswahl an Tapas. Wein wird aus Holzfässern ausgeschenkt.

●**Restaurante Morillo,** Cuesta de Gomérez 20, Tel. 958 229 757. Das kleine Lokal liegt strategisch äußerst günstig an der Straße, die hoch zur Alhambra

129c Foto: sm

führt. Man sitzt ein wenig beengt, aber es gibt eine gute und günstige Mittagsauswahl.

- **Restaurante Los Manueles,** c/ Reyes Católicos 52. Ein Klassiker seit 1917. Unten gibt es einen Stehtresen, das Restaurant befindet sich oben. Breite Auswahl.
- **Café Vía Colón,** Gran Vía 13. Liegt bei der Kathedrale. Schickes Kaffeehaus mit Terrasse und Blick auf die Kathedrale. Es gibt auch warme Gerichte.
- **Puerta del Carmen,** Tel. 958 223 737, eine alt eingesessene Bar, vor dem Rathaus an der Plaza del Carmen gelegen. Hohe Wände, alter Charme, schöner Tresen und Bistro-Tische.

Speisen mit Blick auf die Alhambra

- **Taberna Makande,** c/ Elvira 18. Liegt sozusagen am Beginn der „maurischen Gasse" Caldería Nueva und bietet in seiner rustikal-gemütlichen Einrichtung Tapas, vegetarische Gerichte, Bocadillos und auch Pasta-Gerichte.
- Die **Plaza Nueva** bietet ein paar Bars und Restaurants. Das Angebot scheint generell etwas auf den touristischen Geschmack ausgerichtet zu sein, man kann auch sehr schön draußen sitzen.
- Im Albaicín findet man das **San Nicolás,** c/ San Nicolás 3, Tel. 958 804 262, mittwochs geschlossen. Gutes Essen bei einem sensationellen Blick auf die Alhambra. Das Freiluftlokal liegt direkt unterhalb vom Mirador San Nicolás im Albaicín.

Weitere Lokale:
- Ähnlich sieht es rund um die **Plaza del Carmen** aus, die nur 200 m von der Kathedrale entfernt liegt. Speziell in der calle Navas liegen etliche Lokale.
- Die Straße **Caldería Nueva** und die umliegenden Gassen lassen noch etwas von Granadas Vergangenheit erahnen, hier haben nämlich viele marokkanische Läden aufgemacht. Breites Angebot an Couscous & Co.

Abstecher in die Berge

Einmal die Stadt verlassen und einen Kurztrip in die urwüchsige Bergwelt unternehmen? Kleine urige Bergdörfer besuchen? Das ist ziemlich einfach möglich ab Lanjarón. Die südlichen Berghänge der **Sierra Nevada** werden **Las Alpujarras** genannt und liegen vielleicht etwas mehr als 40 Kilometer von Granada entfernt. Hierhin zogen sich die letzten Mauren nach der Eroberung von Granada zurück und hierhin zog es auch etliche nordeuropäische Aussteiger. Die Landschaft ist grandios, die Dörfer zeigen sich völlig anders als die Küstenorte und das Klima ist natürlich eine Spur kühler. Die Straßen verlaufen schon ziemlich kurvig und steil und vor allem schmal durch dieses archaische Gebirge. Allzu viele Kilometer sollten Sie sich deshalb gar nicht erst vornehmen.

Hier ein Vorschlag für eine Erkundungstour. Die Tour führt in Richtung Küste bis nach **Trevélez,** dem höchstgelegenen Ort der Region und landesweit berühmt für seinen Schinken. Unterwegs werden mehrere malerische Orte passiert und wenn Sie alle „mitnehmen", sollten es etwa 90 bis 100 km werden bis Trevélez.

Rückweg

Für die Rückfahrt bieten sich zwei Wege an. Entweder die gleiche Strecke zurück oder weiter durch die Bergwelt über Bérchules und Albuñol nach La Rábita an die Küste.

Auf jeden Fall sollte bei einer solchen Tour die Devise gelten: „Weniger ist mehr" und nicht anfangen zu hetzen. Da die Kilome-

127c Foto: sm

terleistung aufgrund der kurvigen Straße sowieso sinkt, muss früh gestartet werden.

Gestartet wird zunächst in Richtung **Motril** und Sie fahren bis abgebogen wird in Richtung **Lanjarón.** Dieser Ort ist in ganz Spanien berühmt für sein **Mineralwasser,** das inzwischen jeder Supermarkt verkauft. Dieses Wasser, sowie einige Heilquellen, zieht

Unbedingt zu empfehlen: Ein Ausflug in die Berge

ein ganz spezielles Publikum an, sodass der Ort auch als „Kurort" bekannt ist und etliche Unterkünfte für diese spezielle Klientel bereit hält.

Órgiva Órgiva ist der nächste Ort und nicht einmal so ganz klein mit 5000 Einwohnern. Er ist sehr **beliebt bei Wanderern,** die hier ihr Quartier aufschlagen und ansonsten durch die Gegend streifen. Einige Aussteiger leben ebenfalls in der Umgebung und bevölkern die Straßen des Örtchens. Für einen Bergort geht es schon etwas quirlig zu. Órgiva ist auch eine Art Verkehrsknotenpunkt, von hier geht es auf der A-348 steil in die Berge, wobei wir hier aber nicht von einer Autobahn sprechen, das „A" steht für eine andalusische Straße.

Pampaneira Pampaneira liegt immerhin schon auf 1058 Metern, zählt aber nur ein paar hundert Seelen. Dies dürfte **einer der schönsten Orte** überhaupt sein und kann nur zu Fuß erkundet werden. In den engen, verwinkelten Gassen darf man sich treiben lassen und so das maurische Erbe aufnehmen. Rings um die nette Plaza de la Libertad finden sich Bars und einige Geschäfte, die hauptsächlich Kunsthandwerk anbieten.

Bubión Bubión folgt als nächstes. Es liegt auf 1296 Metern und wird von knapp 400 Menschen bewohnt. Auch Bubión hat seine historische Ortsstruktur erhalten mit vielen weißen Häusern. Entlang der Hauptstraße gibt es auch hier Bars und Geschäfte, der **historische Ortskern** aber befindet sich etwas unterhalb der Straße.

130c Foto: sm

Capileira Capileira liegt auf 1436 Metern und zählt knapp 600 Einwohner. Damit darf sich der Ort als einer der am höchsten gelegenen des ganzen Landes nennen. Früher begann hier eine holprige Piste, die quer durch die Berge am Mulhacén vorbei (höchster Punkt des spanischen Festlandes mit 3482 Metern) hinüber zum Skigebiet der Sierra Nevada führte. Von dort ging es dann auf einer gewundenen Straße hinunter nach Granada. Der Autor durfte es 1983 mit einem alten Käfer noch machen, das ist heute aber vorbei, die Piste ist für Motorfahrzeuge gesperrt. Ein bisschen färbt diese Möglichkeit aber noch ab, immerhin lassen sich von hier **Gebirgswanderungen** unternehmen. Aber auch wer nur das tolle **Bergpanorama** genießen will, wird auf seine Kosten kommen.

Trevélez Dies ist **das** Schinkendorf der Region. Mit 1476 Metern noch ein Stückchen höher gelegen als Capileira leben hier rund 900 Menschen. Das Dorf zieht sich den Hang hoch, die unten liegenden Geschäfte und Bars sind der zentrale Anlaufpunkt für die meisten Besucher, gibt es doch hier den erstklassigen luftgetrockneten Schinken **jamón serrano.**

402c Foto: hf

Die östliche Costa del Sol

Überblick

Der eigentliche Bereich der Costa del Sol entspricht genau der Provinz Málaga. Ziemlich in der Mitte liegt die Provinzhauptstadt, die dem Gebiet auch ihren Namen gab. **Málaga** ist eine Großstadt, hart an der Millionengrenze, mit einem netten, lebhaften Kern. Die östlich von Málaga liegende Küstenzone kann folgendermaßen charakterisiert werden: Je dichter an Málaga, desto bebauter; weiter entfernt bleiben noch einige freie Flächen.

Ausgehend von Málaga ist die Küste auf einer Länge von gut und gern zehn Kilometern bis Rincón de la Victoria durchgehend bebaut, Lücken gibt es keine mehr. Dann folgen erste freie Flächen, unterbrochen von den auch nicht gerade kleinen Ortschaften Torre del Mar und Torrox. Die einzige Stadt mit eigenständigem Charakter und Charme ist **Nerja,** fast schon an der Grenze zur Provinz Granada gelegen. Bis auf Nerja dominieren in allen Orten Ferienwohnungen und Apartmentanlagen, die gern von spanischen Familien gemietet werden. Allzu viele Hotels sind in den meisten Orten nicht zu finden, Nerja bildet da eine Ausnahme.

Das Landschaftsbild wird durchgängig von einem Gebirgszug geprägt, der den Küstenverlauf begleitet. Selten nur drängt er sich nah an die Küste heran, zumeist verbleibt noch ein wenige Kilometer breiter Streifen.

Die topografischen Gegebenheiten machen Ausflüge ins Hinterland etwas beschwerlich. Die Straßen sind eng und zwangsläufig immer sehr kurvig. Eine unbedingt lohnende Sehenswürdigkeit ist das schöne **Bergdorf Frigiliana.** Obwohl auch nur über eine kurvenreiche Strecke erreichbar und von vielen Urlaubern täglich besucht, ist es doch das schönste Dorf der östlichen Costa del Sol.

Und die Strände? Tja, Traumstrände sind hier nicht zu finden. Alle haben eine graue Farbe, was ja nicht schlimm wäre, sie sind aber auch oft kieselig oder gar mit groben Steinen durchsetzt. Trotzdem sind in den Sommermonaten alle Orte reichlich besucht, und es wird an den *playas* doch recht eng.

S. 188/189: Sonnenuntergang an der Steilküste

Die Küstenstraße verläuft zumeist in Küstennähe und häufig auch mitten durch die Orte hindurch. Da sind im Sommer Staus vorprogrammiert, vor allem zum Wochenende, wenn halb Andalusien sich ans Meer flüchtet. Die mittlerweile fertig gestellte Autobahn verläuft ab Nerja ein paar Kilometer im Hinterland und fädelt sich in Málaga in ein Netz von Umgehungsstraßen ein. Der Autobahnbau schreitet voran und in wenigen Jahren wird die Lücke bis Adra, wo momentan die Autobahn aus dem Norden kommend endet, geschlossen sein. Dann dürften sich auch die Staus zumindest auf der Küstenstraße aufgelöst haben.

Maro

- **Einwohner:** 600
- **PLZ:** 29787
- **Entfernung nach Málaga:** 55 km
- **Touristeninformation:** –

Überblick

Maro ist ein winziges Dorf an der Küstenstraße. Es liegt recht kompakt etwas erhöht, wie auf einer Terrasse. Zum Meer sind es noch ein paar hundert Meter durch Felder und Treibhauskolonien. Die Häuser wurden in klassischem Weiß gehalten, das Gesamtbild wirkt recht hübsch. Mittelpunkt ist eine Kirche aus dem 17. Jh. mit dem schönen Namen „Nuestra Señora de las Maravillas" (Unsere Frau der Wunder). Auf dem schattigen Vorplatz vertreiben sich gern die *pensionistas* die Zeit mit dem Beobachten der Fremden, wobei sie stets so tun, als ob sie sie ignorieren. Viel Abwechslung gibt es hier nicht gerade. Als Tourist muss man sich mit dem behaglichen Dorfrhythmus arrangieren. Denn bemerkenswert ist es schon, dass in Maro keine Urbanización hochgezogen wurde, damit bleibt er einer der ganz wenigen Orte an der Costa del Sol davon verschont.

Die Strände

Ein Hauptstrand und vier kleinere Buchten, die allerdings schon ein paar Kilometer außerhalb liegen, sind zu finden, teilweise werden sie von einer ganz beachtlichen **Steilküste** begrenzt. Abgesehen vom Hauptstrand sind die Strände nur wenig besucht.

Der von Felsen begrenzte Hauptstrand **Playa de Maro** misst knapp 300 Meter in der Länge und 25 Meter in der Breite. Da sich die Felsen im Wasser fortsetzen, kann hier prima geschnorchelt werden. Der Boden besteht aus grauem, etwas grobem Sand. Vom Strand aus sind es fast zwei Kilometer bis zum Dorf.

Zeit für einen Tapasteller

131c Foto: sm

Sehenswertes Ein außergewöhnlich beeindruckendes Bauwerk kann wenige hundert Meter hinter Maro bewundert werden, aber höchstwahrscheinlich nur für wenige Sekunden. Wer die Küstenstraße in Richtung Málaga befährt, passiert kurz hinter der Abzweigung zu den Höhlen von Nerja den **Acueducto de Águila,** einen Aquädukt aus dem 19. Jh. Er überspannt den Barranco de Maro und liegt auf der rechten Seite. Leider können Autos hier nicht gefahrlos parken. Der gewaltige Aquädukt besteht aus fünf übereinanderstehenden Bögen. Früher leitete man hier Wasser zu einer nicht mehr existierenden Zuckerfabrik.

Unterkunft • **Hotel Casa Maro**€€€, c/ Maravillas s/n, Tel. 627 958 456, www.hotel-casa-maro.com. Kleines hübsches Haus mit Pool. Das Anwesen ist leicht zu finden, es liegt unweit der Kirche und fällt farblich durch seinen rosa Anstrich auf. Insgesamt 10 gut eingerichtete Zimmer (8 DZ, 2 EZ), alle mit Meerblick.

Camping siehe Nerja

Feste
- **16.–17. Januar:** San Antón
- **7.–9. September:** Fiestas de la Maravilla

Nerja

- **Einwohner:** 22.000
- **PLZ:** 29780
- **Entfernung nach Málaga:** 52 km
- **Touristeninformation:** c/ Carmen 1, Tel. 952 521 531, Fax 952 526 287, www.nerja.es, geöffnet: Mo–Sa 10–14 und 17–21 Uhr, So 10–14 Uhr.

Überblick

Wer sich Nerja über die A-7 nähert, wird vielleicht sofort die Schublade öffnen und die üblichen Vorurteile herausholen: noch ein weiterer vom Tourismus geschluckter Ort. Die Hochhäuser in den Außenbezirken lassen auch nichts Gutes ahnen. Mein Rat: Auto parken oder aus dem Bus steigen und zu Fuß weitergehen! Die schönsten Ecken liegen im Zentrum, und ein Teil davon wurde sogar für Fahrzeuge gesperrt. Mittelpunkt ist ein Felsvorsprung, der hoch über dem Meer auf selbiges hinausragt, genannt **Balcón de Europa.** Davor liegt ein Ortskern mit noch fast dörflichem Charme, wenn man sich einmal die Heerscharen der Touristen wegdenkt. Nerja ist der angenehmste Ort der östlichen Costa del Sol!

Geschichte

Bereits zur Zeit der Römer gab es hier eine Siedlung namens Detunda, etwas außerhalb allerdings vom heutigen Nerja gelegen. Zur Zeit der Araber änderte sich der Name zu Narixa. Die *Reyes Católicos* eroberten 1487 den Ort, und wenig später verließen die verbliebenen Morisken Narixa. Neue Bewohner des „alten christlichen Glaubens", wie es so nett heißt, bezogen die freigewordenen Häuser. Zwei schwere Erdbeben in den Jahren 1884 und 1885 zerstörten einen Teil der Stadt, wovon heute nichts mehr zu erkennen ist.

Die Strände

In Nerja gibt es keinen durchgehenden Strand, der entlang des ganzen Ortes verläuft. Etwas vergröbert ausgedrückt kann gesagt werden, dass rechts und links vom Ortskern zwei etwas längere Strände liegen und vor der erhöhten Mitte dann einige ziemlich **kleine Buchten.** Diese sind zum Teil etwas schwer zu erreichen, dafür sonnen sich dann dort auch nicht so viele Menschen.

Von den größeren Stränden wird der östliche, die **Playa Burriana,** am stärksten frequentiert. Wahrscheinlich wohl auch, weil es dort noch eine ganze Reihe von Strandlokalen gibt, jeweils mit großer Meerblickterrasse. Am Strand gibt's Sonnenschirme, Liegen, Duschen und WC.

Die anderen Strände sind bei Weitem nicht so ausgestattet und auch nicht so leicht zu erreichen. Die **Playa Calahonda** beispielsweise wird auf einem Weg erreicht, der beim Touristenbüro nach unten führt.

Zur **Playa del Salón** führt die Stichstraße calle Salón hinter der Kirche. Unten angekommen stellt man dann überrascht fest, dass dort noch ein paar Fischerhütten existieren.

Die **Playa Caletilla** wird auf einem Weg um den Balkon herum nach unten angesteuert, es ist der gleiche Weg, der auch zur Playa Calahonda führt.

Sehenswertes

Der zentrale Punkt von Nerja ist eine Aussichtsplattform, die in etwa 50 Metern Höhe über dem Meer gute 20 bis 30 Meter über die Küstenlinie hinausragt. Dieser **Balcón de Europa** erlaubt einen fantastischen Rundblick. Der Name wurde ihm vom spanischen König *Alfonso XII.* gegeben, als dieser Nerja nach dem schlimmen Erdbeben Ende des 19. Jh. besuchte. Zur Zeit der Araber stand hier ein Wachturm aus dem 11. Jh., später eine Burg, die im 19. Jh. zerstört wurde.

Nur wenige Schritte entfernt findet sich die kleine Kirche **Iglesia de El Salvador.** Baubeginn war bereits 1505, aber es dauerte fast zwei Jahrhunderte bis zur Vollendung im Jahr 1697. Zwischen 1776 und 1792 wurde die dreischiffige Kirche noch einmal erweitert. Dadurch findet man hier mehrere Stilrichtungen, sowohl aus dem Barock (außen), als auch Teile des Mudéjarstil. Der nicht allzu große quadratische Glockenturm entstand 1724. Das Innere schmücken einige Malereien von *Francisco Hernández* aus dem 18. Jh. Heutzutage ist diese Kirche sehr beliebt bei Hochzeitspaaren, die sich anschließend am Balcón de Europa fotografieren lassen.

Neben diesen Sehenswürdigkeiten zeigt Nerja ein nettes Gesamtbild im Ortskern – beinahe andalusisch-dörflich, zumindest während der Siesta-Zeit. Ein zielloser Bummel durch die Straßen zwischen dem Balcón de Europa und der breiten Durchgangsstraße Avenida de Pescia lohnt immer. Im unteren Bereich, beim Balcón, wurden Fußgängerzonen geschaffen. Am Abend ist immer eine Menge los vor dem **Balcón de Europa** und auch in den Fußgängerzonen. Alle Kneipen sind geöffnet, die meisten ziemlich

Nerja
Frigiliana 6 km
Málaga 52 km
Málaga 52 km
C. N. 340
Avenida de Pescia
Río Chillar
Ermita San Miguel
Pza. Cantarero
J. Herrera
P. Cantarero
(Cristo)
Alte. Ferrandiz
A. Bueno
Herrera Oria
Cervantes
Colón
San Juan
Carretas
Parras
Huertos
Puente Viejo
Ingenio
Bronce Mendez Múñez
Angustias
Pintada
Nueva
La Cruz
Arropieros
Animas
S. José
Ant. Ferrandis (Changuete)
Chaparil
Pza. La Marina
Jaén
Tutti Frutti
Ant. Millón
Avenida Castilla Pérez
Manuel Marín
Granada
Gloria
Pintada
Alte. Ferrandiz
Diputación
Barrio
Cavana
Hernando de Carabeo
Málaga
Iglesia de El Salvador
Playa del Salón
Playa La Caletilla
Balcón de Europa
Playa de Calahonda
Playa del Chorrillo
MITTELMEER
1
2
3
4
5
6
7
8
9
10
11
12
13
14
15
16

Übernachtung

1 Hostal Abril
2 Hostal Nerja Sol
8 Hotel Plaza Cavana
11 Hotel Marissal
12 Hotel El Balcón de Europa
16 Hostal Tres Soles
17 Hotel Paraíso del Mar
18 Parador
19 Campingplatz

Essen und Trinken

3 Restaurante Sollun
4 Rest. Pulgilla und Rest. Pepe Rico
6 Rest. Paco Mari
7 Tapasbar La Piqueta
9 Rest. Casa Luque
10 mehrere italienische Restaurants
13 Rest. Rey Alfonso
14 Cafeteria Calabella
15 Restaurante 34

Nachtleben

5 Flamenco-Bar El Burro Blanco

voll, und wenn es das Wetter auch nur halbwegs erlaubt, werden sofort Tisch und Stuhl vor die Tür gestellt. Insgesamt eine recht angenehme Atmosphäre mit einem erstaunlich breiten Angebot.

Tropfsteinhöhlen

Die Hauptsehenswürdigkeit von Nerja sind die Tropfsteinhöhlen. Die **cuevas,** wie sie kurz und bündig auf Spanisch heißen, liegen etwa drei Kilometer außerhalb. Man fährt die Küstenstraße in östlicher Richtung und biegt bei einer ausgeschilderten Kreuzung links ab. Es gibt auch eine Busverbindung bis direkt vor den Eingang.

Entdeckt wurden die Höhlen 1959 zufällig durch neugierige Jungen, ein Jahr später gab man sie für Besucher frei. Es handelt sich genau genommen um eine riesige Höhle mit mehreren Grotten. Ihr Alter wird auf fünf Millionen Jahre geschätzt. Fundstücke deuten darauf hin, dass Menschen schon vor 25.000 Jahren in der Höhle gehaust haben. Heute beeindrucken den Besucher neben der schieren Größe die gewaltigen Stalagtiten und Stalagmiten, die sich im Laufe der Jahrtausende bilden konnten.

Die gesamte Höhle hat zwei getrennte Bereiche, nur ein Teil ist für Besucher zugänglich. Die Gesamtlänge beträgt 4823 Meter.

290cs Foto: sm

Beim Durchgehen legt man einen Höhenunterschied von 70 Metern zurück (es wird kühl dort unten!). Staunend steht man vor den Gebilden, die die Natur hat entstehen lassen, nur sollte man so früh wie möglich kommen, sonst teilt man sich die Bewunderung mit Hunderten anderer touristischer Höhlenforscher. Alljährlich kommen nämlich etwa 500.000, und im Hochsommer wird es schon etwas eng.

Zu bestimmten Terminen im Sommer finden Konzerte in der Höhle statt. Zu diesem Zweck wurden eine Bühne errichtet und einige rustikale Stuhlreihen davor platziert. Im Gesamtbild stört das ein wenig, aber so ein Höhlenkonzert muss zugegebenermaßen ein ganz einmaliges Spektakel sein.

Toller Ausblick am Balcón de Europa

Der Balcón de Europa aus anderer Perspektive

- **Geöffnet:** täglich 10–14, 16–18.30 Uhr (jeweils letzter Einlass; eine halbe Stunde später wird geschlossen); Juli/August 10–19 Uhr
- **Eintritt:** 8,50 €, Kinder von sechs bis zwölf Jahren und Senioren 4,50 €
- **Busse** fahren von Nerja aus ab 9.40 Uhr etwa im stündlichen Rhythmus bis zu den Höhlen, ein Fahrplan für die Rückfahrt findet sich am Tickethäuschen.

Unterkunft

- **Hostal Abril**€€, c/ Pintada 124, Tel. 952 526 167, Fax 952 522 329, www.hostalabril.com. Ein kleines, schlankes Haus mit 6 gut eingerichteten Zimmern auf zwei Etagen.
- **Hostal Nerja Sol**€€, c/ Pintada 54, Tel. 952 522 121, Fax 952 523 696, www.hostalnerjasol.com. Insgesamt 16 Zimmer, die auf zwei Stockwerken verteilt liegen. Das Haus macht einen angenehmen Eindruck, es handelt sich um ein modernes und doch zugleich freundliches Gebäude. Nette Terrasse mit Liegestühlen und Steintischen.
- **Hotel El Balcón de Europa**€€€€, Paseo Balcón de Europa 1, Tel. 952 520 800, Fax 952 524 490, www.hotelbalconeuropa.com. Liegt direkt am gleichnamigen Aussichtspunkt und bietet von den meisten der 110 Zimmer einen sagenhaften Blick; obendrein in zentraler und ruhiger Lage.
- **Hotel Plaza Cavana**€€€, Plaza Cavana 10, Tel. 952 524 000, Fax 952 524 008, www.hotelplazacavana.com. Ein weiteres sehr zentral gelegenes Haus, das fast in einem kolonialen Stil erbaut und mit schmalen andalusischen Balkonen versehen ist. 24 einfache aber korrekt möblierte Zimmer vom Einzel bis zum Vierer, ein Pool ist auch vorhanden und unten wird ein Restaurant betrieben.
- **Parador**€€€€, c/ Almuñécar 8, Tel. 952 520 050, Fax 952 521 997, www.parador.es. In gemütlicher Gehdistanz etwas abseits vom Geschehen, hoch oberhalb auf einem Felsen über dem Meer gelegen. Das Hotel ist über Eck gebaut in einem insgesamt ziemlich kantigen Stil, was zur Eröffnung noch zur Franco-Zeit wohl modern war. Durch den eigenwilligen Baustil genießen aber sehr viele Gäste von ihren Zimmern einen tadellosen Meeresblick. Bestens eingerichtet, haben sie einen breiten Balkon, auf dem man besonders abends lauschig sitzend das Meer rauschen hört. Ein großer Garten lädt zum Sonnenbaden ein und als speziellen Clou gibt es einen hoteleigenen Fahrstuhl hinunter zum Strand.
- **Hostal Marissal**€€, Paseo Balcón de Europa 3, Tel. 952 520 199, Fax 952 526 654, www.hostalmarissal.com. Liegt zwischen Kirche und Balcón, also recht ruhig. Insgesamt 22 Zimmer und ein Apartment auf zwei Etagen in rustikalem andalusischem Stil. Einige wenige Zimmer weisen zum Meer, andere zur Plaza vor dem Balcón.

Abendstimmung in Nerja

289cs Foto: sm

Östliche Costa del Sol

- **Hotel Paraíso del Mar**€€€-€€€€, Prolongación de Carabeo 22, Tel. 952 521 621, Fax 952 522 309, www.hotelparaisodelmar.es. Sehr schöne kleine Anlage, die fast ein wenig versteckt hinter hohen Mauern beim Parador in äußerst ruhiger Umgebung liegt. Nur zwölf Zimmer mit Meerblick, teilweise mit eigener Terrasse. Außerdem gibt es einen hübsch begrünten Garten mit mehreren abgestuften Flächen zum Sonnenbaden und eine eigene Treppe hinunter zum Strand.
- **Hostal Tres Soles**€€, c/ Hernadeo de Carabeo 40, Tel. 952 525 157, Fax 952 526 366, www.hostal3soles.com. Kleines Haus von 10 Zimmern, das außen auffällig von Pflanzen berankt ist. Netter, hübsch gekachelter Eingangsbereich und eine insgesamt liebevoll gepflegte Anlage.

Camping

- **Campingplatz Nerja,** 2. Kat., an der N-340, km 297, Tel. 952 529 714, Fax 952 529 696, www.nerjacamping.com. Ein kleiner Platz oberhalb der Nationalstraße unweit der Höhlen von Nerja. Die Lage ist eigentlich recht hübsch, aber auch ziemlich isoliert, deshalb wohl eher nur ein Durchgangsplatz.

Essen & Trinken

- **Restaurant Casa Luque,** Plaza Cavana 2, Tel. 952 521 004. Ein Lokal mit Terrasse und Blick aufs Meer in einem historischen Haus. Klassische andalusische Küche mit einem Spritzer Innovation.
- **Restaurant Rey Alfonso,** Tel. 952 520 958. Direkt unterhalb vom Balcón de Europa. Die Aussicht kann nicht mehr getoppt werden, deshalb immer gut besucht.

- **Restaurante Pulgilla,** c/ Almirante Ferrandíz 26, Tel. 952 521 384, Mo geschlossen. Hat zunächst ein wenig Wartesaalatmosphäre, aber das sollte man ignorieren. Hier gibt's exzellente Fischgerichte und tapas in breiter Auswahl. Nach Aussage von Einheimischen eines der letzten Lokale seiner Art in Nerja.
- **Restaurante Pepe Rico,** c/ Almirante Ferrándiz 28 (neben Pulgilla), Tel. 952 520 247. Hier gibt es vegetarische Gerichte, dazu auch Tagesmenüs, sowie Fisch und Fleisch, aber alles ist mit Pfiff zubereitet.
- **Bar El Burro Blanco,** c/ Gloria 3, Tel. 952 524 200. Eine Flamencokneipe mit mehr als 40-jähriger Tradition. Jeden Abend ab 22 Uhr Vorstellungen. Kleines Lokal, in dem die Zuschauer im Kreis sitzen.
- **Restaurante 34,** c/ Hernando de Carabeo 34, Tel. 952 525 444. Macht einen patenten Eindruck und bietet u. a. ein Drei-Gänge-Menü zum Festpreis, das die Gäste bei einem tollen Meerblick genießen können.
- **La Piqueta,** c/ Pintado 6. Eine gemütliche Tapería (Tapasbar) mit breiter Auswahl an tapas, außerdem gibt es ein menú del día. Draußen stehen Fässer als Tischersatz zum lässigen Hinhocken.
- **Cafetería Calabella,** Puerta del Mar 8 (direkt neben dem Hotel Portofino), Tel. 952 528 024. Die Fotokarte lässt zunächst Schlimmes ahnen, aber die Gerichte sind völlig in Ordnung. Unschlagbar allerdings ist der Blick aufs Meer!
- **Restaurante Sollun,** c/ Almirante Ferandíz 53, Tel. 952 525 982, Mo–Sa ab 19 Uhr. Mal was anderes: Cross-over-Küche in einem fantasievoll dekoriertem Lokal mit (Zitat) „Art in the Kitchen". An den dezent rötlich gehaltenen Wänden hängen Kunstwerke, die Menükarte wechselt dreimal im Jahr. Hier bemüht man sich erkennbar, etwas Besonderes zu bieten.
- Knapp vor der Kirche liegt in einem offenen Innenhof eine Art italienische Ecke mit **mehreren Lokalen,** hauptsächlich Pizzerien. Man sitzt nicht schlecht, alle Lokale haben eine große Terrasse und einen Überblick hat sich jeder schnell verschafft.
- Die **calle Gloria** ist eine kurze Verbindungsstraße zwischen den beiden Hauptmeilen calle Almirante Ferandíz und calle Pintado. Dort liegen mehrere, teilweise ziemlich große Lokale. Beispielsweise das **Restaurante Paco Mari,** Tel. 952 520 138, das über mehrere Räume verläuft und mehrere Zugänge hat. Das Lokal fällt auf durch die reizvolle Einrichtung und Dekoration. Angeboten wird Paella sowie internationale und mediterrane Menüs, die es auch speziell für Kinder gibt.

Adressen

- **Autovermieter:** Autos Andalucía, c/ Pintada 93, Tel. 952 521 534; hat auch Mopeds und Fahrräder im Angebot.
- **Bushaltestelle:** oben an der Durchgangsstraße. Knapp stündliche Verbindungen bis nach Málaga.
- **Reisebüro:** Jaime Tours, c/ Pintada 79, Tel./Fax 952 522 790. Bietet Exkursionen zu vielen andalusischen Zielen an, vermittelt auch Mietwagen.
- **Tauchen:** Buceo Costa Nerja, am Strand von Burriana, Tel. 952 528 610, www.nerjadiving.com
- **Internet:** im Hostal Abril, Pintada 124 und in der calle Huertos 47
- **Post:** c/ Almirante Ferrándiz 6

Feste

- **15. Mai:** Romería de San Isidro, mit einem bunt geschmücktem Umzug zu Ehren von San Isidro, dem Patron der Landarbeiter
- **24. Juni:** San Juan, das Sonnenwendfest mit großer Strandfete
- **16. Juli:** Virgen del Carmen, mit eindrucksvoller Meeresprozession

- **im August:** Musikfestival in den Höhlen von Nerja
- **zweite Septemberhälfte:** Feria de las Maravillas zu Ehren der Patronin Virgen de las Maravillas
- **9.–12. Oktober:** Feria de Nerja

Markt

- **Dienstag** am Parque Verano Azul
- Kleiner Gemüsemarkt in einer **Markthalle,** c/ Pintada 12

Frigiliana

- **Einwohner:** 3200
- **PLZ:** 29788
- **Entfernung nach Málaga:** 57 km
- **Touristeninformation:** Oficina de Turismo, Palacio de Apero, Cuesta de Apero 10, Tel. 952 534 261, Fax 952 534 261, www.frigiliana.es. Geöffnet: Mo–Fr 10–15.30 und 16.30–20.30 Uhr, Sa/So 10–14 und 16–19.30 Uhr. In der Saison ist noch ein kleiner Infokiosk besetzt, der am Ortseingang beim nicht zu übersehenden Parkplatz steht.

Überblick

Frigiliana ist ein Kleinod. Ohne Übertreibung darf gesagt werden, dass es eines der schönsten Weißen Dörfer weit und breit ist und noch stark sein **arabisches Bild** erhalten konnte. Hübsch dekorierte weiße Häuser ziehen sich an den steilen Gassen hoch. Autos können im Ortskern einfach nicht fahren, selbst die Bewohner müssen ihre Wagen unten an der Hauptstraße stehenlassen.

Nur sechs Kilometer vom Trubel der Küste entfernt, in den Ausläufern der **Sierra Almijara,** betritt man eine andere Welt. Das fiel allerdings schon anderen auf: Immer mehr Tagesbesucher schauen mal eben in Frigiliana vorbei, und nicht wenige Ausländer kauften sich gleich eine eigene Immobilie – nicht immer zum Wohlgefallen aller Einwohner.

Der Ortsname ist auf die Zeit der Römer zurückzuführen. Ein Feldherr namens *Frexinius* residierte hier, und flugs wurde die Siedlung nach ihm benannt, ergänzt um die Silbe „ana", was „Dorf von ..." bedeutet.

Sehenswertes

Der ganze Ort ist sehenswert! Die Häuser blitzen weiß, die Blumenkästen an den Hauswänden werden liebevoll gepflegt, Fenster und Türen regelmäßig gestrichen. Da die Gassen so eng sind, spaziert der Besucher endlich mal unbelästigt vom motorisierten Verkehr durch die Straßen und kann auf Details achten. So wird man sicherlich auch die Kachel-Bilder entdecken. Insgesamt existieren **zwölf Abbildungen auf Kacheln** und der dazugehörende Text erzählt von einer Schlacht aus dem Jahr 1569 als ein christliches Heer die Festung Frigiliana eroberte.

Frigiliana war lange maurisch geprägt. 1492 mussten die letzten maurischen Herrscher das Land verlassen, die maurische Bevölkerung verblieb zunächst im Lande und konnte auch ihre Religion ausüben, sie mussten aber an die christliche Krone Steuern zahlen und das Land kultivieren. 1502 wurden dann aber alle Moslems aufgefordert, entweder zum Christentum zu konvertieren oder das Land zu verlassen. Somit konvertierte die zurückgebliebene maurische Bevölkerung zwangsweise zum Christentum und trug seitdem den Beinamen **Morisken.** Aber auch diese Gruppe wurde später immer stärker bedrängt, u. a. auch durch die brutale christliche **Inquisition,** die am „rechten Glauben" der Konvertiten zweifelte. 1568 kam es zu einem großen **Aufstand** und anschließender Schlacht, diese Geschichte wird in Frigilianas Altstadt auf mehreren Kachelbildern nacherzählt. Nach der Kapitulation der Morisken wurden diese in weit entfernt liegende Provinzen verbannt und in Frigiliana siedelte man sogenannte „Alt-Christen" aus Granada und Valencia an.

Der Fußgänger kommt kräftig ins Schnaufen angesichts der steilen Wege, wird aber auch mit tollen Ausblicken belohnt. Eine Reihe von kleinen Läden bietet allerhand Schnickschnack und Kunsthandwerk an.

Iglesia de San Antonio. Diese kleine dreischiffige Kirche liegt an der Hauptstraße calle Real vor dem kleinen Platz Plaza de la Iglesia. Die Kirche wurde 1676 auf den Resten einer ehemaligen Moschee erbaut, wie es seinerzeit so üblich war. Das Hauptschiff wird von einer prächtigen Deckentäfelung im Mudéjarstil geschmückt. Nach den kürzlich vorgenommenen Restaurierungsarbeiten entdeckte man Freskenmalereien aus dem 17. Jh.

Das stark maurisch anmutende Weiße Dörfchen Frigiliana in den Ausläufern der Sierra Almijara

136c Foto: sm

137c Foto: sm

Anreise

- **Bus:** gut stündliche Busverbindung von/nach Nerja, aber am Sonntag kein Verkehr
- **Per Auto:** Parkmöglichkeiten gibt es direkt an der Zufahrtsstraße, ruhig schon frühzeitig nutzen. Je dichter zum Ort, desto schwieriger. Der Parkplatz direkt am Ortsrand ist ziemlich klein und hier stehen gerne auch die Ausflugsbusse.

Unterkunft

- **Hotel Las Chinas**€€, Plaza Doña Amparo Guerrero, Tel. 952 533 073. Ein kleines Haus mit 9 Zimmern, es ist ab der Hauptkreuzung am Ortsrand ausgeschildert.
- **Hotel Los Caracoles**€€€-€€€€, Carretera a Torrox, km 4,5. Tel./Fax 952 030 680, www.hotelloscaracoles.com. Ein ungewöhnliches Landhotel, etwa 5 km außerhalb von Frigiliana in den Bergen gelegen. Es besteht aus mehreren Teilen mit 5 Gebäuden im Stil eines Schneckenhauses (daher auch der Name) für 2–4 Personen, sowie 6 DZ. Außerdem ein Pool, Restaurant und Garten vorhanden. Schöner Fernblick.
- **Hotel Villa Frigiliana,** c/ San Sebastián 1, Tel. 952 533 393, Fax 952 533 308, www.villafrigiliana.com. Das für den Ort recht große Haus liegt am Ortsrand an der Zufahrtsstraße. Erbaut im lokalen Stil, die 35 Zimmer mit modernem Design ausgestattet, ein Pool und ein Restaurant sind vorhanden.

Essen & Trinken

Die meisten Lokale sind im Ort ausgeschildert, aber nicht alle. Der Ortskern bleibt aber auch überschaubar.

- **Restaurant La Bodeguilla,** c/ Iglesia 7, Tel. 952 534 116, etwas unterhalb der Kirche. Von der Terrasse hat man einen sagenhaften Blick ins Tal. Dieses Lokal hat am Abend schon zu nordeuropäischen Essenszeiten geöffnet. Hier gibt es klassische *comida casera*, sozusagen „Futtern wie bei Muttern". Und das im allerbesten Sinne gemeint, denn bereits seit über 20 Jahren kocht Rosaria die leckeren Gerichte, ihre vier Töchter folgen ihr nun nach.
- **La Parada del Zacatín,** c/ Zacatín 10, Tel. 952 533 049, mitten in der Altstadt. Tapas, comida casera, Wein der Region und einen tollen Blick von der Terrasse haben dieses Lokal zu einer beliebten Anlaufstation gemacht. Zu finden: neben der Kirche.
- **El Mirador de la Sabina,** c/ Santo Cristo 29, Tel. 952 533 291, ausgeschildert, ab 12 Uhr geöffnet. Ebenfalls bodenständige Küche und einen formidablen Blick bis zur Küste.

Torrox Costa

- **Einwohner:** 17.300 (mit Torrox)
- **PLZ:** 29773
- **Entfernung nach Málaga:** 40 km
- **Touristeninformation:** Avenida de Andalucía 7, Tel. 952 530 225, www.turismotorrox.es

Überblick

Torrox Costa ist eine reine Feriensiedlung im Guten wie im Schlechten. Sie entstand so etwa Mitte der 1970er Jahre und ziemlich schnell wurden **etliche Wohnkomplexe** hochgezogen. Nicht unbedingt immer unter ästhetischen Gesichtspunkten, um es mal vorsichtig auszudrücken. Das überaus angenehme Klima lockte viele Ausländer, die sich hier eine **Ferienwohnung** kauften, aber auch genügend Spanier kommen zumindest in den Sommermonaten. Das alles führte zu dem Entstehen einer ganz eigenen Infrastruktur. Entlang der Hauptstraße liegen alle wichtigen Einrichtungen, angefangen vom Supermarkt über deutsche Bäcker bis hin zur Eckkneipe. Aber es ist auch eine durchaus angenehme **Strand-**

Wie hingeschachtelt: Frigiliana im Morgenlicht

promenade entstanden, an der eine Reihe von Lokalen liegen und man wirklich entspannt spazieren kann. Auch sehr reizvoll ist der im oberen Ortsbereich beim Leuchtturm liegende Aussichtspunkt mit seinem gläsernen Boden.

Alles in Allem ist Torrox Costa kein heimeliges, idyllisches Dörflein, aber es gibt bei Weitem schlimmere Bausünden an spanischen Küsten.

Angesichts dieser Bettenburgen möchte man meinen, dass das Unterkunftsverzeichnis ein mittelschweres Buch sein muss. Weit gefehlt, die Übersicht listet nur wenige Hotels auf. Klarer Fall, hier gibt es nur Apartments, Ferienhäuser und Zweitwohnungen, die zum überwiegenden Teil von Spaniern genutzt werden – aber auch von vielen Ortsansässigen.

Der Strand

Über stolze 4300 Meter erstreckt sich der graue Sandstrand **Playa de Ferrara** mit einer Breite von 20 bis 30 Metern. Etliche kleine Strohhüttchen spenden Schatten, eine relativ breite Fußgängerpromenade verläuft parallel, und in regelmäßigen Abständen locken Lokalitäten. Dahinter liegt dann bereits die erste Reihe Apartmenthäuser.

Unterkunft

- **Hotel Costamar**€€€, Ctra. N-340, El Morche, Tel. 952 530 049, www.hotel-costamar.com. Ein vierstöckiges Haus mit 25 Zimmern, nur 40 m vom Meer entfernt. Unten ist ein Restaurant angeschlossen.
- **Hotel Santa Rosa**€€€, El Morche, Carretera nach Almería, km 285, Tel. 952 530 790, www.hoteles-santarosa.com. Liegt ebenfalls an der Meerseite und bietet neben 40 Zimmern ein Restaurant.
- **Hotel Rural Cortijo Amaya**€€-€€€, El Morche, Tel. 952 530 245, Fax 952 531 334. Dieses Haus mit 14 Zimmern liegt einen guten Kilometer im Hinterland und war mal ein altes Landgut. Zum Hotel gehören u. a. ein Tennisplatz, Pool und ein großer Aufenthaltsraum mit Kamin.
- **Hotel Iberostar Málaga Playa**€€€, Ferrara s/n, Tel. 952 527 594, www.iberostar.com. Die bekannte spanische Hotelkette Iberostar hat hier eines ihrer generell vorzüglichen Hotels platziert mit knapp 300 Zimmern. In U-Form gebaut, öffnet sich das Hotel zum Meer, von vielen Zimmern genießt der Gast deshalb einen schönen Meerblick. Ein großer, verspielter Pool liegt im Zentrum der Anlage.

Camping

- **Campingplatz El Pino,** 2. Kat., in Höhe des Strandes Playa Peñoncillo, Tel. 952 530 006, www.campingelpino.com. Der recht große Platz (1200 Personen) liegt 800 m vom Meer entfernt. Er hat zumeist Schattenplätze (nicht überall) und einen Pool. Ganzjährig geöffnet.

Essen & Trinken

- **Entlang der Strandpromenade** liegen eine Vielzahl von Lokalen, die meisten sind sicher eher auf den touristischen Geschmack ausgerichtet, aber die Auswahl ist schon recht groß und ein Vergleich schnell gemacht.

Torrox

Überblick

Knapp vier Kilometer von der Küste entfernt liegt Torrox, ein Ort, dessen Ortsbild zumindest teilweise an die maurische Vergangenheit erinnert. Zunächst aber, wenn man sich über die Zufahrtsstraße nähert, wird eine Art Neubaugebiet durchfahren. Der alte Ortskern liegt etwa zwei Kilometer dahinter. Direkt hinter der Einfahrt in den eigentlichen Ort weist ein Schild scharf nach links zu Parkplätzen. Von dort führt eine etwas verschlungene Treppe zum höhergelegenen alten Ortskern hoch.

Sehenswertes

Das Zentrum ist schnell erreicht: immer auf den Kirchturm der **Iglesia de la Encarnación** zuhalten. Diese Kirche wurde auf den Mauern einer ehemaligen Moschee errichtet. Die *Reyes Católicos* eroberten Torrox, wie so viele andere maurische Orte, im Jahr 1487 und hatten nichts Eiligeres im Sinn als die Zerstörung der sakralen Bauwerke, um auf den Grundmauern ihre eigenen zu errichten.

Die **Plaza de la Constitución,** vor der Kirche gelegen, ist der Ortsmittelpunkt. Ein paar Lokale und ein beruhigend vor sich hin plätschernder Brunnen sind die Merkmale. Von diesem Platz zweigen einige schmale Straßen ab, die zumindest teilweise an die arabische Phase erinnern. Hier stehen weißgetünchte Häuser, schlagen die Gassen enge Kurven und schmücken Blumenkästen die Häuser. Ganz so schick herausgeputzt wie Frigiliana zeigt sich der Ort aber nicht. Auch können hier Autos durchfahren, was den Besucher stört und den Bewohner erfreut. Die Gassen und Häuser sind belebt und bewohnt und nicht für das touristische Auge aufpoliert.

Reste der **Stadtmauer** aus arabischer Zeit sind noch in der calle Baja, unweit der Plaza Constitución, zu finden. Dort steht auch die **Casa de la Moneda,** das alte Zoll- und Münzhaus.

Torre del Mar

- **Einwohner:** 21.300
- **PLZ:** 29740
- **Entfernung nach Málaga:** 32 km
- **Touristeninformation:** Oficina de Turismo, Avda. de Andalucía 119, Tel. 952 541 104, www.ayto-velezmalaga.es

Überblick

Torre del Mar ist ein **reiner Ferienort**. Er hat einen langgezogenen Strand, eine drei Kilometer lange Strandpromenade, eine ebenso lange Straße mit Parkmöglichkeiten und eine noch längere Ansammlung von Wohnblocks, die das Ortsbild dominieren. Etwa 200 bis 300 Meter von der Küste entfernt durchschneidet die N-340a den Ort, und zwischen Küste und dieser Straße erheben sich die Apartmentblocks. Diese bilden, um eine spanische Quelle zu zitieren, „... eine Mauer aus Zement vor dem Meer".

Der Strand

Stramme 3700 Meter Länge und zwischen 30 und 50 Meter Breite misst der Ortsstrand. Er besteht aus einem Gemisch von grauem Sand und leichtem Kiesel. Einige *chiringuitos* bieten Erfrischungen. Es wurden reichlich Parkmöglichkeiten geschaffen, denn nicht nur Touristen bevölkern den Strand. Der Strand wird von einer 3,2 km langen, ausgesprochen hübsch gestalteten Promenade begleitet, die breit genug zum Flanieren und Radeln ist und obendrein mit etlichen Grünzonen geschmückt ist.

Geschichte

Die Phönizier und Karthager waren die ersten Siedler, die sich an bestimmten Punkten der Küste kleine Häfen schufen, so auch hier. Später kamen die Araber, und der Hafen von Torre del Mar gewann an kommerzieller Bedeutung. Aus jener Zeit stammt auch der Ortsname (Turm am Meer), womit wohl eine Mischung aus Wehr- und Leuchtturm gemeint war. Nach der Vertreibung der Araber blieb die Gegend über Jahrhunderte entvölkert. Mitte des 19. Jh. begann die Familie *Larios*, Zuckerrohr im großen Stil zu verarbeiten. Von da an entwickelte sich wieder urbanes Leben an der Küste – und mündete in eine Art Immobilienrausch.

Sehenswertes

Wer sich neben der klassischen Urlaubsstimmung nach dem Motto „sol, playa, mar" mal einen Happen Kultur gönnen möchte, dem sei empfohlen, ins benachbarte Vélez-Málaga zu fahren. Es

138c Foto: sm

sind nur vier Kilometer, und neuerdings fährt dort sogar eine Straßenbahn(!) hin. Dort können eine alte Burg und ein kleines Weißes Dorf erforscht werden. In Torre del Mar selbst bleibt kaum mehr als ein Spaziergang zu dem etwas außerhalb gelegenen **Leuchtturm,** der abends sein weißes Licht aussendet.

Unterkunft

- **Hotel Las Américas**€€•€€€, Acera de la Marina 8, Tel. 952 545 844, www.hotellasamericas.es. Kleines Haus (15 Zimmer), das von außen größer wirkt, denn es besitzt immerhin vier Etagen. Die Räume sind nicht groß, korrekt eingerichtet, haben überwiegend Meerblick und sogar „richtige" Balkone.
- **Hotel Miraya**€€€, c/ Patrón Veneno 6, Tel. 952 545 969, Fax 952 545 515, www.hotelmiraya.com. Liegt nur ein kurzes Stück weiter, ist ähnlich ausgerichtet, aber etwas größer (20 nicht übermäßig große Zimmer, viele mit Balkon Richtung Meer).

Am breiten Strand von Torre del Mar versuchen auch Angler ihr Glück

• **Hostal Don Juan**€€, c/ Patrón Veneno 14, Tel. 952 545 870, www.hostaldonjuantorredelmar.es. Kleine Pension (13 Zimmer), die etwas im Hintergrund liegt. Auffällig im dunkelroten Ton gestrichener zweistöckiger Bau mit Sonnenkollektoren auf dem Dach.

Camping

• **Laguna Playa,** 1. Kat., Verlängerung des Paseo Marítimo, Tel. 952 540 631, Fax 952 540 484, www.lagunaplaya.com, ganzjährig geöffnet. Vom absoluten Ende des Paseo aus erreicht man den Platz nach gut 300 m. Der Camper kann eine ganze oder eine halbe Parzelle wählen, dann allerdings wird es schon etwas eng. Mittelgroßer Platz mit Sonnendächern, Pool und nur wenigen Schritten zum Strand. Der besteht in diesem Abschnitt leider aus grobem Kiesel.

• **Torre del Mar,** 2. Kat., am Ende des Paseo Marítimo, Tel. 952 540 224, Fax 952 540 431, www.campingtorredelmar.com. Zelte und Caravans stehen auf diesem Platz enger zusammen als auf dem anderen. Zum Strand sind es 100 m und zum Ortsrand nur 50 m, ein Pool und ein Restaurant sind vorhanden.

Essen & Trinken

Eine Menge Restaurants bieten gezielt die internationale Küche, die ein internationales Publikum im Urlaub wünscht. Aber es gibt Ausnahmen:

• **Bar La Marina,** c/ del Mar, kurz vor dem Hotel Las Américas der Straße vom Strand in die Stadt folgen. Es handelt sich um eine große *Freiduría*, was man mit „Fischbratküche“ beschreiben kann, aber hier gibt es erstklassige Qualität, das Lokal ist sehr beliebt.

• **Freiduría El Radar,** Paseo Marítimo 13. Komischer Name, aber ähnlich gute Merkmale wie La Marina. Großer Speiseraum, rustikales Ambiente, sehr gute Ware. Ab Mittag geöffnet.

• **La Cueva,** Paseo de Larios 12, Tel. 952 540 223. Die möglicherweise bekannteste Freiduría der Stadt, immer voll, vor allem im Sommer, wenn auch die spanischen Touristen kommen. Sehr gute Fischgerichte in allen Varianten, hauptsächlich aber *pescaíto frito,* also gegrillte Fischlein.

• An der Promenade vor dem Strand liegen etliche Bars und einige Kioske, die vor allem im Sommer zur Höchstform auflaufen und die halbe Nacht öffnen. Das gilt besonders für die **Kneipenmeile „El Copo“,** die regelmäßig erst am nächsten Morgen bei Sonnenaufgang schließt und nicht wenige Nachbarn in den umliegenden Wohnblocks schon halb wahnsinnig gemacht hat. Das führte sogar zu einer Klage von 18 Nachbarn gegen die Stadtverwaltung, das Gericht gab ihnen Recht und sprach jedem einzelnen Schadensersatz von 156.000 € zu.

Adressen

• **Busstation:** c/ Antonio Machado, Ecke Variante C-335 a Vélez-Málaga.
• **Karting del Sol:** ein paar Kilometer außerhalb in Richtung Almayate gelegene Rennpiste
• **Post:** Paseo de Larios 12

Feste

• **15. Mai:** Romería a la Ermita del Cerro
• **24. Juni:** Fiesta de Santiago

Markt

• **Donnerstag**
• **Fischmarkt:** Congelados Guerrero, c/ del Mar 62

Vélez-Málaga

- **Einwohner:** 77.000
- **PLZ:** 29700
- **Entfernung nach Málaga:** 34 km
- **Touristeninformation:** c/ La Gloria 2, Tel. 952 558 640

Überblick

Die Kleinstadt Vélez-Málaga, vier Kilometer von der Küste entfernt, lebt heute vom Handel, von ein bisschen Industrie und in geringem Maße vom Tourismus. Zahlreiche Neubauten entstanden entlang der Zufahrtsstraße von Torre del Mar, dort befindet sich auch ein Badepark. Der historische Kern aus der Epoche der Araber liegt im Zentrum des Ortes, dort, wo die Straßen allmählich enger werden.

Die Stadt erlebte in der nahen Vergangenheit ein enormes Wachstum, die Bevölkerung wuchs in zehn Jahren um knapp 14.000 Zugezogene. Damit war Vélez-Málaga die **drittgrößte Stadt** nach Málaga und Marbella in der Provinz. Vielleicht auch durch den Umstand wurde die Bedeutung verstärkt, dass nun eine Straßenbahn vom Küstenort Torre del Mar hier hochfährt, was wiederum nicht ohne Polemik abging, da die vorhandenen Straßen genutzt und verkleinert wurden.

Arabisches Viertel

Das alte arabische Viertel wurde so angelegt, wie in vielen anderen Dörfern auch: Enge, steile Gassen ziehen sich einen Berghang empor, streben auf eine oben thronende Burg zu. Die Häuser sind weiß gehalten, aber nicht von dieser stechenden Farbe, die so manches touristisch herausgeputzte Weiße Dorf aufweist. Nicht, dass die Bewohner ihre Häuser vernachlässigten, aber sie wirken doch etwas „alltäglicher". Man schreitet hier nicht durch ein bewohntes Museum. **Barrio de la Villa** wird das Viertel genannt und ist auch so ausgeschildert.

Auf halbem Weg zur Burg passiert man die kleine Kirche **Santa María la Mayor,** errichtet im 16. Jh. auf den Resten einer Moschee. Gegenüber erklärt eine Kachelinschrift, dass am 27.4.1487 Vélez-Málaga den *Reyes Católicos* übergeben wurde, was die arabische Herrschaft hier beendete.

Castillo

Vom *castillo* ist nicht mehr viel übrig. Erbaut wurde es im 13. Jh. in der damals wohl strategisch besten Lage. Immerhin kann man von

212c Foto: hf

dort oben über die weite Ebene bis an die Küste schauen. Früher waren Piraten schon weit draußen auf dem Meer auszumachen. Übrig geblieben aus jenen Tagen sind ein paar Mauerreste und der Turm *Torre del Homenaje*. Und natürlich der tolle Ausblick.

Plaza de la Constitución

Zurück geht's immer der Nase nach, und zwar bergab. Fast zwangsläufig landet man an der Plaza de la Constitución und verlässt durch einen schönen, gewaltigen **Torbogen** (wohl zwei Meter dick) das alte arabische Viertel. Hier liegt auch die aus dem 15. Jh. stammende Kirche **Iglesia de San Juan Bautista,** errichtet in einem Stilgemisch aus *mudéjar* und Barock. Die von der *plaza* abzweigende Straße calle Tiendas verläuft noch ein paar Meter parallel zur alten Stadtmauer.

Weitere Bauten

An der zentralen Plaza de las Carmelitas hält nicht nur der Bus aus Torre del Mar, dort liegt auch das **Convento de las Carmelitas,** ein altes Karmeliterkloster aus dem Jahre 1669.

Badepark

Der Badepark **Aqua Velis,** der ziemlich genau auf halber Strecke zwischen Vélez-Málaga und Torre del Mar liegt, bietet zwei große Schwimmbecken, zwei große Liegewiesen, 21 Rutschbahnen und drei *espirales,* spiralförmig gewundene Rutschen.

Der Park ist meist von Anfang Mai bis September geöffnet.

Unterkunft

- **Hostal Dila**€€€, Avda. Vivar Téllez 3, Tel. 952 503 900, Fax 952 503 908. Das kleine Haus mit 18 Zimmern liegt an der Zufahrtsstraße von Torre del Mar.

Essen & Trinken

- **Mesón los Migueles,** Avda. Vivar Téllez 83, Tel. 952 503 697. Am Ortsrand gelegenes Lokal, das seit Jahren für seine guten Fleischgerichte bekannt ist.

Feste

- **14.–18. Juli:** Virgen del Carmen, Patronatsfest mit Meeresprozession
- **27. September:** Feria de San Miguel, die auf das Jahr 1842 zurückgeht, als sie ursprünglich noch ein Viehmarkt war.

Markt

- **Donnerstag** in der Av. Vivar Tellez

Rincón de la Victoria

- **Einwohner:** 15.000
- **PLZ:** 29730
- **Entfernung nach Málaga:** 12 km
- **Touristeninformation:** Avda. del Mediterráneo 17 (im alten Bahnhof), Tel. 952 407 768, geöffnet: 1.6.–15.9. Mo–Fr 9–13 und 17.30–21 Uhr, restliche Zeit: Mo–Fr 9–14 Uhr, www.rincondelavictoria.es

Überblick

Es ist schwer zu sagen, wo Málaga anfängt und Rincón de la Victoria endet. Die Bebauung der Millionenmetropole erstreckt sich weit entlang der Küste. Unterbrechungen sind selten, hier aber ausnahmsweise einmal erkennbar: Eine Zementfabrik markiert die Ortsgrenze. Genau dort knickt die Zufahrtsstraße aus Málagas Zentrum ins Hinterland ab, trifft schließlich auf die Autobahn A-7,

Blick vom Castillo über die Häuser von Vélez-Málaga

die großzügig Rincón de la Victoria umgeht. Die alte Nationalstraße führt aber nach wie vor mitten hindurch. Über etliche Kilometer verläuft sie in Sichtweite zum Meer, zumindest für kurze Momente, wenn ein schneller Blick aufs Wasser erhascht werden kann. In der ersten Strandreihe folgt ein Apartmentkomplex dem nächsten. Die Durchgangsstraße heißt offiziell Avenida Mediterránea, und dort findet der Gast die übliche Bandbreite des touristischen Angebots.

Der Strand

Nicht ganz fünf Kilometer lang, damit gilt der Strand von Rincón de la Victoria als einer der längsten der Costa del Sol. Der dunkle Sandstrand misst in der Breite beachtliche 40 Meter und wird durchgehend von einer Häuserfront begrenzt. Im Sommer trifft sich hier halb Málaga.

Sehenswertes

Die lokale Sehenswürdigkeit ist das **Höhlensystem Cueva del Tesoro,** etwa an der Grenze zu Cala del Moral gelegen. Die Höhle besteht aus acht Grotten, von denen nicht alle für Publikum freigegeben wurden. Interessant sind die in der dritten Galerie zu findenden Höhlenmalereien. Nach einer Legende soll hier immer noch ein Schatz aus maurischer Zeit versteckt sein, mehrere Expeditionen suchten bislang vergeblich.

- **Geöffnet:** nur geführte Besichtigungen möglich, bis zu acht Mal am Tag zwischen 10.45 und 19 Uhr, Eintritt: Erw. 4,65 €, Kinder und Pensionäre 2,75 €.

Weiterhin erwähnenswert die Festungsanlage **Bezmiliana** aus dem Jahr 1766, die neben etlichen noch bestehenden Wehrtürmen der Küstenverteidigung diente. Sie sollte die bereits bestehende Verteidigungslinie zum Schutz vor Piraten durch Wehrtür-

Pescaíto frito wird über Holzkohle gegrillt

264cs Foto: hf

me ergänzen. Das viereckige Gebäude hat dicke Mauern mit Schießscharten, Mannschaftsunterkünfte, ein zentrales Wachhaus und auch einen eigenen Brunnen. Heute wird es überwiegend für Ausstellungen genutzt.

- **Geöffnet:** Di–Sa 10.30–14, 18–22 Uhr, So 10.30–14 Uhr, Mo geschlossen, Eintritt frei

Unterkunft

- **Hotel Elimar**€€€, Avda. del Mediterráneo 230, Tel. 952 401 366, Fax 952 401 728, www.hotelelimar.com. Ein gut eingerichtetes Haus, und mit 78 Zimmern auch kein kleines. Sehr zentral gelegen am Strand, nur optisch etwas „kastenmäßig".
- **Hotel Rincón Sol**€€€, Avda. del Mediterráneo 174, Tel. 952 401 100, Fax 952 404 379, www.hotelrinconsol.com. Mit 87 auf fünf Etagen verteilten durchaus großzügigen Zimmern das größte Hotel. Es liegt direkt am Strand, bietet eine Reihe von Serviceleistungen und hat sogar eine hauseigene Disco.

Markt

- **Flohmarkt:** jeden Mittwoch am Paseo Marítimo

Feste

- **13.–16. Juli:** Virgen del Carmen, wie immer mit einer spektakulären Meeresprozession und der Feierlichkeit „Boquerón Victoriano", die am 16. Juli begonnen wird, ein Fest zu Ehren der Sardine.

La Cala del Moral

Überblick

Man darf diesen Ort getrost als Anhängsel von Rincón de la Victoria bezeichnen. Ein eigentlicher Ort ist nämlich gar nicht zu finden, nur eine *urbanización* – und noch nicht einmal eine besonders idyllische.

Die Strände

Drei Strände liegen im Bereich von La Cala del Moral. Nur der namensgebende ist interessant, die anderen beiden, **La Araña** und **Peñón del Cuervo,** sind hässliche mittelgroße Buchten, an denen die zweispurige *autovía* vorbeirauscht.

Der dunkle Sandstrand (leicht kieselig) **Playa de la Cala del Moral** hat eine Länge von 1300 Metern und ist 30 Meter breit. Eine gar nicht so unhübsche Promenade gibt's auch, dahinter schauen die Ferienhausbewohner auch schon aufs Meer. Einer der vielen Strände, die am Wochenende von Málagas Bewohnern okkupiert werden.

Unterkunft

- **Hotel María Cristina**€€-€€€, Avda. de Málaga 18, Tel. 952 408 317, Fax 952 971 040. Ein kleines Haus mit 27 Zimmern an der Durchgangsstraße.

Málaga

- **Einwohner:** 568.000
- **PLZ:** 29001–29016
- **Touristeninformationen:** Plaza de la Marina 11 (PLZ: 29001), Tel. 951 926 020, Fax 951 928 577, geöffnet: März–Sept. tägl. 9–20 Uhr, Okt.–Febr. tägl. 9–18 Uhr.
  Weitere Informationsstellen:
  Plaza de la Merced 17 (gegenüber Picassos Geburtshaus) und Avenida Andalucía 1 (bei der Post), beide tägl. geöffnet: 9–14 Uhr.
  www.malagaturismo.com

Überblick

Wer an die Costa del Sol fliegt, dessen Zielflughafen heißt Málaga. Aber allzu viel dürfte man beim Anflug von der Halbmillionenstadt nicht sehen, der *aeropuerto* liegt gute acht Kilometer außerhalb am Ortsrand von Torremolinos. Vielleicht kann der Hafen beim Landeanflug erkannt werden, eventuell sogar die Stierkampfarena, sicherlich auch die Grünanlage mit den Resten der arabischen Burg. Sonst dominiert das Häusermeer.

Das wäre aber nur ein flüchtiger Eindruck und obendrein ein falscher. Sicher, genau wie jede andere Großstadt wuchs Málaga in die Breite und viele Häuser mussten für die nachströmende Bevölkerung gebaut werden. Und ohne hier etwas beschönigen zu wollen: Das geschah nicht immer unter optischen Gesichtspunkten. Im innerstädtischen Bereich sieht es dagegen ganz anders aus.

Wie alle Orte in Andalusien war auch Málaga **lange Zeit maurisch** regiert und entsprechend geprägt. Eine beachtliche Burg aus jenen fernen Tagen überragt noch heute die Stadt und wurde schon ganz hervorragend restauriert. Auch die Altstadt lässt noch ansatzweise ahnen, wie es mal ausgesehen haben könnte, ohne dass sich nun hier ein verwinkeltes, arabisch anmutendes Gassengewirr erhalten hätte. Das nun nicht, dennoch macht es Spaß, durch die schmalen Gassen zu spazieren und eine der vielen exzellenten Tapasbars zu entdecken.

An **Highlights** hat die Stadt zwar nicht so übermäßig viel zu bieten (Kathedrale, Picassomuseum, Alcazaba), das macht den Besuch auch überschaubar. Zum Entspannen geht es entweder in eine zentrumsnahe Grünanlage (Paseo del Parque) oder ruck-zuck per Bus an einen Strand.

Geschichte

Die frühesten menschlichen Spuren gehen auf die **Phönizier** zurück, die hier im 7. Jh. v. Chr. siedelten. Sie saßen schon in Cádiz und breiteten sich nun entlang der Küste aus, um schließlich hier eine Ortschaft namens **Malaka** zu gründen. Von dort betrieben sie überwiegend Handel auf dem Seewege mit gesalzenem Fisch und mit Eisenerzen. Für etwa 70 Jahre siedelten dann auch **Griechen** hier, die ebenfalls als Händler tätig waren.

Dann kamen die **Römer** im Jahr 218 v. Chr., die den Ort in ihr Imperium aufnahmen. Das hatte zur Folge, dass sich jüdische und auch syrische Händler hier niederließen. Die Römer errichteten große Bauwerke, u. a. den Hafen und das noch heute existierende Theater unterhalb der Alcazaba. Der Niedergang des römischen Reiches wirkte sich auch in Südspanien aus, um das Jahr 411 erreichten **gotische Stämme** die Küste und übernahmen die Herrschaft. Diese hielt bis etwa zum 8. Jh., dann breiteten sich Mauren und Berberstämme in Andalusien aus. Ab 743 wurde Malaga dann arabisch regiert. Diese Phase dauerte bis zum August 1487, als die sogenannte **Reconquista**, die „Rückeroberung" durch christliche Heere die Stadt dann „befreite", so jedenfalls wurde es damals gesehen. Die arabische Bevölkerung wurde vertrieben, versklavt oder gar getötet, nach historischen Chroniken verblieben nur 25 Familien in der Stadt.

Es dauerte nicht lange, und der **Handel nach Nordafrika** florierte trotz allem wieder über den Hafen von Málaga, wenig später auch mit Italien und noch später mit den amerikanischen Kolonien. So ging es einige Jahrzehnte der Stadt nicht schlecht, diese Phasen wurden aber immer wieder mal durch kriegerische Ereignisse und durch Katastrophen unterbrochen, beispielsweise während der französischen Besatzung Anfang des 19. Jh. Aber auch Überschwemmungen, Erdbeben, Verbreitung der Pest und der vergebliche Aufstand der Morisken, der verbliebenen Araber, sorgten immer wieder für Rückschläge.

Im späten 19. Jh. wandelte sich dann das Bild, da auch in Málaga die **Industrialisierung** Einzug hielt. Die Bevölkerung wuchs bis zum Ende des Jahrhunderts auf 130.000 Menschen. Wie in ganz Spanien waren dann die Jahre des Bürgerkrieges und auch noch viele Jahre danach bittere Zeiten für die Menschen, bevor dann etwa im letzten Drittel des 20. Jh. der Tourismus für einen mächtigen Schub und Bauboom an Málagas Küsten sorgte.

Seit dem Millenniumswechsel wurden dann mehrere **zukunftsweisende Projekte** angeschoben und mittlerweile auch umgesetzt, als da sind: die Eröffnung des Picassomuseums, die Renovierung der Alcazaba, die Erweiterung des Flughafens, der Umbau des Bahnhofs und der Bau der Hochgeschwindigkeitsstrecke für den Schnellzug AVE. Außerdem bewirbt sich die Stadt um die Kandidatur als **Kulturhauptstadt Europas** für das Jahr 2016.

Die Strände

Sicherlich fährt kein Tourist in die Metropole, um sich ausgerechnet dort an den Strand zu legen. Dennoch soll hier eine Übersicht gegeben werden. Ziemlich genau im Zentrum liegt der große Hafen. Östlich und westlich davon erstrecken sich dann die ersten *playas*, die sich bis in die Vorstädte ausdehnen.

Die **Playa de la Malagueta** beginnt direkt östlich des Hafens. Der dunkle Strand misst 1200 Meter in der Länge und etwa 50 Meter in der Breite. Er liegt mitten in der Stadt, einige der höchsten Gebäude erheben sich unmittelbar dahinter. Die zentrale Lage macht ihn zu einem der beliebtesten Strände Málagas. Er ist spielend zu Fuß ab der Stierkampfarena zu erreichen.

Die **Playa de la Caleta** schließt sich unmittelbar an. Sie ist ebenfalls gut besucht und wird von einer stark befahrenen Straße mit

291cs Foto: sm

durchgehender Häuserzeile begrenzt. Länge: 1400 Meter, Breite: 25 Meter; dunkler, grober Sand.

Die 1200 Meter lange **Playa de las Acacias** liegt bereits in den Ausläufern von Málaga, im Hintergrund dominieren jedoch noch immer Hochhäuser. Vier künstlich geschaffene kleine Buchten geben ihr eine unverwechselbare Note.

Alcazaba und römisches Theater

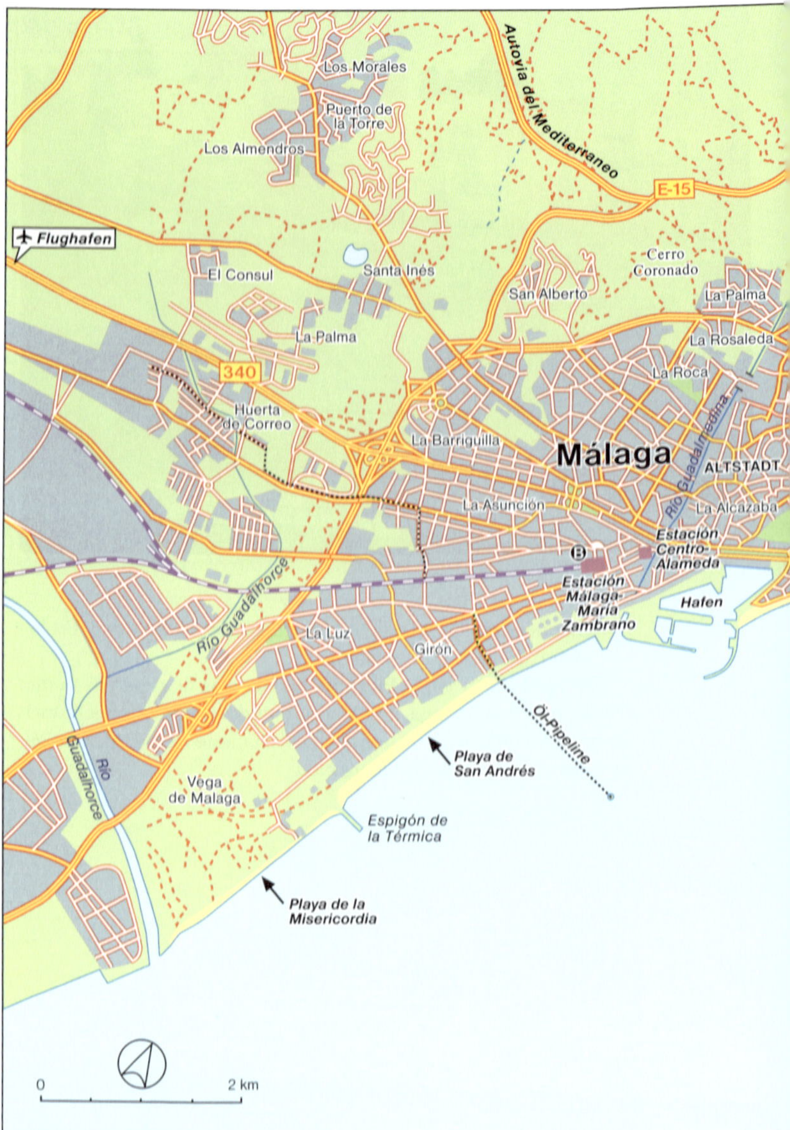
Los Morales
Puerto de la Torre
Los Almendros
Autovia del Mediterraneo
E-15
Flughafen
El Consul
Santa Inés
Cerro Coronado
San Alberto
La Palma
La Palma
La Rosaleda
340
La Roca
Huerta de Correo
La Barriguilla
Málaga
Río Guadalmedina
ALTSTADT
La Asunción
La Alcazaba
Estación Centro-Alameda
Estación Málaga-María Zambrano
Hafen
Río Guadalhorce
La Luz
Girón
Öl-Pipeline
Playa de San Andrés
Río Guadalhorce
Vega de Malaga
Espigón de la Térmica
Playa de la Misericordia
0
2 km

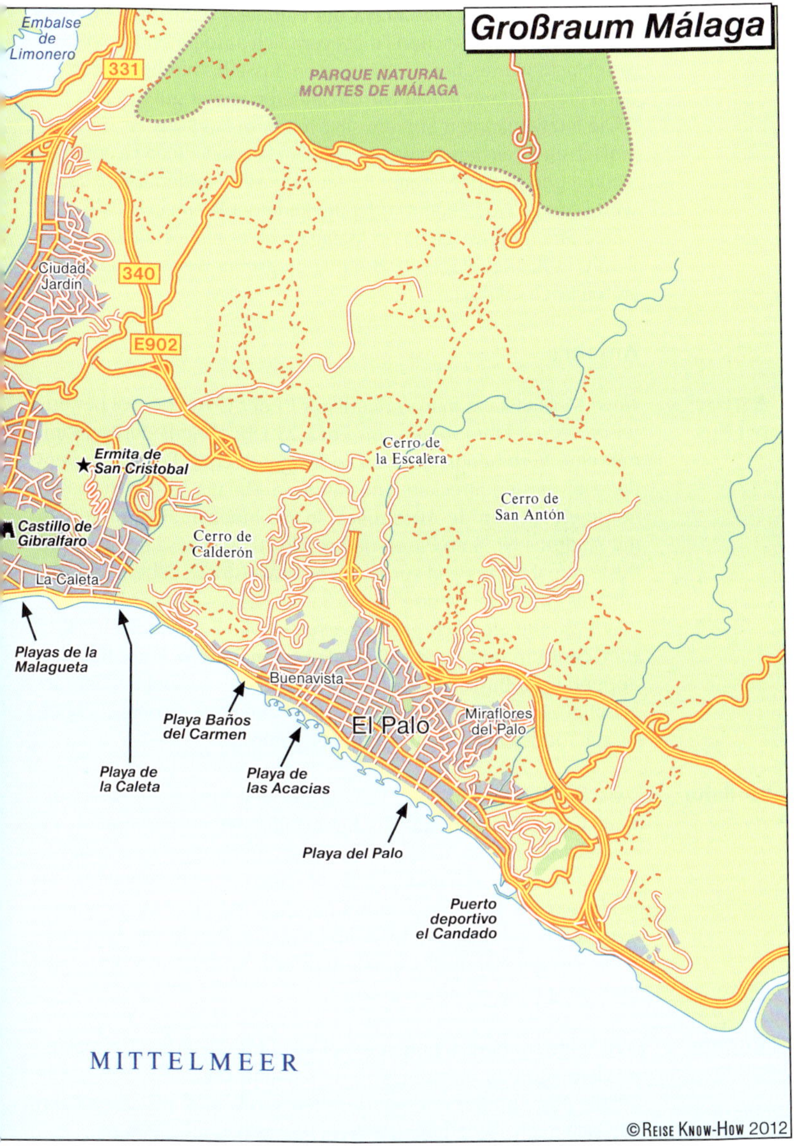
Großraum Málaga
Embalse de Limonero
331
PARQUE NATURAL MONTES DE MÁLAGA
Ciudad Jardín
340
E902
Ermita de San Cristobal
Cerro de la Escalera
Cerro de San Antón
Castillo de Gibralfaro
Cerro de Calderón
La Caleta
Playas de la Malagueta
Buenavista
Playa Baños del Carmen
El Palo
Miraflores del Palo
Playa de la Caleta
Playa de las Acacias
Playa del Palo
Puerto deportivo el Candado
MITTELMEER
©Reise Know-How 2012

Die 1800 Meter lange **Playa del Palo** liegt beim alten Fischerdörflein El Palo, das schon längst vom sich ausdehnenden Málaga geschluckt wurde. Da die städtischen Busse bis hierher fahren, ist auch dieser Strand genau wie die anderen immer gut besucht.

Die letztgenannten Strände sind mit dem Stadtbus Nr. 11 ganz einfach zu erreichen. Entweder bei der Haltestelle Juan Elcano aussteigen und in fünf Minuten runter zum Meer gehen (diese Zone wird *Pedregalejo* genannt) oder am Ende der Route in El Palo.

Den Stränden westlich von Málaga fehlt es ein wenig an Attraktivität. Industrieanlagen und die Einflugschneise des Flughafens stören doch erheblich.

Anfahrt

Anreise per Bus

Nach Málaga kann man von jedem Ort der Costa del Sol per Bus reisen. Von 7 Uhr morgens bis etwa 23 Uhr abends dürfte es immer eine Verbindung geben. Die Busgesellschaft Portillo bedient die allermeisten Strecken. Endstation in Málaga ist der Busbahnhof, die **Estación de Autobuses.** In die Innenstadt gelangt man mit Stadtbus Nr. 4 ab Paseo de los Tilos (Hauptausgang aus dem Busterminal hinaus und zur zweiten Parallelstraße gehen), der Bus fährt bis Paseo del Parque.

Eine zweite ziemlich große Bushaltestelle liegt deutlich näher zum Zentrum und heißt offiziell **Estación Muelle Heredia.** Hier stoppen viele Busse aus Richtung östlicher Costa del Sol der Gesellschaft Alsa (Torrox, Nerja). Von hier sind es nur wenige Schritte bis zur Touristeninformation und ins Zentrum.

Per Bahn

Zwischen Fuengirola und Málaga pendelt eine Vorortbahn namens **Cercanías Málaga.** Die Bahnstation ist an dem großen, etwas verdrehten „C" zu erkennen. Züge verkehren etwa alle 30 Minuten zwischen ca. 6 und 23 Uhr. Málaga hat zwei Bahnhöfe. Zuerst halten die Züge am Bahnhof Estación Málaga María Zambrano beim Hauptbahnhof und damit etwas am Rande des Zentrums, bevor sie am Bahnhof Centro-Alameda enden, von dem man rasch ins quirlige Zentrum gelangt.

Per Auto

Es ist keine sonderlich gute Idee, einen Tagesausflug nach Málaga mit dem Auto zu machen. Parkplätze sind rar, außerdem ist die Gefahr des Autoaufbruches ziemlich groß, und verfahren kann man sich auch leicht. Hier nur zwei Parkplätze im Zentrum:

Direkt hinter der Stierkampfarena (Plaza de Toros) am **Paseo de Reding.** Ein weiterer Parkplatz liegt etwas unterhalb von der **Plaza de la Marina.**

Per Flugzeug

Der Flugplatz liegt knapp acht Kilometer außerhalb.

- **Per Taxi:** Ins Zentrum kostet es etwa 20 €.
- **Per Bus:** Bus-Nr. 75 bis Paseo del Parque mitten im Zentrum oder mit Bus Nr. 19 bis zur Estación Muelle Heredia, die schon sehr zentrumsnah liegt.
- **Per Vorortbahn:** Linie Cercanías Fuengirola-Málaga fährt halbstündlich bis Málaga. Im Ankunftsbereich des Flughafens zunächst das Gebäude verlassen, den Vorplatz überqueren und direkt auf den Bahnhof zulaufen. Die Beschilderung könnte wahrlich besser sein, aber immerhin findet sich draußen dann doch ein einsames Richtungsschild „Train". **Tickets** gibt es nur am Automaten, die Menüführung ist denkbar einfach, der Zielbahnhof heißt **Málaga Centro-Alameda.** Wer in die andere Richtung in einen Küstenort fahren will, kann dies per Bahn bis Fuengirola machen. Die Frequenz beträgt 30 Minuten.

Wie herumkommen?

Hier gibt's keine Kompromisse: zu Fuß! Die Innenstadt ist kompakt, die Wege sind kurz, die Altstadtstraßen eng. Nur der Aufstieg zum Gibralfaro kann so nicht bewältigt werden – das heißt, kann schon, das sollten aber nur Ausdauersportler versuchen, die derartiges als Trainingsprogramm verstehen. Vom Paseo del Parque fährt der Bus Nr. 35 etwa alle 45 Minuten bis vor den Eingang.

Sehenswertes

Paseo del Parque

Zunächst bietet sich ein Spaziergang über den Paseo del Parque an, eine ausgesprochen angenehme **Flaniermeile,** hübsch dekoriert mit Palmen und anderen Bäumen, Ruhebänken und geschmiedeten Laternen. Diese Promenade wurde Ende des 19. Jh. ursprünglich als Botanischer Garten konzipiert und mit **Pflanzen aus aller Welt** bestückt. So wachsen hier Drachenbäume, verschiedene Palmenarten und eine Reihe tropischer sowie subtropischer Pflanzen. Viele Pflanzen sind mit kleinen erklärenden Tafeln versehen, unterbrochen von Statuen verschiedener illustrer Bürger. Außerdem stehen hier noch einige sehr hübsch gestaltete Kachelbänke. Dort warten auch Pferdekutschen auf Kundschaft, Touristen werden im langsamen Trab und unter Glockengebimmel durch Málaga kutschiert. Im Hintergrund blitzen die riesigen Fährschiffe der Linie Trasmediterránea, die von Málaga aus zur spanischen Enklave Melilla in Marokko hinüberschippern.

Der Paseo del Parque endet vor dem Kreisverkehr der **Plaza del General Torrijos,** benannt nach einem lokalen Helden, der 1830 in Málaga füsiliert wurde. Diesen Platz überquert man und biegt in den Paseo de Reding ein. Nach wenigen Schritten ist die **Stierkampfarena** erreicht. Diese errichtete *Joaquín Rucoba* im Jahr 1874 im Neomudéjarstil, hier befindet sich auch das kleine Museum **Museo Taurino Antonio Ordoñez.** Ausgestellt sind Bekleidung der Toreros, historische Fotos, Plakate und ähnliche Exponate rund ums Thema Stierkampf.

- **Geöffnet:** Mo–Fr 10–13, 17–20 Uhr, Eintritt 1,80 €

Wer jetzt bis hierher geschlendert ist, hat nun drei Optionen, die etwas verkürzt so aussehen:

- Rechts ab führt der Weg **zum Strand,** ein Fußweg von kaum fünf Minuten.
- Links ab geht es durch einen langen Tunnel **zum Picasso-Geburtshaus,** und später kann man von dort zum Picassomuseum gehen.
- Per Bus hochfahren **zum Gibralfaro.** Die Haltestelle liegt in Höhe der Stierkampfarena. Von dort mit dem Stadtbus Nr. 35 bis zur Endstation fahren, er fährt etwa alle 35 Minuten.

Castillo de Gibralfaro

Der Bus schraubt sich die steile Straße in weiten Schwüngen empor und hält kurz vor dem Erreichen der Endstation am Castillo. Wie üblich wurde diese Burg an der strategisch günstigsten Stelle errichtet, nämlich auf dem höchsten Punkt weit und breit. Über die Ursprünge der Anlage herrscht nicht gerade Einigkeit unter den Historikern. Erste Bauten, die kaum mehr als ein Leuchtturm waren, datieren die Experten auf das 8. Jh. In den folgenden Jahrhunderten baute man immer mal wieder etwas dazu, aber es dauerte noch bis ins 14. Jh., bis eine Festung errichtet wurde. Diese war durch hohe Mauern mit der weiter unten liegenden Alcazaba verbunden, ein geschlossenes **Verteidigungsbollwerk** war so geschaffen.

143c Foto: sm

Heute bleibt das Staunen über die Bauleistung. Der Besucher kann auf meterdicken Verteidigungsmauern um die Anlage herumlaufen und einen phänomenalen Blick über Málaga genießen. Ansonsten gibt es nicht viel zu besichtigen. Im kleinen Museum **Centro de Interpretación** sind hauptsächlich Waffen, Uniformen und andere Kriegsdinge ausgestellt, anhand von Schaubildern wird das Entstehen des Gibralfaro erklärt.

Lesertipp: „Es gibt einen breiten, gepflasterten, allerdings streckenweise glatten und steilen **Fußweg,** der kürzer ist als die gewundene Straßenzufahrt. Für den Rückweg ist dieser empfehlenswert, man hat beim Abstieg eine schöne Aussicht auf die Stadt, die Alcazaba und den Hafen. Unten gabelt sich der Weg, nach links landet man bei der Stierkampfarena, nach rechts bei der Alcazaba."

- **Geöffnet:** April–Oktober 9–20, November–März 9–17.45 Uhr, Eintritt: 2,10 € oder zusammen mit Alcazaba 3,45 €

Aussichtspunkt

Zu einem exzellenten Aussichtspunkt gelangt man, wenn man die Straße vom Gibralfaro etwa 100 Meter bis zur Einfahrt zum Parador hinuntergeht. Hier werden die schönen Fotos gemacht, die man auf so mancher Postkarte findet. Zurücklaufen muss niemand, der Bus hält auch hier.

Sie könnten nun am Paseo Reding bei der Stierkampfarena aussteigen und von dort durch den Tunnel unterhalb des Hügels in die andere Stadthälfte gehen. Sicherlich gibt es angenehmere Wege als durch diesen viel befahrenen *Túnel de la Alcazaba* zu gehen, aber es ist halt die schnellste Verbindung. Glücklich drüben angekommen, dann nach links durch die calle Alcazabilla am *Teatro romano* vorbei zum Eingang der Alcazaba.

Alcazaba

„Maurische Festung oder festes Schloss" steht im Wörterbuch als Übersetzung des Begriffs „Alcazaba". Was darf man sich also darunter vorstellen? Eine etwas abgespeckte Alhambra? Nicht ganz, der Begriff „Schloss" trifft auch nicht richtig zu. Es handelt sich vielmehr um eine **befestigte Residenz,** die auch als Garnisonsstandort diente. Man steigt zunächst einen rustikalen Weg hoch, passiert wehrhafte Mauern und gewaltige Tore sowie eine Ansammlung von Wehrtürmen, hohen Mauern, maurischen Bögen und dicken Wänden.

Früher muss die im 11. Jh. erbaute Alcazaba durchaus mal eindrucksvoll gewesen sein. Geschützt durch den höhergelegenen

242c Foto: hf

Gibralfaro und das Meer, strahlte der Glanz dieser maurischen Residenz nach innen. Von doppelten Schutzmauern umgeben, befand sich im Inneren ein Palast, von wo aus das administrative Leben der Siedlung geleitet wurde. Weiter oben erreicht man kleine, nette Gärten, und noch etwas weiter vier **Patios** (Innenhöfe). Ein klein wenig erinnert der Grundriss an die Nasridenpaläste der Alhambra. Die Räume sind nun restauriert, die maurischen Elemente mit Wasserläufen, Rundbögen und kunstvollen Ornamenten sind deutlich erkennbar. Einige alltägliche Szenen (Marktgeschehen) wurden nachgestellt und außerdem stehen überall Exponate aus der arabischen Epoche. Leider sind alle Erklärungstafeln nur auf Spanisch gehalten. Von ganz oben bietet sich ein prachtvoller Blick über die Stadt.

Detail im Alcazaba

Málaga
Mármoles
Pte. Aurora
Carretería
Puerta Nueva
Museo Carmen Thyssen Málaga
Compañía
Plaza de la Constitución
Especerías
Cisneros
Museo de Artes Populares
Pasaje Chinitas
Palacio Episcopal
Plaza Obispo
Marqués de Larios
Mercado Central
Atarazanas
Alameda Principal
Stadtbus Nr. 4
Puente Tetuán
Bahnhof Centro-Alameda
Bahnhof María Zambrano,
Alameda de Colón
Estación Muelle Heredia
Avenida Manuel Agustín Heredia
Centro de Arte Contemporáneo
Río Guadalmedina
Pasillo de Guimbarda
Pasillo Sta. Isabel
Pasillos de Sto. Domingo
Esquilache
Córdoba
Trinidad
Grund
Vendeja
Casas de Campos
Navalón
Simonet
Martínez Campos
Duquesa de Parcent
Pinzón
San Lorenzo
Somera
Barroso
Tomás de Heredia
Comandante Benítez
Alemania
Pasillo del Matadero
Granada
Santa María
Molina Lario
Postigo
Martínez
Sancha de Lara
J. Díaz Bolsa
San Julián
M. Catalinas
Arco de Cabeza
Pl. del Teatro
Pl. de Uncibay
Pl. del Siglo
Pl. Félix Sáez
©Reise Know-How 2012

Übernachtung

1 Jugendherberge
2 Hotel Venecia
7 Hotel Don Curro
10 Hotel Room Mate Larios
11 Hotel Ibís Málaga Centro
15 Hotel Carlos V
16 Parador Malaga-Gibralfaro
17 Hotel La Chancla

Essen und Trinken

3 Bodega Antigua Casa Guardia
5 Bar Lo Güeno, Mesón La Aldea
6 Café Lepanto
8 Bar La Taberna del Obispo
9 Restaurant El Chinitas, Bar Orellana
12 Café Central
13 Bar Quitapenas
14 Bar Calle de Bruselas

Fußgängerzone

Leider kann die **Coracha** nicht besichtigt werden, jene Festungsmauer, die die Alcazaba mit dem Gibralfaro verbindet. Sie zieht sich den Hügel hinauf und war eine Verteidigungslinie. Einst gab es noch eine zweite, die bis zum Meer verlief, aber in den Wirren des Jahres 1839 zerstört wurde.

• **Geöffnet:** April–Oktober 9.30–20, Nov.–März 8.30–19 Uhr, Mo geschlossen, Eintritt: 2,10 €, oder zusammen mit Gibralfaro 3,45 €. Am Sonntagnachmittag ab 14 Uhr ist der Eintritt frei. Das Ticket muss ansonsten übrigens an einem Automaten gelöst werden.

• **Tipp:** Wer sich den etwas rustikalen Aufstieg vom Haupteingang ersparen möchte, kann auch mit einem Fahrstuhl hochfahren. Zu finden: c/ Guillén Sotelo, hinter dem Rathaus.

Teatro romano

Buchstäblich „um die Ecke" liegt das **römische Theater,** welches zufällig bei Bauarbeiten 1951 entdeckt wurde. Das Theater wurde unter der Herrschaft Augustus I. im 1. Jh. nach Christus gebaut. Bei der Gestaltung nutzte man die örtlichen Gegebenheiten und legte die Zuschauerränge an den ansteigenden Hügel. Ungefähr die Hälfte davon ist noch erhalten. Vermutlich wurde das Theater bis zum 3. Jh. genutzt, bevor es dann aufgegeben wurde. Man kann das Monument gut von außen betrachten. Besichtigungen des Inneren sind nur nach Voranmeldung unter Tel. 952 601 619 möglich.

• **Geöffnet:** Nov.–März Di–Sa 9–19, So 10–14.30 Uhr, April–Okt. Di–Sa 10–21, So 10–14.30 Uhr.

Kathedrale

Die **Catedral de la Encarnación** liegt kaum fünf Minuten Fußweg von der Alcazaba entfernt. Wer davor steht, erkennt, dass sie doch eine ziemliche Höhe erreicht, obwohl sie nicht so erdrückend wuchtig ausfällt wie andere Kathedralen. Errichtet wurde sie an der Stelle, an der einst eine Moschee stand. Die *Reyes Católicos* wollten hier ein Zeichen setzen, nachdem sie 1487 die Stadt er-

Pausenstopp in einer Tapasbar vor der Kathedrale

293cs Foto: sm

obert hatten. Die Bauarbeiten zogen sich fast drei Jahrhunderte bis 1764 hin. *Manquita* (die Einarmige) wird sie auch genannt, da dem rechten Turm der Aufsatz fehlt.

Beim Betreten der Kathedrale fällt der ziemlich gewaltige und schmuckvolle Altarbereich auf. Hier wurde an nichts gespart.

Aber auch die Deckengewölbe sind prachtvoll verarbeitet, genau wie die Glasmalereien und die teilweise recht kunstvollen Seitenkapellen, so die **Capilla de la Virgen de los Reyes,** welche die Königin *Isabel la Católica* der Stadt vermachte. Ebenfalls beachtenswert ist das Chorgestühl mit 42 handgeschnitzten Abbildungen von Heiligen.

Im oberen Stockwerk beim Kassenhäuschen kann ein kleines Museum besichtigt werden. Ausgestellt sind sakrale Skulpturen und Gemälde.

• **Geöffnet:** Mo–Fr 10–18, Sa 10–17 Uhr, So geschlossen, Eintritt: 4 €

Palacio Episcopal

Dieser **ehemalige Bischofspalast** aus dem 16. bis 18. Jh. steht genau gegenüber der Kathedrale an der Plaza Obispo 6 und besteht

243c Foto: hf

eigentlich aus drei unterschiedlichen Gebäuden, die zusammengefasst wurden. So entstand ein äußerst emblematisches Haus in leicht rötlich-gelben Farben. Heute wird das Haus für Ausstellungen genutzt.

• **Geöffnet:** Mo–Fr 10–14, 18–21 Uhr

Iglesia del Sagrario

Diese Kirche stammt aus dem 15.–18. Jh. und steht unmittelbar neben der Kathedrale. Besonders bemerkenswert ist das Haupttor zur calle Santa María, das in **isabellinischer Gotik** erschaffen wurde. Oben befinden sich die Abbildungen von Kardinal Mendoza und dem Beichtvater von Isabel la Católica, *Hernando de Talavera*.

Plaza de la Constitución

Dieser Platz war und ist immer noch das Zentrum der Altstadt. Ein kleiner **Springbrunnen** plätschert ruhig vor sich hin, ein beliebtes Café ist ständig gut besucht, der Platz ist ein Treffpunkt für alle. Wer genau hinschaut, sieht auf dem Boden unweit dieses Cafés die Nachbildung von sechs Titelseiten spanischer Tageszeitungen vom 7. Dezember 1978, die über die Verabschiedung der spanischen Konstitution berichteten.

295cs Foto: hf

Calle Marqués de Larios

Diese breite **Fußgängerzone** zweigt von der Plaza de la Constitución ab und führt in Richtung Meer. Sie ist die **Haupt-Einkaufsmeile** der Stadt, viele teure aber auch genügend kleine, spezialisierte Geschäfte liegen hier und Málagas Bevölkerung flaniert hier liebend gerne durch.

Pasaje de Chinitas

Kurz nach dem Verlassen der Plaza de la Constitución wird von der calle Marqués de Larios nach links die kurze Gasse Pasaje de Chinitas erreicht. Hier und in den angrenzenden Gassen fühlt der Besucher noch ein wenig das traditionelle Málaga mit einigen **uri-**

Nachts auf der Plaza de la Constitución

Frühmorgens in der calle Marqués de Larios

gen Lokalen und winzigen Geschäftchen. Dort lag einst ein ziemlich bekanntes Flamencolokal, das *Café de Chinitas*, das sicher noch so mancher ältere Malagueño kennen wird.

Museo Carmen Thyssen Málaga

Nur wenige Schritte neben der Plaza de la Constitución befindet sich in der schmalen Gasse calle Campañía 10 in einem sehr schönen historischen Haus aus dem 16. Jh., dem **Palacio de Villalón,** diese außergewöhnliche Kunstsammlung. In Madrid steht das Hauptmuseum der **Sammlung Thyssen-Bornemisza,** hier in Málaga werden insgesamt 230 Werke spanischer Künstler aus dem 19. Jh. ausgestellt, darunter auch etliche andalusische. Die Exponate verteilen sich auf drei Etagen und die Ausstellung wird modern und insgesamt äußerst ansprechend präsentiert.

- **Geöffnet:** Di–So 10–20, Fr/Sa bis 21 Uhr, Mo geschlossen, außer im Juli/August dann auch von 10 bis 20 Uhr geöffnet, Eintritt: 6 €.

Picasso-Museum

El Museo Picasso de Málaga, so der offizielle Name, befindet sich in einem andalusischen Palast, dem Palacio de Buenavista in der c/ San Agustín 8. Lange hat es gedauert, bis dem weltberühmten Maler in seiner Heimatstadt ein Museum gewidmet wurde, aber nun sind alle doch ziemlich stolz. In einer **Dauerausstellung befinden sich 204 Werke aller Stilrichtungen und Techniken** vom Meister seit seinen Anfängen bis 1972, die zum größten Teil von Nachkommen gestiftet oder als Leihgabe für längere Zeiträume dem Museum überlassen wurden. Das ist auch der Grund, warum hier eben nicht seine bekanntesten Werke zu finden sind, denn die werden schon seit vielen Jahren in anderen Museen gezeigt. Außerdem gibt es noch regelmäßig wechselnde Ausstellungen nach thematischen Schwerpunkten, die ebenfalls Picasso gewidmet sind. Zum Schluss wird man noch eingeladen, im Unter-

294cs Foto: sm

geschoss **archäologische Funde** aus der Zeit der Phönizier, Römer und Araber zu besichtigen.

• **Geöffnet:** Di–So 10–20, Fr /Sa bis 21 Uhr, Mo geschlossen, Eintritt: Dauerausstellung 6 €, Wechselausstellung 4,50 €, beide Bereiche 8 €, 50 % Rabatt für Studenten, Kinder und Pensionäre, www.museopicassomalaga.org

Geburtshaus von Picasso

Für Freunde des großen Malers ist das Geburtshaus von *Pablo Picasso,* an der Plaza de la Merced, natürlich ein Muss, obwohl es so wahnsinnig viel gar nicht zu sehen gibt. Picasso verließ Málaga schon recht früh.

Die Casa Natal de Picasso findet man an der Plaza de la Merced 15. Nur einige **Tuschezeichnungen, Keramiken und Skizzen** sind ausgestellt, des weiteren Fotos und auch Werke anderer Künstler. Im oberen Stockwerk bildete man eine typische Arbeits- und Wohnsituation des 19. Jh. nach, außerdem sind einige persönliche Gegenstände der Familie sowie Kunstwerke von Picassos Vater ausgestellt.

• **Geöffnet:** Täglich 9.30–20 Uhr, Eintritt: 1 €

Mercado Central

Am anderen Ende der Altstadt, unweit des trockenen Flussbetts des Río Guadalmedina, liegt das Gebäude des Zentralmarktes. Fleisch, Fisch, Gemüse, eben alles, was man auf einem Markt erwartet, kann hier erworben werden. Wie es zu einem andalusischen *mercado* gehört, geht es hier ein wenig rau zu. Doch in keinem Geschäft bekommt man frischere Ware und vor allem solch einen kompletten Überblick über das Angebot an **Meeresfrüchten und Fisch.**

Centro de Arte Contemporáneo

Untergebracht in einer alten Markthalle an der calle Alemania beim Flussbett, zeigt das Museum **Wechselausstellungen** zu unterschiedlichen Thematiken aus dem Bereich letztes Drittel des zwanzigsten Jahrhunderts bis heute. Die Macher lehnen sich ausdrücklich an das deutsche Modell vom „Kunsthaus" an und wollen ein dynamisches, sich ständig entwickelndes Expositions-Projekt darbieten. Daneben gibt es auch eine Dauerausstellung von etwa 400 Werken, die von privaten Sammlern dem Museum für drei bis fünf Jahre zur Verfügung gestellt wurden. Hier lautet die thematische Klammer: „Vom Expressionismus Ende 19. Jh. bis heute".

• **Geöffnet:** 10–14, 17–21 Uhr (Mitte Juni bis Mitte September), 10–20 Uhr (restliche Zeit), Mo geschlossen, Eintritt frei

Museo de Artes y Costumbres Populares

Untergebracht am Pasillo de Santa Isabel 10 im ehemaligen Gasthof *Mesón de la Victoria* aus dem 17. Jh. zeigt das Museum einen Querschnitt durch die **Volksbräuche** und **-kunst** in der Region Málaga der ländlichen und städtischen Bevölkerung. Dargestellt wird u. a., wie früher gefischt, gelebt, gekocht, gefeiert und ganz allgemein gearbeitet wurde.

• **Geöffnet:** Mo–Fr 10–13.30, 16–19 Uhr (im Winter), 17–20 Uhr (im Sommer), Eintritt: 2 €, reduziert 1 €

Praktische Tipps

Unterkunft

• **Parador Málaga-Gibralfaro**€€€€, Tel. 952 221 902, Fax 952 221 904, www.parador.es. Der Name sagt es schon, dieser Parador liegt beim Gibralfaro, hoch über der Stadt. Es stehen nur 38 Zimmer zur Verfügung, aber die Lage ist unschlagbar. Die wird der Gast besonders abends zu schätzen wissen, wenn er von der Terrasse mit einem Drink in der Hand das Lichtermeer von Málaga betrachtet.

• **Hotel Carlos V**€€€, c/ Císter 10, Tel. 952 215 120, Fax 952 215 129, www.hotel-carlosvmalaga.com. Sehr zentral gelegenes Haus mit 51 Zimmern, etwa zwischen Alcazaba und Kathedrale gelegen. WiFi gratis.

• **Hotel Venecia**€€€, Alameda Principal 9, Tel. 952 213 636, Fax 952 213 637, www.hotelveneciamalaga.com. Eine sehr zentrale Lage zeichnet dieses korrekte 3-Sterne-Haus mit 47 Zimmern aus. WiFi gratis.

• **Hotel Ibis Málaga Centro**€€, Pasillo Guimbarda 5, Tel. 952 070 741, Fax 952 284 102, www.ibishotel.com. Größeres Haus (189 Zimmer) dieser internationalen Kette, das direkt am ausgetrockneten Flussbett liegt, knapp am Rande der Altstadt. Wie immer korrekte und funktional eingerichtete Zimmer, Cafetería und sogar mit eigener Parkgarage. Sehr gutes Preis-Leistungsverhältnis.

• **Hotel Don Curro**€€€, c/ Sancha de Lara 7, Tel. 952 227 200, Fax 952 215 946, www.hoteldoncurro.com. Guter Dreisterner, der mitten im Zentrum liegt in einer ruhigen Seitenstraße der Fußgängerzone. Ziemlich großes Haus mit sieben Etagen und knapp über 100 Räumen, modern gestaltet, unten eine Cafetería. WiFi gratis.

• **Hotel Room Mate Larios**€€€€, c/ Marqués de Larios 2, Tel. 952 222 200, Fax 952 222 407, www.room-matehotels.com. Beste Lage mitten in der Fußgängerzone knapp unterhalb der Plaza de la Constitución. Das Haus zählt mehr zur kleinen, aber feineren Abteilung, hat vier Sterne, damit einen hohen Service-Standard und ist in einem schmucken historischen Gebäude untergebracht. Frühstück bis 12 Uhr.

• **Hotel La Chancla**€€, Paseo Marítimo 64 in Pedregalejo, Tel. 952 206 900, Fax 952 207 188, www.lachanclahotel.com. Ein bunt angemaltes 3-Sterne-Hotel mit 10 Zimmern und einem Lokal, das direkt am Strand liegt und entsprechenden Meeresblick von einigen Räumen bietet.

• **Jugendherberge,** Plaza Pio XII. 6, Tel. 951 308 170. Modernes Gebäude mit EZ, DZ, Dreier und Vierer, es liegt aber ziemlich weit außerhalb des Zentrums, fast am Ende der Avenida de Andalucía, die vom Paseo del Parque verläuft. Zu Fuß wenigstens 30 Minuten, eher mehr. Per Bus Nr. 14 und erreichen ab Paseo del Parque bis zur Haltestelle Plaza Pio XII.

Camping

• Einen **Stadtplatz** hat Málaga nicht mehr. Nächste Zeltmöglichkeit wäre der kleine Platz in **Torremolinos,** gut mit der Vorortbahn Cercanías bis Bahnhof Los Álamos zu erreichen, aber im Sommer knackvoll mit fetter Partystimmung.

• Oder zwei Plätze in **Torre del Mar.** Wer es etwas weniger quirlig wünscht, sollte diese wählen. Zu erreichen: Mit Bussen von Alsina Graells, die fast alle 15 Minuten fahren ab Busterminal Málaga.

Essen & Trinken

• **Antigua Casa Guardia,** Alameda Principal 18. Eine urige Weinkneipe, gegründet 1840. Und seitdem scheint die Zeit stehengeblieben zu sein. Keine Musik dröhnt, kein Fernseher läuft. Der Gast platziert sich am Holztresen, würdevolle ältere Kellner lassen *vino* aus riesigen Holzfässern in ein Glas tröpfeln, das knapp über Schnapsglasvolumen liegt, und schreiben schwungvoll den Preis mit Kreide auf den Tresen, gerade dort, wo der Gast steht. Meeresfrüchte-Raciones werden auch angeboten. Geöffnet: 9–22 Uhr.

• **Café Lepanto,** c/ Marqués Larios 7, Ecke J. Diaz Bolsa, Traditionshaus, wo es neben Tapas auch leckeren Kuchen und Gebäck gibt. Drinnen außerdem ein richtig netter, alter Tresen.

• **Restaurante El Chinitas,** c/ Moreno Monroy 4, Tel. 952 210 972. Ein typisches Restaurant, mitten in der Altstadt und seit Jahren ein Tipp. Hochgelobte

Tapas und frittierte Fischlein sind die Spezialität. Die *azulejos* (Wandfliesen) erinnern an den Dichter García Lorca.

- **Bar Orellana,** c/ Moreno Monroy 3, Tel. 952 223 012, liegt gleich nebenan und gilt als einer der besten Tipps für Tapas. Das Lokal ist recht groß, der Tresen davor ebenso, trotzdem drängeln sich zu Spitzenzeiten so viele Leute davor, dass man warten muss.
- **Bar Lo Güeno,** c/ Marín García 9. Eine kleine, stets volle Taberna, in der u. a. leckerer Schinken und *queso manchego* angeboten werden. Motto des Hauses: „Die Kunst Tapas zu essen".
- **Bar La Taberna del Obispo,** Plaza del Obispo 1. Die Bar liegt an einem kleinen Platz bei der Kathedrale und hat auch eine große Terrasse. Hier gibt es gute und reichhaltige Tapas, aber auch Menüs. Insgesamt ein sehr angenehmer Pausen-Stopp in der Altstadt.
- **Mesón La Aldea,** c/ Esparteros 5, Tel. 952 227 689. Kleines Lokal in schmaler Gasse. Nett, beliebt, etwas eng, aber mit urigem Charme, trotz einer Fotokarte.
- **Café Central,** Plaza de la Constitución 11, Tel. 952 224 972. Sehr beliebt und ständig gut besucht. Hier sitzen sogar Spanier mal auf der Terrasse. Gerichte eher Durchschnitt, aber der perfekte Platz zum Sehen-und-Gesehenwerden-Spiel.
- **Bar Calle de Bruselas,** Plaza Merced 16, Tel. 952 603 948, liegt gleich neben dem Picasso-Geburtshaus. Urig eingerichtet, leicht französischer Touch, kleine Gerichte.
- **Bar Quitapenas,** c/ Sánchez Pastor 2. Der Name „Sorgenbrecher" lässt auf eine Zecherpinte schließen, aber weit gefehlt! Es ist eine dieser traditionsreichen Lokale, wo Familien nach dem Einkauf auf einen Happen einkehren. Es gibt hervorragenden frittierten Fisch als Ración oder Tapas, ebenso weitere fischige Leckereien. Immer sehr voll, aber irgendwie nimmt jeder Rücksicht und so finden alle auch immer noch ein Plätzchen.
- **Außerhalb an den Stränden:** Hier gibt es etliche Lokale, teilweise mit einer sehr großen Terrasse. Angeboten wird überwiegend Fisch. Am Wochenende und im Sommer brummt es hier so richtig, ansonsten bleiben manche Lokale auch mal geschlossen. Per Bus Nr. 11 ab Paseo del Parque ist diese Zone leicht zu erreichen.

In Pedregalejo:

- **Miguelito el Cariñoso,** Paseo Marítimo 77, der „zärtliche kleine Miguel" kommt ziemlich unspektakulär daher, nämlich mit einem Lokal in Festzeltgröße, aber auch mit besten Gerichten, vor allem Fisch und Paella.

Weinseliges in der Bar Antigua Casa Guardia

141c Foto: sm

In El Palo:

- **El Tintero II.,** Ctra. de Almería 99, Playa del Dedo, selbst für örtliche Verhältnisse sehr groß zu nennen. Zur Mittagszeit und am Wochenende immer knackvoll, gibt es eine größere Referenz? Die Kellner schleppen übrigens Fischplatten durch die Reihen und rufen lautstark aus, was es so gibt. Wer etwas haben will, ruft genauso laut zurück. Ruckzuck hat man seinen Teller, bezahlt wird nach Größe. Ein anderer Kellner kassiert und ruft dazu „y yo cobro" (und ich kassiere). Uriges Schauspiel, sehr rustikales Ambiente, mittelprächtiges Preisniveau. Ich jedenfalls kenne in ganz Spanien keinen vergleichbaren Laden.

Adressen

- **Post:** Avda. Andalucía 1, beim Bahnhof Alameda-Centro
- **Deutsches Konsulat:** c/ Mauricio Moro Pareto 2–5, Edificio Eurocom, Bloque Sur, Tel. 952 363 591
- **Schweizer Konsulat:** Aptdo. 7, 29080 Málaga (Postfach), Tel. 645 010 303
- **Österreichisches Honorarkonsulat:** Alameda de Colón 26, Tel. 952 600 267, Fax 952 229 089

Feste

Unzweifelhaft das größte Fest ist die **Feria de Málaga,** die vom **zweiten Samstag bis zum dritten Sonntag im August** stattfindet. Schon Wochen vorher berichten die Zeitungen von den Vorbereitungen (Schlagzeile: „Ya huele a Feria" – es riecht schon nach Party), und dann geht's eine Woche lang rund! Offiziell eröffnet wird die Feria in der Nacht zum Samstag Punkt Mitter-

296cs Foto: sm

Sonne da, Tische draußen, auch in Málaga

nacht mit einem großen **Feuerwerk** am Strand Playa Malagueta. Am nächsten Morgen beginnt gegen 11 Uhr eine feierliche **Prozession** vor dem Rathaus am Paseo del Parque, an der gut 100 festlich geschmückte Kutschen teilnehmen, die zunächst den Paseo del Parque auf und ab fahren und schließlich vor der Kirche Iglesia Santa Victoria enden. Danach beginnt die **Party** mitten in der Stadt, vor allem in der calle Larios und an der Plaza de la Constitución. Dort sind mehrere Bühnen mit Livemusik und vor allem Kioske aufgebaut, wo Wein, Sherry und Bier in Strömen fließen, es gibt auch Snacks und Tapas. Viele Menschen haben sich richtig schick in festlichen Flamenco-Kleidern der strengen Señorito (Großgrundbesitzer)-Anzügen gekleidet. Von überall her dröhnt Flamenco, die Stadt ist proppevoll, an jeder Ecke wird getanzt. Dieser Teil wird **„Feria de día"** genannt, Tages-Feier, sie endet immer gegen 18 Uhr.

Die **„Feria de noche“,** Nacht-Feier, findet sechs Kilometer außerhalb auf dem riesigen Festgelände Recinto Ferial statt. Beginn ist dort etwa um Mitternacht, vorher ist nicht viel los. Busse pendeln die ganze Nacht aus der Innenstadt dorthin, vor allem die Nr. 11. Das Gelände ist zweigeteilt. Auf der einen Seite gibt es einen **Jahrmarkt** mit Karussells, Buden und der üblichen Animation, auf der anderen Seite stehen *Casetas,* das sind unterschiedlich große **Festzelte,** in denen man essen, aber vor allem auch schick abfeiern kann. Einige Casetas sind so beliebt, dass Türsteher den Einlass regeln. Drinnen gibt es vor allem Flamenco auf die Ohren, aber auch Hardrock, je nach Ausrichtung des Sponsors. Grundsätzlich sind die Casetas für alle offen, rein geschlossene Privat-Veranstaltungen gibt es hier nicht. Und dies sei die eigentliche, die „richtige“ Feria, wurde uns mehrfach versichert. Deshalb kommen auch alle Malagueños ein- oder mehrmals hierher, denn immerhin dauert diese Mega-Party eine ganze Woche lang. Erinnert wird mit diesem Fest an die Rückeroberung der Stadt durch die *Reyes Católicos,* aber das zählt nur am Rande.

- **Ostern** wird ebenfalls groß gefeiert mit kunstvoll geschmückten Umzügen der Bruderschaften *(cofradías).*
- **8. September:** Virgen de la Victoria, Patronatsfest

Markt

- **Sonntag** am Paseo Martiricos von 10 bis 13 Uhr und **täglich** in der Markthalle

Stadtrundfahrt

Málaga Tour bietet mit roten Doppeldeckerbussen eine 1½-stündige Stadtrundfahrt zu allen wichtigen Sehenswürdigkeiten an. Man kann an jeder Station aussteigen und später mit dem nächsten Bus weiterfahren.

- Einsteigen ist u. a. möglich an der Kathedrale, an der Plaza de Toros oder am Paseo del Parque, Preis: Erw. 17 €, Kinder 8,50 €.

Who is who – Gambas & Co.

Bei einem Bummel durch andalusische Markthallen fallen immer wieder die vielen unterschiedlichen Schalentiere auf. Was ist eigentlich was?

- Der **Hummer** ist immer gut zu erkennen an seinen kräftigen Scheren, wird aber gar nicht so häufig angeboten. Auf spanisch heißt er *bogavante.*
- Häufiger zu finden ist der **Kaisergranat,** der wie ein kleiner Hummer aussieht, auf spanisch: *cigala.*
- Die **Languste,** sozusagen der Hummer ohne Scheren, heißt auf spanisch *langosta.*
- **Garnelen** tragen je nach Größe unterschiedliche Namen: Die größeren sind *gambas,* die kleinen heißen *camarones.*

297cs Foto: hf

Die westliche Costa del Sol

Überblick

Wer von Málaga kommend die Küste bis nach Estepona entlangfährt, kommt durch eine Apartmentsiedlung nach der anderen. An diesem 86 Kilometer langen, von reichlich Beton geprägten westlichen Abschnitt der Costa del Sol liegen illustre Ferienzentren, deren Namen teilweise weltbekannten Klang haben – **Marbella,** der Treffpunkt des Jet Set an allererster Stelle, dann **Torremolinos,** früher mal eine Art Aussteigerziel für US-Amerikaner, heute jedoch Urlaubshochburg vor allem für junge Leute. Weitere größere Orte sind **Benalmádena,** das sich mit einem schicken Jachthafen zu profilieren sucht, **Fuengirola** und schließlich ganz im Westen **Estepona,** wo die Ferienmaschinerie sachte ausläuft. Hier endet die Provinz Málaga und damit die Costa del Sol.

Gibraltar, ein lohnendes Ausflugsziel und daher in diesem Buch beschrieben, liegt bereits in der Provinz Cádiz und gehört offiziell nicht mehr zur „Sonnenküste". Ein weiterer empfehlenswerter Abstecher führt ins Bergstädtchen **Ronda,** das mit einer imposanten Schlucht und der ältesten Stierkampfarena Spaniens jeden strandmüden Besucher zu begeistern weiß.

Auch wenn die Strände an diesem westlichen Küstenabschnitt nicht gerade von der Kategorie „Südseetraum" sind und oft kieselig-grau daherkommen – breit und kilometerlang sind sie doch und werden an satten 320 Tagen im Jahr von der Sonne beschienen. Dass die Kneipen, Bars und Bodegas der Region nicht zu verachten sind, braucht wohl nicht extra erwähnt zu werden.

Seite 244/245: Strand in Benalmádena

Westliche Costa del Sol
Ensenada de Málaga
Málaga
Almogía
Torremolinos
Río Guadalhorce
Alora
Cartama
Pizarra
Benalmádena
Mijas
Alhaurin
Fuengirola
Coín
Alozaina
Monda
Yunquera
Tolox
Punta de los Ladrones
Ojén
Parque Natural Sierra de las Nieves
Torrecilla 1919
Marbella
Istán
MITTELMEER
Ensenada de Marbella
Ronda
Encinetas 1472
San Pedro de Alcántara
Guadalmedina
Igualeja
Benahavis
Guadalmansa
La Boladilla
Punta del Castor
Jubrique
Estepona
Genalguacil
Punta de la Doncella
Benarrabá
Reales 1450
Gaucín
Casares
Sabinillas
Manilva
La Duquesa
Río Genal
Punta de la Chullera
San Roque Torre Guadiaro
Río Guadiaro
Urbanización Sotogrande
Punta Mala
Jimena de la Frontera
La Linea
San Roque
Gibraltar
Castellar de la Frontera
0
10 km
A45
357
MA21
366
AP7
A7
355
473
369
377
CA34
©Reise Know-How 2012

Torremolinos

- **Einwohner:** 67.000
- **PLZ:** 29620
- **Entfernung nach Málaga:** 12 km
- **Touristeninformation:** Plaza de Blas Infante 1, Tel. 952 379 512, Fax 952 379 551, www.torremolinos.es, www.visitetorremolinos.com

Überblick

In den Tiefen des Internets findet sich der Hinweis, dass hier in den 1960er Jahren der **Grundstein für den Touristenboom** der Costa del Sol gelegt wurde. Einer, der schon in den Anfängen dabei war, ist der Autor *James A. Michener.* In seinem Roman „Die Kinder von Torremolinos" lässt er einen der Protagonisten schwärmen: „Endloser Strand, Berge, die die kalten Winde abhalten. Es ist keine Stadt. Es ist kein Dorf. Auf der ganzen Welt findest du nichts, was du mit Torremolinos vergleichen könntest. Das Asyl für jene, die dem Wahnsinn der Welt entfliehen wollen, nur dass es selbst total verrückt ist."

Damals drückten sich Amerikaner vor Vietnam, galten Schwedinnen als das Nonplusultra an sexueller Freiheit und mischten ausstiegswillige Deutsche, Franzosen und Engländer auch noch irgendwie mit. Ein Jahrzehnt später traf man sich dann in Goa oder auf Ko Samui und noch eine Dekade danach auf Gomera. Nun ja, tempi passati ...

Wie auch immer, jedenfalls erlebt Torremolinos seit den 1960er Jahren ein stetiges Wachstum. Immer mehr Hotels wurden gebaut, immer neue Flächen erschlossen. Da es nach „hinten" natürliche topographische Grenzen in Form eines Gebirgszugs gibt, ging der Ort in die Breite. Und er wächst in den Randgebieten noch immer. Es kann nicht mehr lange dauern, dann kann der erste Gast sein Hotel zu Fuß vom Flughafen erreichen.

Die Küstenlinie von Torremolinos beträgt mittlerweile sieben Kilometer. Hier verteilen sich tagsüber all die Tausende von Urlaubern, die sich nachts in den Straßen des Zentrums drängeln. Torremolinos kann als komplettes Gegenstück zum benachbarten Marbella gesehen werden: Dort tummeln sich die Schönen und Reichen, die Fernsehstars, Steuerflüchtlinge und Jachtbesitzer, hier die „Normalos". Und genau das gibt dem Ort beinahe eine soziale Komponente: Jeder ist willkommen, und so sieht es dann abends in den Kneipen auch aus. „Torremolinos ist schlechthin ein Paradies des Vergnügens", verspricht ein Touristenprospekt. Insgesamt soll es 50.000 Hotelbetten, 300 Restaurants und Platz für 300 Camper geben. Zumindest letzteres wird im Sommer locker verdoppelt, wenn nicht mehr, wie der Autor leidvoll selbst erleben durfte.

Im zentralen Ortsbereich befindet sich eine bemerkenswerte Besonderheit: Torremolinos ist zweigeteilt. Es gibt, wie auf Helgoland, eine Art Ober- und Unterland. Direkt vor dem Hauptstrand erhebt sich nämlich ein **Felsmassiv.** Oben war ursprünglich mal der Ort angesiedelt, gut geschützt gegen Eindringlinge vom Meer. Heute jedoch bedeutet es, dass Urlauber, die oben wohnen, bis hinunter zum Strand einen relativ weiten Weg zurücklegen müssen, über steile Treppen etwa 50 Meter. Was ja nicht wirklich weit ist, aber man muss ja auch wieder hoch ... Mittlerweile gibt es als Erleichterung auch schon einen Lift. Links und rechts des zentralen Bereichs senkt sich die Felsgruppe ab, und die dortigen Hotels haben problemlosen Strandzugang.

Die Strände

Von Ost nach West verläuft ein sieben Kilometer langer, durchgehender Strand. In den östlichen Randzonen Richtung Málaga liegen auch Strände, die nur bescheidene Serviceeinrichtungen haben, aber dennoch auf insgesamt wohl gute zwei Kilometer Länge kommen. Einsam ist es hier nun auch nicht gerade, aber lange nicht so voll, wie an den Hauptstränden.

Die **Playa del Bajondillo** ist der zentrale Strand von Torremolinos, immer gut besucht und mit genügend Lokalitäten in der Nähe, allein etwa 25 *chiringuitos!* Hier ist immer kräftig was los. Er endet nach knapp 1100 Metern an einem kleinen, felsigen Vorsprung, der den Strandverlauf aber nur kurzfristig unterbricht. Mit durchschnittlich 30 Metern Breite zählt dieser Abschnitt zu den schmaleren. Wie alle Strände hier ist er grausandig.

Ganz schmal beginnt die **Playa de la Carihuela** direkt hinter dem kleinen felsigen Vorsprung namens Punta de Torremolinos. Aber dann bläst sie sich auf stolze 60 Meter Breite auf und endet erst am Hafen des benachbarten Ortes Benalmádena. So kommt der Strand auf eine Länge von 2100 Metern. Dieser Abschnitt ist noch der schönste, verläuft doch über weite Strecken eine Promenade nur für Fußgänger am Strand entlang. Autos haben hier nichts zu suchen. Außerdem liegen an dieser Promenade etliche gute Restaurants, und die Zahl der Hochhäuser hält sich zumin-

298cs Foto: hf

dest im zentralen Abschnitt in Grenzen. Genau dort kann man sehr angenehm auf der Terrasse eines Restaurants sitzen, recht gut essen und dem Treiben auf der Promenade zuschauen. Es gibt schlimmere Ecken in Torremolinos!

Sehenswertes

Im Bereich des Strandes Carihuela liegt eine kleine Kirche aus dem 18. Jh. mit Namen **Iglesia de Nuestra Señora del Carmen** an der gleichnamigen Straße.

Der schier endlose Strand von Torremolinos

Die Kneipengasse im Ortsteil Carihuela

299cs Foto: hf

Vor vielen Jahrhunderten standen in und um Torremolinos etliche **Windmühlen,** daher stammt übrigens auch der Ortsname (*molino* = Mühle, *torre* = Turm). Von diesen blieb nur der Rumpf einer einzigen übrig, er steht in der Fußgängerzone San Miguel. Das war's schon an klassischen Sehenswürdigkeiten.

Ein abendlicher Spaziergang entlang der Strandpromenade oder, noch eindrucksvoller, entlang der calle San Miguel bietet prägende Eindrücke ganz anderer Art. Tausende schieben sich dann durch die schmalen Gassen, suchen Lokale, bestaunen Tinnef und Tand in den Shops – ein abendliches Ritual, das offensichtlich für alle dazugehört: sehen und gesehen werden. Die **calle San Miguel** und die Seitengassen bilden das geschäftige Zentrum. Dort liegt Shop neben Bar, Restaurant neben Eisdiele. Am Ende der calle San Miguel geht es die schon erwähnten Treppen hinunter zum Strand; dieser Bereich wird **Bajondillo** genannt. Dort ist's eh schon eng, aber am Abend schieben die Händler ihre Waren auch noch mitten in den Weg. So kommt der ganze Zug ins Stocken und so mancher zu einem Kauf, den er gar nicht tätigen wollte.

Unterkunft Angeblich 40 % der gesamten Hotelkapazitäten der Costa del Sol sollen in Torremolinos versammelt sein. Hier ein winziger Ausschnitt, querbeet durch alle Preisklassen:

- **Hotel Fénix€€€**, c/ las Mercedes 22, Tel. 952 375 268, Fax 952 387 183, www.summahoteles.com. Das Haus hat 121 Zimmer und liegt genau am Felsabhang. Vom Eingang geht es deshalb zu den Zimmern nach unten, nicht nach oben. Zum Strand geht es im hoteleigenen Lift ebenfalls nach unten.
- **Pension Sola€€**, c/ Cuesta del Tajo 14, Tel. 952 380 917. Diese kleine 14-Zimmer-Pension liegt sehr zentral am Ende der Fußgängerzone, die ersten Treppen müssen schon hinuntergegangen werden.
- **Hostal Guadalupe€**, c/ Peligro 15, Tel. 952 381 937, www.hostalguadalupe.com. Ein kleines, nettes Haus mit 8 Zimmern, unweit vom Strand in einer engen Straße gelegen, „unten“ am Ende der Bajondillo. WiFi gratis.
- **Hotel El Pozo€€**, Pasaje de la Fuente 4, Tel. 952 380 622, Fax 952 387 117. Kleines Haus mit 28 Zimmern, das sehr zentral liegt, einmal „um die Ecke“ von der Fußgängerzone.
- **Hostal Micaela€€**, c/ Bajondillo 4, Tel. 952 383 310. Ein kleines, familiäres Haus im andalusischen Stil am unteren Ende der Treppen.

Im Ortsteil Carihuela:

- **Hotel Miami€-€€**, c/ Aladino 14, Tel./Fax 952 385 255, www.residencia-miami.com. Das kleine Haus mit 26 Zimmern ist eine wirklich grüne Oase im Betonbrei von Torremolinos, etwas im kastilischen Stil gehalten, mit begrün-

Übernachtung
1 Hotel Miami
2 Hotel Mediterráneo
8 Hotel El Pozo
10 Hotel Fénix
12 Pensión Sola
13 Hostal Guadalupe und Hostal Micaela
14 Campingplatz

Essen und Trinken
2 Restaurant Antonio, Restaurant Roqueo und andere
3 Restaurante Casa Juan
6 Restaurant Lanjarón
7 La Bodega
9 Bodega Guerola
11 Restaurant La Escalera und Bodega Quitapena

tem, palmenbestandenem Garten. Es liegt in einer Seitenstraße, aber nicht zu weit vom Meer entfernt und ist eine Art Liebhabertipp, da es sehr persönlich geführt wird. Die Einrichtung plante übrigens ein Vetter von Picasso!

- **Hotel Mediterráneo**€€, c/ Carmen 43, Tel. 952 381 452, Fax 952 051 974. Direkt am Strand gelegenes, kleines Haus mit 34 eher kleineren Zimmern, die Balkone haben, aber teilweise auch zur Straße zeigen. Unten liegt ein Lokal.

Camping

- **Camping Torremolinos,** 2. Kategorie, Lomas del Paraíso 2, an der N-340 bei km 228, Tel. 952 382 602, www.campingtorremolinos.com. Die Betreiber des kleinen Campingplatzes vermieten keine Parzellen, sondern nehmen jeden auf, der noch irgendwie sein Zelt platzieren kann. Dadurch wird es so eng, dass man kaum mehr als einen halben Quadratmeter Platz hat, vom Parkplatz ganz zu schweigen. Die Sanitäranlagen reichen im Sommer für den Ansturm kaum aus. Außerhalb der Saison sieht es anders aus. Vom Campingplatz sind es etwa 500 m bis zur Playa los Álamos und ca. 200 m bis zur gleichnamigen Bahnstation.

Essen & Trinken

Ein paar Tipps, um sich im Gewusel zurechtzufinden und für die auch ein paar Schritte mehr lohnen.

- **La Bodega,** c/ San Miguel 40, Tel. 952 387 337. Eine urige, spanische Pinte mit langem Tresen. Spezialität des Hauses sind *pescaítos fritos,* frittierte Sardinen. An den Wänden hängen großformatige Fotos vom Torremolinos der 1950er Jahre – und daneben als Vergleich von heute ...

•**Bodega Guerola,** c/ Las Mercedes 2. Eine der ältesten Bodegas der Stadt mit leckerem *vino* und ebensolchen Tapas, was keine Selbstverständlichkeit darstellt in einem Ort wie diesem.
•**Restaurante Chino,** Plaza San Miguel 13, Tel. 952 050 348. Der Chinese liegt auffällig am Ende der Fußgängerzone in der ersten Etage und bietet eine breite Menüauswahl und einen superben Blick von den kleinen Balkonen auf das Treiben unten auf der Plaza.
•**Bodega Quitapena,** liegt unterhalb des chinesischen Restaurants Miramar. Jeder, der die Treppen zum Strand hinuntergeht, passiert das Lokal. Eine ganz nette Bar, in der auch Málagawein ausgeschenkt wird, sowie kleinere Gerichte.
•**Restaurante La Escalera,** c/ Cuesta del Tajo 12, Tel. 952 058 161. Liegt direkt an der Treppe hinunter zum Strand gegenüber der Bar Quitapenas. Nette Einrichtung, gute Speisen und ein formidabler Blick aufs Meer.
•**Restaurante Lanjarón,** c/ Europa 12, Tel. 952 388 774. Liegt außerhalb der Strandmeile oberhalb der zentralen Durchgangsstraße. Hier gibt es seit fünfzig Jahren Hausmacherküche zu vernünftigen Preisen.

Im Ortsteil Carihuela:

Im Bereich Carihuela liegt in der calle del Mar ein Restaurant neben dem anderen. Die meisten haben auch eine Terrasse zur Strandpromenade.
•**Restaurante Roqueo,** c/ Carmen 35, Tel. 952 384 946. Ein Lokal mit guter Fischauswahl und schöner Meerblick-Terrasse.
•**Antonio,** Plaza del Remo 6, Tel. 952 383 060. Dieser Klassiker an der Restaurantmeile von Carihuela bietet tadellose Fisch- und Fleischgerichte.
•**Casa Juan,** c/ San Ginés 20, Tel. 952 373 512. Traditionslokal in Carihuela mit einem großen Speiseraum für 170 Gäste. In der warmen Zeit wird die Terrasse geöffnet und es wird auf der Straße unglaublich voll, weil die benachbarten Lokale alle die gleiche Idee haben. Dann herrscht dort ein unglaubliches Gewusel, Stimmengewirr und die Kellner leisten Schwerstarbeit. Die Speisekarte bietet vorzüglichen Fisch.

Adressen

•**Aqualand,** c/ Cuba 10, www.aqualand.es, liegt etwas außerhalb, kostenloser Buszubringer. Großer Badepark mit etlichen Rutschen und Spaßbecken. Geöffnet: Mitte Mai bis Mitte September, Eintritt: 23 €, Kinder (4–12 Jahre) 17,50 €.
•**Crocodile Park,** c/ Cuba 14, www.crocodile-park.com, zeigt über 300 Krokodile. Geöffnet: ganzjährig ab 10 Uhr, Eintritt: 13 €, Kinder (4–12 Jahre) 10 €.
•**Busstation:** c/ Hoyos s/n
•**Post:** Avenida Palma de Mallorca 25

Feste

•**Erster Donnerstag im Juni:** Día del pes aíto frito (Tag des frittierten Fisches), der dann kostenlos abgegeben wird.
•**16. Juli:** Virgen del Carmen, im Ortsteil Carihuela, mit Meeresprozession.
•**Erster Donnerstag im September:** Día del turista im Viertel Carihuela. Musikalische Vorführungen, Paella-Schmaus und auch pesacíto frito wird kostenlos verteilt.
•**29. September:** San Miguel, einwöchige Feier zu Ehren des Schutzpatrons.

Markt

•**Donnerstag**

Benalmádena

- **Einwohner:** 61.000 in allen drei Ortsteilen
- **PLZ:** 29630
- **Entfernung nach Málaga:** 20 km
- **Touristeninformation:** Avda. Antonio Machado 10, Tel. 952 442 494, Fax 952 440 678, www.benalmadena.com

Überblick

In den 1960er und -70er Jahren spielte sich in etlichen Dörfern Andalusiens das gleiche Drama ab, wenn folgende Voraussetzungen gegeben waren: a) eine möglichst küstennahe Lage, b) eine möglichst unberührte, „typische" Atmosphäre und c) die Ankunft der ersten Touristen, die Punkt a) und b) dem Rest der Welt erzählen konnten. Dann entwickelten sich die Dinge folgendermaßen: Immer mehr Touristen kommen und suchen das Ursprüngliche. Pfiffige Investoren erkennen die Chance und bauen Hotels, woraufhin weitere Urlauber kommen. Dann fangen die ersten Baulöwen an, nicht mehr nur im Dorf zu bauen, sondern direkt an der Küste. Das gefällt den Touristen noch viel besser, weitere strömen heran. Irgendwann stehen so viele Gebäude an der Küste, dass ein neuer Name fällig wird, der Einfachheit halber der des alten Dorfes, ergänzt um den Zusatz „Costa". Das alte, ehemalige Dorf interessiert alsbald niemanden mehr, „Costa" ist das Ziel aller Sehnsüchte.

Genauso passierte es in Benalmádena. Der neue Komplex am Meer schließt sich direkt an Torremolinos an und heißt, na wie wohl? Benalmádena Costa. Das alte Dorf nennt sich konsequenterweise „Dorf", also Benalmádena Pueblo. Da nun aber vier Kilometer zwischen Costa und Pueblo liegen, dachten sich flinke Bauherren, dass man hier ja auch noch was hinsetzen könnte, beispielsweise Wohnungen für Langzeiturlauber. Gesagt, getan, eine dritte Siedlung entstand. Nur der Name passt nicht ins System, das Gebilde wurde **Arroyo de la Miel** (Honigsbach) getauft. Hier befindet sich der Bahnhof der Nahverkehrslinie nach Málaga.

Die Strände

Torremolinos und Benalmádena Costas sind direkt miteinander verwoben. Ein Erkennungsmerkmal dafür, dass der neue Ort beginnt, ist der Hafen. Der gehört zu Benalmádena, und genau dort liegt auch der erste Strand.

Die 600 Meter lange **Playa Malapesquera** liegt zwischen Hafen und Castillo Bil-Bil und wird von einer sehr stark befahrenen Straße begrenzt. Die ersten Hochhäuser erheben sich bald dahinter, also keine Idylle. Der grobe Sand ist auch hier dunkel.

Ein ehemaliges maurisches Gebäude, das direkt am Wasser liegt, markiert die Trennlinie zur **Playa Arroyo de la Miel-Bil-Bil.** Dieser Abschnitt gilt als der Stadtstrand. Hier ist es etwas angenehmer und ruhiger, besonders im oberen Abschnitt der 1400 Meter langen *playa.* Aber eine Idylle darf auch hier nicht erwartet werden, das Häusermeer nimmt nur langsam nach oben hin ab.

Benalmádena Costa

Die Küstenlinie dieser Feriensiedlung ist kein besonderer Augenschmaus. Hochhäuser recken sich in der ersten und zweiten Strandreihe in den Himmel. Hinter dem nicht übermäßig breiten Strand folgt ein Fußweg – die Bezeichnung Promenade würde falsche Assoziationen auslösen –, und daneben verläuft die N-340 zweispurig in jeder Richtung mitten durch den Ort.

Ein Ruhepunkt kann hier immerhin gefunden werden: das **Castillo de Bil-Bil,** ein kleines Gebäude in maurischem Stil. Drinnen werden ein paar Bilder ausgestellt. Man kann von hier ganz prima über die Küste schauen und die Ruhe genießen.

Genau zur anderen Seite liegt die **Marina.** Ganz offensichtlich möchte man hier den Luxushafen Puerto Banús in Marbella kopieren. Nicht nur, dass hier wirklich einige schicke Jachten festmachen, im Umfeld der Marina wurden stilvolle, leicht in maurischem Stil gehaltene Apartments gebaut. In dieser verwinkelten Anlage liegen Dutzende von Shops, Lokalen und auch ein paar Discos.

Selwo Marina

Ein Marinepark, der Vögel und maritime Säugetiere aus Südamerika vorstellt, insgesamt immerhin 2000 Tiere, die, wie es im hauseigenen Prospekt heißt, „live in semi-freedom“. Stars der Anlage sind Delfine und Pinguine. Die Anlage ist im Ort ausgeschildert und liegt beim Parque Municipal la Paloma, etwas entfernt von der Küste. Abfahrt etwa Höhe Castillo de Bil-Bil.

Blick über Benalmádena vom Dorf bis zur Küste

300cs Foto: hf

•**Geöffnet:** täglich ab 10 Uhr, Jan./Febr. geschlossen, Eintritt: Erw. 18 €, Kinder (3–7 Jahre)/Pensionäre 13 €, www.selwomarina.es.

Sea Life Center

An der Zufahrt zum Hafen wurde ein **Meeresaquarium** angelegt, das in verschiedenen Becken Meerestiere, vor allem aus dem Mittelmeerraum, zeigt. Neben dem ersten Becken hat man die Silhouette von Benalmádena nachgebildet. Das Becken selbst ist so gestaltet, als sei es eine Fortsetzung des Wandgemäldes, beispielsweise wurden Felsen angedeutet, die im Becken tatsächlich liegen. In anderen Aquarien folgen weitere thematische Darstellungen, wie ein untergegangenes Schiff und die sich neu bildende Meeresfauna. Der Clou ist die Legende von Atlantis: Der Besucher wandert durch einen Glastunnel und betrachtet versunkene Skulpturen, das Ganze von sphärischer Musik begleitet. In weiteren Becken werden tropische Fische gezeigt. Jetzt gibt es hier auch eine etwas enge **Minigolfanlage.**

•**Geöffnet:** Tägl. 10–18 Uhr, Eintritt: Erw. 13,95 €, Kinder (3–11 Jahre) 11,95 €. Wer online bucht, zahlt nur knapp die Hälfte: www.visitsealife.com.

Tivoli World Eine Art **Vergnügungspark** mit kleinen Karussells, Showeinlagen, Wasserrutschen und viel Spektakel speziell für kleinere Gäste findet sich in Arroyo de la Miel. Vom Hafen aus fährt eine kleine Bimmelbahn bis direkt vor den Eingang.

• **Geöffnet:** April bis Oktober täglich, restliche Zeit nur So. Die Zeiten schwanken stark, unter der Woche beginnt der Einlass um 16 Uhr, am Wochenende bereits um 11 Uhr, im Sommer ab 18 Uhr. Geschlossen wird zwischen 21 und 1 Uhr, im Sommer erst um 2 Uhr, Eintritt: 10 €. Wer das „supertivolino" für 12 € erwirbt, kann fast alle Attraktionen nutzen. www.tivoli.es.

Telecabina Direkt beim Tivoli World liegt die Station einer **Seilbahn.** In 12 Minuten fährt die Telecabina auf eine Höhe von 771 Metern zum Gipfel Calamorro. Klarer Himmel vorausgesetzt, genießt man dann einen phänomenalen Weitblick.

Allein die Fahrt ist schon spektakulär, der Blick (bei klarer Sicht) phänomenal. Oben angekommen, wird noch einiges geboten. So besteht dort beispielsweise eine **Falknerei** und einmal pro Stunde gibt es dann eine Flugvorführung. Weiterhin können kurze Ausritte mit einem Esel unternommen sowie den Vorführungen einer **Reitschule** zugeschaut werden. Die jeweiligen Zeiten stehen auf dem Ticket.

• Die **Seilbahn** fährt ab 12 Uhr, der Betrieb endet je nach Jahreszeit zwischen 18 und 21.30 Uhr. Ein Rückfahrtticket kostet 5,35 €. Man kann auch nur One-way fahren (3,70 €) und dann einen Pfad hinunterwandern.

• Eine kleine **Bimmelbahn** fährt einmal pro Stunde ab Hafen direkt bis zum Eingang des Tivoli-Parks.

Unterkunft • **Hotel Balmoral**[€€-€€€], Avda. Antonio Machado 1, Tel. 952 443 640, Fax 952 443 642, www.hotel-balmoral.net. Ein Haus mit 210 Zimmern, das in der 2. Reihe, aber dennoch nicht zu weit vom Strand entfernt liegt.

• **Hotel Best Tritón**[€€€€], Avda. Antonio Machado 29, Tel. 952 443 240, Fax 952 442 649, www.besthotels.es. Das 183-Zimmer-Haus liegt in allererster Reihe zum Strand. Von hier hat man es nicht weit zu den Bars am Paseo und beim Hafen. Kleiner Gag: An der Hausfront zur Straßenseite gibt es zwei Außenlifts.

147c Foto: sm

Essen & Trinken

- Speziell beim Hafen liegen ein paar empfehlenswerte Lokale, z. B. die Cafetería vom Sea Life Center, mit ruhiger Terrasse.
- Hier liegen noch etliche weitere Lokale, z. B. **Restaurante El Mero,** Tel. 952 440 752. Ein schön gestaltetes Lokal, das heraussticht, aber nicht ganz billig ist, ebenfalls mit netter Terrasse zum Hafen, Fischgerichte.
- **Parolaccia Pizzería,** liegt neben El Mero und ist ein Beispiel für viele ähnlich gestrickte Lokale, die es hier gibt. Geöffnet: 12–1 Uhr, Tel. 952 440 487, neben Pizza gibt es argentinische Steaks.

Adressen

- **Bahnhof:** Die Station Arroyo de la Miel liegt an der Avda. de la Estación, ziemlich weit vom Hafen entfernt.
- **Schiffstouren:** In der Marina bieten viele Kapitäne die unterschiedlichsten Touren an. Sowohl Kurztrips zum Schnorcheln vor der Küste, als auch mehrstündige Angeltouren. Bei Interesse einmal durch den inneren Ring der Marina schlendern und Infos direkt beim Schiff einholen.

Regelmäßige Schiffstouren **nach Fuengirola** bietet beispielsweise die *Starfish* an, die mehrmals täglich diesen Trip macht. Infos: Avda. Machado 28, Tel. 952 444 881, www.costasolcruceros.com oder direkt am Hafen.

301cs Foto: hf

- **Busse zum Pueblo:** Abfahrt vom Hafen oder von der Avda. Antonio Machado, schräg gegenüber vom Hotel Tritón
- **Discos:** *Kiu,* Plaza Solymar, unweit der Post zu finden, existiert seit 1991 und bietet in vier Sälen jeweils unterschiedliche Musik-Richtungen.
- **Golf:** *Club de Golf Torrequebrada,* Ctra. N-340, km 220, Tel. 952 442 742
- **Post:** Avda. Antonio Machado 20, genau vor dem Abzweig zum Hafen

Feste

- **23. Juni:** Feria de San Juan
- **16. Juli:** Virgen del Carmen
- **14.–18. August:** Fiestas Patronales Virgen de la Cruz

Markt

- **Freitag** in Arroyo de la Miel (Tivoli)

Mit dem Boot bis vors Appartment in Benalmádena

Benalmádena Pueblo

Benalmádena Pueblo ist eine Wohltat gegenüber dem Ferienort! Hier spaziert man durch ein kleines andalusisches Dorf mit kalkweißen Häusern und vergitterten Fenstern. Die Häuser sind niedrig, die Straßen eng, die Siesta wird pünktlich eingehalten. Wunderbar kann übrigens der Kontrast von alt und neu vom Vorplatz der Dorfkirche **Parroquía Santo Domingo** aus betrachtet werden. Das komplette Panorama von Benalmádena eröffnet sich, sowohl die kleinen, weißen Häuser im Pueblo als auch die Hochhausriesen der Costa.

Archäologisches Museum

Die örtliche Sehenswürdigkeit ist das **Museo Arqueológico Municipal,** an der Hauptstraße Av. Juan Luis Peralta 49 gelegen. Ausgestellt ist eine Sammlung des mexikanischen Malers *Felipe Orlando* von diversen Fundstücken aus Mexiko, Costa Rica, Kolumbien, Ecuador und Nicaragua, datierend aus vorkolumbischer Zeit. Weiterhin sind Fundstücke aus der Umgebung des Ortes zu sehen.
- **Geöffnet:** Di–Sa 9.30–13.30, 18–20 Uhr, So 10–14 Uhr, Eintritt frei

Stupa

Knapp außerhalb befindet sich die größte buddhistische Stupa (33 Meter) in der westlichen Welt. Ursprünglich war eine Stupa mal ein **Grabhügel** für indische Herrscher, später wurden dort **Reliquien von Buddha** oder von hochrangigen buddhistischen Mönchen aufbewahrt. Diese Stupa wurde 2003 eingeweiht. Die strahlend weiße Kuppel fällt schon von weitem auf, vor allem von der höher gelegenen Straße betrachtet kontrastiert die goldene Spitze mit dem fernen Blau des Meeres. Man kann die Stupa betreten, an den Wänden finden sich Abbildungen aus Buddhas Leben. Des Weiteren gibt es einen Shop und wer möchte, kann sich die Bedeutung der Stupa erklären lassen und Fragen zum Buddhismus stellen.
- **Geöffnet:** Di–Sa 10–14, 16–20, So 10–20 Uhr.

Plaza España

Die Plaza España ist genau der richtige Ort, um einen Dorfbummel mit einer Erfrischung zu beenden. Dort bieten drei **Lokale** Speis' und Trank in gemütlicher Atmosphäre, z. B. „La Fuente", das ein Menú de Tapas anbietet, aber auch weitere kleinere Gerichte. Man sitzt dort auf der kleinen Terrasse ausgesprochen nett. In der Mitte des Platzes steht ein kleiner **Brunnen** mit der Skulptur der

302cs Foto: hf

„Niña de Benalmádena", die den Fremden etwas anbietet und zur Symbolfigur des Ortes geworden ist.

Unterkunft

- **Fonda de Benalmádena**€€€, c/ Santo Domingo 7, Tel. 952 568 273, Fax 952 568 273, www.fondahotel.com. Ein hübsches, mit viel Liebe zum Detail eingerichtetes kleines Haus, mitten im Dorf gelegen (ausgeschildert). Das hauseigene Restaurant serviert spezielle Gerichte, da hier eine Hotelfachschule angeschlossen ist. Nur mittags gibt es hier ausgezeichnete Küche zu relativ günstigen Preisen.

Essen & Trinken

- **Casa Fidel,** c/ M.J. Ayala Berrucal 3, Tel. 952 449 165. Ein gemütliches Lokal mitten im Dorf, jeder kennt es. Der Besitzer, mit Vornamen *Fidel,* ist heute Rentner. Hier wird klassische andalusische Küche gekocht und im Sommer speist man auf der Terrasse, im Winter drinnen vor dem beachtlichen Kamin.

Markt

- **Freitag** in Benalmádena-Pueblo
- **Mittwoch** am Parque de la Paloma

Benalmádena Pueblo ist ein beschauliches Dorf

Fuengirola

- **Einwohner:** 71.800
- **PLZ:** 29640
- **Entfernung nach Málaga:** 29 km
- **Touristeninformationen:** Avda. Jesús Santos Rein 6, Tel. 952 467 457, Fax 952 465 100, www.visitafuengirola.com

Überblick

Zur Zeit von *Abderramán III., der* von 929 bis 961 als Kalif in al-Andalus herrschte, existierte Fuengirola bestenfalls als Garnisonsflecken. Aber ausgerechnet hier ließ er eine Burg bauen, das **Castillo de Sohail.** Das ist für den Ort denn auch so ziemlich das einzige historisch Erwähnenswerte, abgesehen davon, dass sowohl die Phönizier als auch die Römer sich hier schon früher versucht hatten.

Nein, mehr als ein Fischerdörfchen war Fuengirola nie. Dann brach wie ein Wirbelsturm der Tourismus herein, Betten wurden benötigt, genau wie Tresen und Zapfhähne. Der Ort wuchs, wurde groß und größer. Der Stadtkern ist heute ein einziges Häusermeer. Die A-7 führt im großzügigen Bogen außen herum, eine zweite wichtige Straße verläuft entlang der kilometerlangen Promenade. Etwa 25 % der Bewohner sollen Ausländer sein, darunter ein ziemlich hoher Anteil an britischen Staatsbürgern.

Die Strände

Die **Playa de las Gaviotas – los Boliches** – ein Strand, zwei Namen – ist einer der beiden Hauptstrände des Ortes. Er beginnt beim Hafen und endet bei einem kleinen Damm im benachbarten Torreblanca. Ein heller, teilweise 60 Meter breiter Sandstrand erstreckt sich über 2500 Meter, begleitet von einer Promenade, leider auch von einer stark befahrenen Straße und noch „leiderer" von einer langen Mauer von Hochhäusern.

Noch ein Strand mit Doppelnamen, diesmal aber leichter erklärbar. Die Mündung des Río de Fuengirola teilt diese *playa:* rechts (Blickrichtung Meer) liegt die **Playa del Castillo** vor selbigem, links die **Playa de Santa Amalia.** Letztere ist ein typischer Stadtstrand, immer gut besucht, mit diversen Shops, *chiringuitos* und Menschen. Die Hochhausriesen bleiben treu bis zur Flussmündung. Die Gesamtlänge beträgt 2300 Meter, die Breite etwa 30 Meter, der Sand ist relativ hell.

Sehenswertes

Castillo de Sohail

Das **Castillo de Sohail,** im 10. Jh. errichtet, liegt am Ende der Strandpromenade. Diese findet ihren Abschluss an der Mündung des Río Fuengirola, die Burg steht auf der anderen Flussseite. Sie ist sechseckig und hatte ursprünglich hohe Wehrtürme und -mauern. Während der Rückeroberung ließen die Christen jedoch auch hier kaum einen Stein auf dem anderen. Nach einigen Restaurierungsarbeiten kann man heute von der leicht erhöht liegenden Festung ganz gut die benachbarten und viel jüngeren „Türme" betrachten. Speziell im Sommer finden hier auch Konzerte statt.

• **Geöffnet:** Meist ab 10 Uhr, im Sommer ab 9.30 Uhr. Geschlossen wird meist gegen 18.30 Uhr, im Sommer um 21 Uhr. Eintritt: 3 €

Promenade und Hafen

Die schiere Masse der Hochhäuser hat beinahe auch schon wieder etwas von einer Sehenswürdigkeit, es können sogar einige Baustile unterschieden werden. Die nett gestaltete Promenade davor verläuft über stolze sieben Kilometer, was in ganz Andalusien kaum überboten wird. Im Bereich des **Hafens** wurde wohl mal gestartet nach dem Motto: nicht kleckern – sondern klotzen! Hier finden sich ein paar Kneipen, die unweit der Hafeneinfahrt etwas versteckt auf Kundschaft lauern. Im Hafen dümpeln nicht nur Hochseejachten, sondern vereinzelt auch Fischerboote.

An der **Strand-Promenade** erheben sich eine ganze Reihe von Hochhäusern. Zumeist sind dies Apartment-Blocks mit etwa 10 bis 15 Etagen. Im Erdgeschoss befindet sich immer eine Zeile mit Geschäften oder Lokalen. Interessanterweise gibt es einige wenige Plätze, die hinter den Hochhäusern liegen. Besonders die gar nicht so kleine **Plaza de la Constitución** zeigt sich erstaunlich ruhig und beschaulich, dabei liegt sie nur wenige Schritte von der quirligen Promenade entfernt. Dort steht auch die hübsche kleine **Kirche Parroquia de Nuestra Señora del Rosario.** Obwohl erst um 1940 erbaut, hat sie ein an die Barockzeit erinnerndes Portal, während sie im Inneren eher schlicht ausfällt.

Apartments mit Meerblick in Fuengirola

274cs Foto: hf

Zoo de Fuengirola

Dieser Tierpark liegt recht zentral an der Avenida Camilo José Cela 8–10. Der Zoo ist in drei Großbereiche unterteilt, die sich an folgenden Regionen orientieren: Madagaskar, Afrika und Südostasien. In diesen drei Zonen leben etwa **140 Tierarten** in artgerechter Haltung. Das würdigte auch die Zeitschrift *National Geographic*, die ihn zu einer der modernsten Anlagen Europas kürte.

• **Geöffnet:** Ganzjährig ab 10 Uhr, im Juli und August sind Nachtbesuche möglich, Eintritt: 16 €, Kinder (3–9 Jahre) und Rentner 11 €

Museo de la Historia de la Ciudad

In diesem stadtgeschichtlichen Museum in der Avenida Camilo José Cela 2, unweit von Zoo und Stierkampfarena gelegen, kann man sich einen Überblick zur Ortshistorie verschaffen. Die Ausstellung ist in zwei Bereiche unterteilt: Zum einen **Exponate der alte Geschichte** aus der Zeit der Phönizier, Römer und Araber. Der andere Bereich zeigt **ethnografische Artefakte,** beispielsweise zum traditionellen Fischfang, zum Kunsthandwerk und zur Landwirtschaft.

• **Geöffnet:** tägl. 11–14 Uhr, Eintritt: 2 €

Plaza de Toros
Zoo
Parque del Sol
Camino de Coín
Córdoba
Mirasierra
Avenida de Mijas
Av. Alcalde de Clemente Díaz Ruiz
Bahnhof
Museo de la Historia de la Ciudad
Av. Camilo José Cela
Avda. Juan Gomez "Juanito"
Paseo Jesus
Salvador Cortés
Hnos. Pinzón
Alfonso XIII
Héroes del Dos de Mayo
Molino del Viento
M. J. Larrucea
Victoria
Molino
Plaza Ayuntamiento
San Antonio
Avda. Estación
San Pancracio
Parque de España
Av. Matías Saenz de Tejada
Av. Condes de San Isidro
Avenida Ramon
Fafael Guerra
Avenida Condes de San Isidro
San Rafael
Parroquia de Nuestra Señora del Rosario
Pl. Braille
Pintor Nogales
Tostón
Marbella
Troncón
Sohail
Sol
Cuesta
Plaza de la Constitución
Jacinto Benavente
Martínez Catena
Castillo de Sohail
Marconi
Alemania
Palangreros
España
Capitán
Antonio Sedeño
Salvador Rodríguez Navas
Larga
Cruz
Oviedo
Ollerías
Moncayo
Miguel Márquez
Castillo
Plaza España
Marina
Paseo Marítimo Rey de España
Paseo Marítimo Peotonal
Playa de Santa Amalia
0
200 m

Fuengirola
José Zorrilla
Maestra Angeles Azpiazu
Rodrigo de Triana
Romería del Rocío
Feria de Jerez
Pl. Isabel Pantoja
Santos Rein
Paseo Jesus Santos Rein
Cuartel Simancas
Juan Ramón Jiménez
Pizarro
Redondo
Dionisia
Teresa Zabell
Avenida de los Boliches
y Cajal
Avenida Ramon y Cajal
9
10
Lamp de Espinosa
Dr. Gálvez Ginachero
Juan Sebastián Elcano
Asturias
Cristóbal Colón
General Rodrigo
Hermán Cortés
P
Plaza López Yebra
Minitren
Paseo Marítimo Rey de España
Paseo Marítimo Peotonal
Hafen
MITTELMEER
Übernachtung
1 Campingplatz
5 Pension Cuevas
6 Hostal Italia
Geschäfte
10 Markt
Essen und Trinken
2 Restaurant La Paz Garrido
3 Café La Tahona de Carmen
4 Restaurant Mesón Salamanca
7 viele Bars, z.B. Restaurante El Chaquete del Plata
8 Bar Tarifa
9 Restaurant La Langosta

Unterkunft

- **Pension Cuevas€€**, c/ Capitán 7, Tel. 952 460 606. Mit die preiswerteste Bleibe von Fuengirola, nur 13 vernünftig eingerichtete Zimmer.
- **Hostal Italia€€**, c/ de la Cruz 1, Tel. 952 474 193, Fax 952 461 909, www.hostal-italia.com. Ein Haus mit 40 angenehmen Zimmern, die auch einen kleinen Balkon haben. Das Haus liegt in einer Seitenstraße, in der Nähe befinden sich einige Bars, zum Strand ist es nicht mehr als vielleicht 200 m.

Camping

- **Camping Fuengirola,** 2. Kat., Ctra. N-340, km 207, Tel. 952 474 108, http://campingfuengirola.net, ganzjährig geöffnet. Dieser Platz liegt etwas außerhalb des Ortes, nur ein paar hundert Meter hinter dem Castillo de Sohail. Er hat Kapazitäten für fast 900 Gäste und eine ganze Reihe Serviceleistungen im Angebot. Zum Strand sind es knapp 100 m, allerdings muss die A-7 passiert werden.

Essen & Trinken

Es dürfte locker über 100 Lokale geben in dieser Stadt. Eine zentrale Meile hat sich in der calle Moncayo und den Seitenstraßen gebildet, die direkt vom Hafenvorplatz ins Häusermeer abzweigt. In den Pubs stoßen vorzugsweise Briten an. Es gibt dort auch nette Speiselokale wie das **Restaurante El Chanquete del Plata,** Nr. 23. Auf ein paar Bars und Restaurants mit, wie man so sagt, maritimem Flair stößt man, wenn man in die Hafenzufahrt hineingeht und links abbiegt.

- **Restaurante La Langosta,** c/ Francisco Cano 1, im Ortsteil Los Boliches, Tel. 952 475 049. Ein Klassiker seit 1960, klein, aber mit konstanter Qualität an Fischgerichten. Geöffnet: Mo–Sa 19–24 Uhr.
- **Café La Tahona de Carmen,** Avda. Juan Gómez, Ecke c/ Ripollet (unweit des Bahnhofs). Breite Kuchenauswahl.
- **Bar Tarifa,** c/ Emancipación 15, Tel. 952 665 065, liegt an der Zufahrt zum Hafen. Sehr klein und unscheinbar, aber beste und vor allem allerfrischeste Ware, denn das Motto des Hauses lautet etwas frei übersetzt: „Vom Kutter direkt in die Pfanne".
- **Mesón Salamanca,** c/ Capitán 1, Tel. 952 473 888. Beliebtes Lokal mit breitem Angebot, u. a. an Fleischgerichten. Außerdem gibt es verschiedene Menüs zu unterschiedlichen Preisen im Rahmen von 9 bis 24 €.
- **La Paz Garrido,** Av. de Mijas 1, Tel. 952 478 341. Zentral gelegenes beliebtes Lokal. Spezialität: *pulpo* (Tintenfisch) und sogenannte „wilde Kartoffeln" (*patatas bravas*).

Adressen

- **Bahnhof:** Avda. J. Gómez Juanito
- **Busterminal:** c/ Alfonso XIII., zentral, nahe dem Bahnhof
- **Discos:** Am Paseo Marítimo in Richtung Castillo liegen etliche Tanztempel.
- **Post:** c/ Daoiz y Velarde 20

Feste

- **23.–24. Juni:** Verbena de San Juan, populäres Fest des Stadtviertels San Juan
- **16. Juli:** Virgen del Carmen, im Viertel Los Boliches, u. a. mit einer Meeresprozession

Die Häuser von Mijas schmiegen sich an den Berghang

- **August:** Verbena del Veraneante (Fest des Urlaubers), ohne festes Datum und Programm, aber mit Spektakel, u. a. der Wahl einer „Miss Turismo"
- **Anfang Oktober:** Nuestra Señora del Rosario, gilt als das wichtigste Fest mit Prozession, Flamenco, Umzug durch die Stadt, *encierro* (eine Art Stiertreiben)

Markt

- **Dienstag** an der Av. de los Boliches, im gleichnamigen Stadtteil am sogenannten „recinto ferial", dem Festgelände, knapp oberhalb der zentralen Durchgangsstraße.
- Täglich findet etwa ab 18 Uhr eine **Fischauktion** im Hafen statt.

Mijas

- **Einwohner:** 6.000
- **PLZ:** 29650
- **Entfernung nach Málaga:** 30 km
- **Touristeninformation:** Plaza Virgen de la Peña s/n, Tel. 952 589 034, Fax 952 589 035, www.mijas.es. Geöffnet: Sommer 9–20 Uhr, restliche Zeit 9–19 Uhr, Sa/So immer 10–14 Uhr.

216c Foto: hf

Überblick

Ein wenig erinnert Mijas an Heidelberg oder Rüdesheim, wo auch alljährlich Heerscharen von neugierigen Besuchern einfallen. Verständlich, dass der kleine Ort im Hinterland von Fuengirola versucht, Profit daraus zu ziehen.

Mijas ist ein sehr schönes Weißes Dorf, fotogen an einem Hang gelegen. Dennoch, ein Spaziergang durch die engen Gassen gleicht ein wenig einem Besuch von Disneyland. Es scheint, als ob gezielt ein typisches andalusisches Dorf präsentiert werden soll. Jedes zweite Haus wurde in eine Boutique verwandelt, die „typische" Souvenirs verkauft – teilweise haarsträubenden Kitsch. Dazwischen bieten etliche Lokale „internationale Gerichte" an – auf Fotospeisekarten, damit es keine Missverständnisse gibt. Der Clou sind die **Burro-Taxis,** bunt geschmückte Esel, auf denen die Touristen eine Runde durchs Dorf drehen können.

Und wo bleibt das Positive? Ganz einfach: Man gehe nur mal eine Straße weiter, verlasse die touristische Hauptmeile, und schon taucht man ein in ein wirklich typisches Dorf. Der Rummel beschränkt sich nämlich auf einen kleinen Bereich.

Sehenswertes

Stierkampf-arena

Die **Plaza de Toros** wurde 1900 erbaut und fällt angenehm auf. Errichtet komplett aus Stein, inklusive der Sitzreihen und Schutzmauern für die Toreros, passt sie sich mit ihrem strahlenden Weiß perfekt dem Dorfbild an. Die ovale Arena ist so klein, dass bei Stierkämpfen auf den Part mit dem „Picador", dem reitenden Lanzenstecher, verzichtet werden muss. Im Vorraum steht ein hübsches Keramikmodell der Arena mit kleinen Figuren der Beteiligten: Stier, Torero, Zuschauer, Arzt und Musikkapelle. Der Besucher kann die gesamte Anlage besichtigen, darf sogar die eigentliche Arena betreten und hinter die Kulissen schauen.

- **Geöffnet:** täglich 10–19 Uhr, im Sommer bis 22 Uhr, Eintritt: 3 €

Stierkampf-museum

Das kleine **Museo Taurino** liegt an der Plaza Virgen de la Peña. Dort sind Exponate aus der Welt des Stierkampfes zu besichtigen (wohl eher nur für ausgewiesene Fans ein Muss).

- **Geöffnet:** tägl. 10–20 Uhr, im Sommer bis 22 Uhr, Eintritt: 3 €

Carromato de Max

Ein Professor *Max* sammelte auf vielen Reisen **Miniaturen;** ein Teil dieser Sammlung kann seit 1972 in Mijas in einer Art Wohnwagen *(carromato)* besichtigt werden. Um einen Eindruck der insgesamt

304cs Foto: hf

360 Miniaturen zu vermitteln: die Sieben Weltwunder auf einem Zahnstocher, das Abendmahl von *DaVinci* auf einem Reiskorn, eine Seeschlacht auf einem Stecknadelkopf, das Vaterunser auf den Rand einer Visitenkarte geschrieben. Den makabren Höhepunkt bildet ein Schrumpfkopf.

- **Geöffnet:** täglich 9–19 Uhr (im Sommer bis 20 Uhr), Eintritt: 3 €, Kinder 0,90 €.

Casa Museo de Mijas

Dieses **Museum** liegt gleich beim Carromato de Max und zeigt eine kleine **ethnografische Ausstellung** zu den alten Berufen und Traditionen des Ortes, so beispielsweise zwei Ölmühlen, eine alte Weinhandlung, eine Bäckerei.

- **Geöffnet:** tägl. 10–13.30, 17–21 Uhr, So bis 20 Uhr, Eintritt ist frei.

Die kleine Stierkampfarena von Mijas

Kirche von Mijas

Die **Iglesia de la Inmaculada Concepción** ist die älteste dreischiffige Kirche von Mijas, errichtet kurz nach der Rückeroberung auf den Ruinen einer Moschee. 1541 wurde der Bau begonnen, 1631 wurde das Gotteshaus schließlich geweiht. Der alte Mudéjarturm wird noch heute als Glockenturm genutzt. Im Inneren schmücken üppige Stuckarbeiten aus dem Jahr 1705 die Kapelle. Bei Restaurierungsarbeiten der Holzdecke im Jahr 1919 entdeckte man acht Fresken mit Bildnissen der Apostel aus dem frühen 17. Jh.

Unterhalb der Kapelle verläuft ein schmaler Weg entlang des Felsabhanges, von dem man einen tollen Weitblick bis an die Küste genießen kann.

Bildnis der Schutzpatronin

In einer Grotte, dem **Santuario de la Virgen de la Peña,** steht ein Bildnis der gleichnamigen Schutzpatronin von Mijas. Die Legende erzählt, dass diese Skulptur acht Jahrhunderte lang versteckt gehalten worden war, bis man sie zufällig entdeckte, just an der Stelle, wo sie heute noch steht. Ein paar Tauben haben den Entdeckern den Weg gewiesen. Zu finden beim Aussichtspunkt El Compás, hinter der Touristeninformation, von dort hat man ebenfalls einen tollen Blick über die Küste.

Eseltaxis

Die **Burro-Taxis** sind der Hit von Mijas. Man darf auf einem Esel reitend eine Runde drehen, oder sogar in einer Art Burro-Rikscha Platz nehmen. Natürlich wird ein Foto gemacht, das man nach der Rückkehr käuflich erwerben kann. Der Spaß kostet etwa 10–15 €, je nach Transport (Reiten oder Kutsche).

Praktische Tipps

Unterkunft

- **Hostal Posada Mijas**€€, c/ Coin 47, Ecke c/ Carril, Tel. 952 485 310. Mit die preiswerteste Unterkunft in Mijas, nur wenige Schritte vom Zentrum entfernt. Kein Pensionsschild vorhanden, nur die Plakette eines französischen Reiseführers weist auf das Haus hin.

Esel und Touristen: Burro-Taxi

303cs Foto: hf

Camping ●**Camping Los Jarales,** 2. Kat., Ctra. N-340, km 197, Tel. 952 830 003, http://campinglosjarales.com. Der Platz liegt oberhalb der alten Nationalstraße, die offiziell hier nun A-7 heißt, unter Pinien und Schattendächern, 765 Personen können hier campen. Zum Strand muss man zwar die A-7 überqueren, er liegt aber nur knapp 300 m entfernt.

Essen & Trinken Satt wird man überall, aber so manches Lokal hat sich doch arg dem touristischen Geschmack gebeugt.

●**Restaurante El Padrastro,** Paseo del Compás 22 (direkt neben *Carromato Max*), Tel. 952 485 000. Internationale und spanische Küche, garniert mit einem tadellosen Blick von der Terrasse ins Tal.

●**Restaurante El Mirlo Blanco,** Plaza de la Constitución 2, Tel. 952 485 700. Hier wird baskische Küche serviert, den Blick auf das Geschehen rund um die *plaza* gibt es gratis dazu.

●**Restaurante El Compás,** liegt hinter der Touristeninformation. Internationale Gerichte, die auf einer ziemlich großen Terrasse unter Bäumen mit sensationellem Fernblick genossen werden können.

Adressen ●**Post:** c/ del Pilar, bei der Plaza de la Constitución

●**Golf:** *Golf El Chaparral,* Ctra. N-340 (A-7), km 203, Tel. 952 493 008; *Golf Miraflores,* Ctra. N-340 (A-7), km 199, Tel. 952 837 353

Feste

- **Erster Sonntag im Mai:** Romería de San Antón, prachtvoller Umzug mit Kutschen und hübsch geschmückten Pferden
- **6.–11. September:** Virgen de la Peña, das wichtigste Fest, u. a. mit Prozession und *encierro,* dem Treiben von Jungstieren durch die Straßen
- **Jeden Mittwoch** findet um 12 Uhr bei gutem Wetter eine Flamenco-Show auf der Plaza Virgen de la Peña statt.

Markt

- **Dienstag**

Verbindungen

- **Busse** nach Torremolinos alle 30 Minuten, nach Fuengirola alle 20 Minuten.

Zwischen Fuengirola und Marbella

Die Küste zwischen Fuengirola und Marbella, eine Strecke von 20 Kilometern, wurde im Laufe der Jahrzehnte mit künstlich geschaffenen Siedlungen zugepflastert. So entstand eine *urbanización* nach der anderen, eine sieht aus wie die andere, und jede wurde nach dem gleichen Prinzip errichtet, nämlich möglichst nahe am Wasser. Unter dem Oberbegriff **Mijas Costa** werden im Allgemeinen einige Küstenabschnitte zusammengefasst wie La Cala, Calaburras und Torrenueva.

Irgendwann wechselte die behördliche Zuständigkeit zu Marbella und damit erhöht sich auch die Zahl der **Golfplätze.** Im näheren Umfeld von Marbella wurden etliche Anlagen geschaffen, einige mit durchaus exklusivem Charme. Die Feriensiedlungen an der Küste verlaufen nun beinahe durchgängig, nur vereinzelt mal unterbrochen von einigen wenigen Campingplätzen. Aber wirklich luxuriöse Anwesen liegen tendenziell eher auch im Hinterland, gut behütet und auch ein wenig versteckt. Das alles entstand im Umfeld und gewissermaßen magnetisch angezogen vom Ruf der Millionärsstadt. Tatsächlich finden sich dort auch **Reiche und Schwerreiche** ein. Das war schon immer so, der Madrider Jetset und die reichen Grundbesitzer verbrachten die Sommermonate hier – oder im kühleren Nordspanien, in der Stadt Santander.

Auch die **Halbwelt** gibt sich ein Stelldichein. Da wird kräftig im Hintergrund gemunkelt, wer sich hier nun schon alles angesiedelt hätte. Die russische und die italienische Mafia sowieso, aber auch genügend Menschen ohne nine-to-five-jobs.

Das Rathaus und die Verwaltungsspitze blieben von diesen Einflüssen auch nicht verschont. Wegen Bestechung und Vorteilsnahme wanderten einige Lokalpolitiker, inklusive des Bürgermeisters, sowie etliche Bauunternehmer hinter Gittern.

Und etwas von dem „Glanz" sollte dann eben auch auf die anderen Gäste abfärben und damit wurde dann die Küste irgendwann zugebaut. Der eigentliche Reiz von Marbella blieb aber erhalten und der ist zu finden in seiner kleinen Altstadt.

Calahonda

Diese *urbanización* zählt zu den größeren. Viele kleine Chalets oder Reihenhausanlagen wurden geschaffen, auch wenn die Architekten immer wieder den einfacheren Weg gingen und in den Himmel bauten. Viele Häuser liegen recht weit von der N-340 und dem Meer entfernt in einstmals ziemlich ruhiger Lage. Dann aber wurde die Autobahn nach Málaga gebaut, und vorbei war's mit der Ruhe.

Der Strand

Immerhin 4300 Meter zieht sich die **Playa Calahonda** etwas schlängelig entlang und endet abrupt an einem **Sporthafen.** Der helle Sand lockt viele Gäste an, die sich auf der ganzen Breite von 25 Metern verteilen.

Unterkunft

Entlang dieser Küste liegen **mehrheitlich Ferienwohnungen,** so gut wie kaum Hotels (und wenn, dann hochpreisige, wie das 5-Sterne-Haus *Don Carlos*) und sonst nur noch einige Campingplätze.

- **Camping Cabo Pino,** 2. Kat., Ctra. N-340, km 194,7, Tel./Fax 952 834 373, www.campingcabopino.com. Oberhalb der Nationalstraße gelegener Platz in einem Pinienwäldchen mit einer Kapazität von 1000 Personen. Der Platz hat zwei Pools, einer davon ist überdacht und beheizt und auch im Winter geöffnet. Weiterhin gibt es ein ganzjähriges Animationsprogramm für Groß und Klein, Bungalows für 2–8 Personen, ein Lokal, Kinderspielplatz und mehrere Sportgelegenheiten.
- **Camping Marbella Playa,** 1. Kat., Ctra. N-340, km 192,8, Tel. 952 833 998, Fax 952 833 999, www.campingmarbella.com. Obwohl der Platz den Namen der Stadt trägt, liegt er doch fast 9 km außerhalb. Es sind nur 150 m bis zum Strand, und die N-340 muss nicht überquert werden. Breites Service-Angebot und Platz für 1600 Personen.
- **Campingplatz Buganvilla,** 2. Kat., Ctra. N-340, km 188,8, Tel. 952 831 973, Fax 952 835 621, www.campingbuganvilla.com. Der Platz kann 1000 Gäste aufnehmen und liegt im Grünen, aber nicht weit von der Nationalstraße entfernt. Wenn möglich, sollte man im oberen Abschnitt eine Parzelle wählen. Zum Strand muss die N-340 überquert werden, dann bleiben noch etwa 500 m. Nach Marbella sind es etwa 7 km Weg. Weiterhin wird geboten: ein Pool, Miet-Bungalows, WiFi, eine Bar-Cafetería und ein Restaurant. Geöffnet: 15.6.–15.9.

Marbella

- **Einwohner:** 106.000
- **PLZ:** 29600
- **Entfernung nach Málaga:** 56 km
- **Touristeninformationen:**
  Plaza de los Naranjos, Tel. 952 823 550, Fax 952 773 621, geöffnet: Nov.–April Mo–Fr 9–20 Sa 10–14 Uhr, Mai–Okt. Mo–Fr 9–21, Sa 10–14 Uhr.
  Glorieta de la Fontanilla s/n, Tel. 952 771 442, Fax 952 858 124, geöffnet: Mo–Fr 9–21, Sa 10–14 Uhr.
  www.marbella.es

Überblick

Wenn ein Synonym für **Luxus** gesucht wird, steht Marbella immer weit oben. Tatsächlich urlaubt schon immer die spanische Hautevolee in Marbella, seien es Filmstars, Banker oder Politiker, immer schön von der Yellow-Press begleitet. Aber auch der **internationale Jetset** versammelt sich hier seit Jahrzehnten, der Geld- und Blutadel, Stars der allerersten Liga.

Seit einigen Jahren kommen immer häufiger auch russische Gäste, die Taschen buchstäblich voller Dollarbündel. Die spanischen Geschäfte reagieren äußerst flexibel. Arabische Preisauszeichnungen gehören längst zum Alltag, nun ergänzen auch kyrillische Schilder das Sortiment.

In ganz Spanien gibt es keinen Ort, an dem sich im Sommer so viel Prominenz versammelt. Wer jedoch glaubt, hier morgens beim Brötchen holen Sean Connery zu treffen oder abends beim Aperitif die Gräfin von und zu ..., liegt mächtig schief.

Marbella selbst ist zwar ein kleiner Ort mit einer hübschen Altstadt geblieben, hat sich aber mächtig ausgedehnt. Über 26 Kilometer verläuft eine Zone, die heute zum Großraum Marbella gezählt wird. Westlich und östlich des eigentlichen Ortes liegen nicht mehr zu zählende *urbanizaciones* und Hotelanlagen. Und irgendwo dazwischen existieren Luxushotels, Privatvillen und streng abgeschottete Clubs, in denen die Prominenz weilt. Die Promis bleiben außerhalb und unter sich.

Viel Geld und vor allem viele Menschen ziehen Taschendiebe und andere **Kleinkriminelle** an. Das dürfte in jeder anderen Touristenhochburg nicht sehr viel anders sein, aber in Marbella nahm die Sache irgendwann überhand. Der Ruf nach einem starken

Mann wurde laut und tatsächlich wählte man 1991 den Bauunternehmer *Jesús Gil y Gil* zum Bürgermeister. Der verordnete der Polizei eine Art Null-Toleranz-Politik. Die Truppe ging gleich rustikal ans Werk, sodass auch einige Unschuldige etwas abbekamen. Gil kommentierte das dann so: „Ein paar Ohrfeigen haben noch nie jemandem geschadet." Ähnlich lässig soll Gil aber auch mit der Stadtkasse umgegangen sein. In seiner Amtszeit wurde kräftig gebaut, ökologische Auflagen wurden missachtet und öffentliche Gelder verschwanden. Angeblich tauchten sie sogar beim Fußballclub Atletico Madrid auf, dem Gil y Gil als Präsident vorstand. 2002 wurde Gil verhaftet, er musste den Bürgermeisterposten aufgeben, seine Nachfolger trieben es aber anscheinend auch nicht viel besser. 2006 löste die spanische Regierung den gesamten Stadtrat auf, erstmals in Spaniens demokratischer Geschichte. 24 Mitglieder des Stadtrates wurden verhaftet. Der Vorwurf: Gelder in großem Stil sollen veruntreut worden sein und Baugenehmigungen wurden nur gegen Schmiergeld erteilt. Etwa 30.000 Häuser sollen so in Marbella illegal errichtet sein.

Die Strände

Marbella verfügt über 26 Kilometer Strand, heißt es. Das stimmt natürlich nur für den Großraum, der Ortskern ist wesentlich kleiner.

Gewissermaßen der Einstiegsstrand von Marbella ist die **Playa Venus-Bajadilla.** Dieser Strand von gut 1000 Metern Länge liegt zwischen dem Fischerei- und dem Sportboothafen etwas am Rande des Ortes. Durch die Nähe zur Altstadt und zu den dortigen Lokalen erfreut er sich reger Beliebtheit bei den Einheimischen.

Westlich des Sportboothafens beginnt die **Playa Fontanilla,** die sich über 900 Meter erstreckt und vergleichbare Merkmale wie die Playa Venus-Bajadilla aufweist. Der Strand besteht aus hellerem Sand; eine nett gestaltete Promenade verläuft parallel, über etliche Hundert Meter sogar autofrei. Im zentralen Bereich erheben sich aber auch einige Hochhausmonster, hier wird man wohl keinen einzigen Prominenten antreffen.

Hier liegen aber auch **einige Lokale,** zumeist mit Terrasse. Ebenso gibt es einige Chiringuitos direkt am Strand, die von der schieren Größe eigentlich schon als fest installiertes Restaurant durchgehen müssten.

Mit der **Playa Nagüeles** wird der eigentliche Stadtkern bereits verlassen, die Chancen, einen Promi zu treffen, werden größer. Das ist an diesem 2500 Meter langen Strand durchaus möglich, liegt hier doch der legendäre Marbella Club. Die Farbe des Stran-

Marbella
★Freiduría Miraflores
Navegacion
Belon
Olivos
Valentuñana
Francisco Quevero
Av. del Mercado
Aduar
Rafina
Ancha
Corrales Bajos
Plaza Fuente Ronda
Remedios
Cruz
Pasaje
Haz del Meson
Peral
Caballeros
Estacion
Calvario
Jacinto Benavente
Plaza de Mijas
Plaza de los Olivos
Plaza Reyes Catolicos
Plaza de la Victoria
Buitrago
San Lazaro
Chica
Fortaleza
Avenida Ricardo Soriano
Paseo de
Travesia
Ensache
Anson
Alonso de Bazan
San Juan Bosco
Maria Auxiliarora
Ramiro Campos Turmo
Miguel Cano
Pasaje Goyo
Francisco Norte
Notario Luis Oliver
Ntra. Sra. der Gracia
Virgen del Pilar
Arias Maldonado
Pozo
Avenida Antonio Belón
Padre José Vera
Acera de la Marina
Parque Constitucion
Paseo Marítimo
Hafen
Puerto Banús
Playa Fontanilla

Übernachtung

2 Hotel Finlandia
3 Hostal Paco
4 Jugendherberge Marbella
8 Hostal Enriqueta
12 Pensión El Castillo
18 Hotel El Fuerte

Essen und Trinken

1 Rest. Pasta Da Bruno und Vanity Marbella
5 Rest. Skina
6 Rest. Medium Rare
7 Rest. La Cuisine
9 Rest. La Pesquera
10 Bar Estrecho
11 Rest. Zafferano
13 La Taberna del Pintxo
14 Bodega La Venecia
15 Bar El Bodegón
16 Rest. Más que Tapas
17 Rest. Marisquería Santiago
19 Rest. La Taberna del Puerto

Los Chiringuitos – eine andalusische Institution

Um es mal mit nicht-andalusischen Augen, vielleicht sogar mit ausländischen zu sagen, was ein Chiringuito sei, genügte ein einziges Wort: „Strandbar". Aber das wäre viel zu einfach, viel zu profan, viel zu falsch. Nein, ein Chiringuito ist mehr. Es ist für Andalusier ein Bestandteil des Sommers, des Urlaubs, fast eine Art Lebensgefühl.

Chiringuitos gibt es an Andalusiens Stränden überall, aber wie ein Chiringuito entstanden sein könnte, darüber macht sich kaum ein Andalusier ernsthaft Gedanken. Aber dass ausgerechnet im fernen Katalonien jemand den Chiringuito „erfunden" haben soll ... also nein, das sei schlicht unmöglich. Und doch hängt in Sitges (30 km südlich von Barcelona) an einer Strandbar, die tatsächlich „Chiringuito" heißt, ein Hinweis, dass besagtes Haus seit 1913 bestünde und dort ein Autor 5 Jahre lang täglich hockte und Artikel für die Zeitung La Vanguardia schrieb. Er selbst nannte die Bar schließlich „chiringuito" und bezog sich damit auf ein Wort, das auf Kuba in jenen Tagen gebräuchlich war, um einen Kaffee zu bestellen. Ob's stimmt?

Natürlich nicht, würde jeder Andalusier mit Vehemenz behaupten und gleichzeitig unterstreichen, dass man einen Chiringuito eben nicht mal so eben erfinden könne. Und ein Katalane am allerwenigsten. Denn wer käme schon auf den Gedanken, in einem Chiringuito zu arbeiten. Eben, bestenfalls ein Katalane ... Stimmt alles, ein Chiringuito gehört einfach zum Strandleben dazu, basta!

Diese Bars sind in der Regel recht einfach gebaut und öffnen im Sommer täglich, ansonsten eher nur am Wochenende. Ein Chiringuito lebt nach einem ganz eigenen Rhythmus. Morgens so gegen 9 Uhr kommen als erstes die Küchenhilfen, zumeist Frauen. Schwerbepackt mit unzähligen Tüten. Inhalt: Tomaten, Reis, Fleisch, Hühnchen und was man halt sonst so braucht. Sie schnippeln dann, putzen Gemüse, waschen, kochen, bereiten alles vor. Schließlich, so gegen 10 Uhr, trudeln die Kellner ein. Eine Kippe hängt lässig im Mundwinkel, die Sportzeitung steckt in der Gesäßtasche, unrasiert mit ultramüden Augen schleppen sie sich heran. Stellen Tische und Stühle parat, putzen den Tresen, stellen Flaschen ins Regal, puzzlen irgendwie herum. Noch nicht recht auf Sendung, aber das macht nichts. Gäste? Fehlanzeige. Höchstens mal ein Ausländer, sozusagen zur falschen Zeit. Die Spanier kommen erst so gegen 12 Uhr, oder später. Das ist die Stunde der Männer. So langsam wird es heiß am Strand, Zeit für ein erstes Bierchen. Offiziell heißt es dann vor der Familie: „Ich gehe mal die Paella fürs Mittagessen bestellen." Und dann stehen sie, die Manolos, Rafas, Pepes am Tresen, löschen den Durst, quatschen über Fußball, Job, Frauen, Politik, Männer-Tresen-Talk eben. So gegen 13 Uhr dann die Stunde der Kinder. Die werden von den langsam unruhig werdenden Müttern geschickt, um die Manolos, Rafas, Pepes zu suchen. Aber die wollen ja gar nicht zurück und bestechen die Kinder mit einem Eis. „Sag Mama, dass die Paella für halb drei bestellt ist." Gesagt – getan.

Ab 14 Uhr füllt sich der Chiringuito beträchtlich, die Familien der Manolos, Rafas, Pepes rücken geschlossen an. Kein Tisch bleibt frei, ganze Clans machen sich unter viel Diskussion breit. Die Kinder quengeln, Mama schimpft, Papa sitzt halb entspannt, halb schon beduselt und guckt einer Bikinischönheit nach. Alles ein ziemliches Durcheinander bei ebenfalls großer Lautstärke. Die Kellner wuseln nun flink durch die Reihen, die Frauen in der Küche spulen ihr Programm routiniert herunter. Und dann kommt endlich die Paella – Ruhe senkt sich über die Tische.

Nach dem Essen hängen alle entspannter auf den weißen Plastikstühlen. Die Kinder kriegen ihr Nachtischeis und sausen zurück an den Strand. Mama trinkt Café cortado, Manolo, Rafa, Pepe jeweils einen Brandy. Es ist mittlerweile 16 Uhr durch, langsamer Aufbruch allüberall. Die Tische sehen aus wie ein Schlachtfeld, die Kellner schlurfen herbei. Sammeln Gläser, Teller, Flaschen ein, rollen die Papiertischdecke ein, putzen einmal über die Tische, rücken Stühle gerade. Gegen 17 Uhr kehrt endgültig so etwas wie Ruhe ein. Der Chiringuito atmet wieder normal, fast im Rhythmus der anrollenden Wellen.

des wechselt wieder ins leicht Gräuliche, die Serviceeinrichtungen wurden mit einem besonderen Blick für Details geschaffen. So kann man die Strandbars kaum noch nennen, es sind eher bestens ausgestattete Restaurants.

Die **Playa Ancón** ist ein schmaler Strand (15 m) von knapp 700 Metern Länge. Er wird von einer recht nah vorbeiführenden Ausfallstraße und einigen *urbanizaciones* gesäumt. Der Zugang zum Meer wird dadurch nicht gerade erleichtert, was auch schon beim zuvor genannten Strand beobachtet werden konnte.

Die **Playa Río Verde** grenzt an einen der berühmtesten Häfen der Welt, Puerto Banús. Nicht ganz auszuschließen also, dass sich hierher mal ein Promi verirrt. Knapp 1600 Meter in der Länge und 40 Meter in der Breite misst der Río Verde. Er wird von einigen *urbanizaciones* gesäumt, bietet aber auch eine Promenade zum Flanieren und Ausschau halten.

Bei der großzügigen Hafeneinfahrt von Puerto Banús beginnt die **Playa Nueva Andalucía,** sie verläuft über 1300 Meter. Charakteristisch sind ein halbes Dutzend Molen, die ins Meer ragen und kleinere Strandbuchten bilden. Im Hintergrund wachsen Pinien, und dort verstecken sich einige Villen mit Neidfaktor.

Sehenswertes

Casco Viejo

Im alten Stadtviertel Casco Viejo hat sich Marbellas Schönheit erhalten. Die schmalen Gassen und hübschen, weißen Häuser werden liebevoll gepflegt. Im Gewirr der Gassen kann man herrlich plan- und ziellos herumspazieren. Zu finden sind sowohl ganz normale Wohnhäuser als auch Edelshops, urige Bodegas und die „Touristenfallen“.

Ein wenig erinnert dieses **Gassengewirr** tatsächlich noch an die maurische Vergangenheit, wenn auch nicht sehr deutlich. Manche dieser Gassen misst vielleicht einen Meter Breite, andere sind so breit, dass knapp auch noch ein Auto durchpasst. Sehr nett, gemütlich und überaus interessant durch die vielen unterschiedlichen Geschäfte und Bars ist es allemal.

Fast schon ein Irrgarten: die Gassen der Altstadt

306cs Foto: hf

Plaza de los Naranjos

Geradezu ein neuralgischer Punkt innerhalb der Altstadt ist die Plaza de los Naranjos. Eigentlich ist es ein wirklich schöner Platz, in dessen Mitte, wie der Name verspricht, Orangenbäume stehen nebst einem Brunnen aus dem Jahr 1604. Leider haben die dort ansässigen Lokale oft so viele Tische herausgestellt, dass man kaum noch vorbeigehen kann.

Hier liegt auch das **Rathaus** *(ayuntamiento),* ein Gebäude, das aus dem Jahr 1572 stammt und schöne architektonische Details aufweist wie z. B. den Balkon; bewundernswert sind auch die Freskenmalereien. In dem Haus ist eine Touristeninformation untergebracht.

Auf der anderen Seite des Platzes steht die **Ermita de Nuestro Señor Santiago,** eine kleine Kapelle aus dem 15. Jh. Sie war das erste Gotteshaus, das nach der Rückeroberung der Stadt durch die Spanier errichtet wurde. Das Gebäude **Casa del Corregidor** mit seiner auffälligen Fassade wurde im 16. Jh. erbaut.

Plaza de la Iglesia

Nur ein paar Gässchen von der Plaza de los Naranjos entfernt, stößt man auf die nette Plaza de la Iglesia mit der Kirche **Nuestra Señora de la Encarnación.** Diese wurde im 18. Jh. auf den Mauern eines Gotteshauses gebaut, das zwei Jahrhunderte vorher entstanden war. Die in Weiß gehaltene dreischiffige Kirche passt sich farblich an die umliegenden Häuser an, nur der gewaltige Eingangsbereich hebt sich ockerfarben ab.

Dort sind auch Reste der alten **arabischen Stadtmauer** aus dem 9. Jh. zu erkennen. Ein wenig muss die Fantasie dabei nachhelfen, sich die einstige Pracht vorzustellen. Den besten Blick auf die verbliebenen Reste hat man von der calle Salinas, Ecke calle Trinidad oder der calle Portada.

Museo del Grabado

Abermals nur wenige Schritte entfernt liegt das Museo del Grabado Español Contemporáneo in der calle Hospital Bazán. In dem Museum für Drucktechniken sind u. a. Werke von **Tàpies, Miró, Picasso** und **Antonio Saura,** aber auch von lokalen Künstlern ausgestellt.

- **Geöffnet:** 22.9.–15.6. Mo 9–14, Di–Fr 9–21, Sa 9–14.30 Uhr, 16.6.–21.9. Mo/Sa 9–14, Di–Fr 9–14, 15–21 Uhr, Eintritt: 3 €, Kinder, Rentner 1,50 €.

Museo Bonsai

Schließlich sei noch das Bonsaimuseum im Parque Arroyo de la Represa erwähnt, wo eine außergewöhnliche Sammlung dieser **Miniaturbäume** gezeigt wird.

•**Geöffnet:** 1.9.–30.6. tägl. 10.30–13.30, 16–18.30 Uhr, 1.7–31.8. tägl. 10.30–13.30, 17–20 Uhr, Eintritt: Erw. 4 €, Kinder 2 €.

Ensache histórico

Zwischen dem historischen Viertel und dem Meer liegt eine Zone, die Ensanche histórico (historische Erweiterung) genannt wird. Zu finden grob zwischen Paseo de la Alameda, wo ein kleiner Park liegt, und der Avenida del Mar, einer begrünten Straße, die zum Meer führt. Hier stehen zehn **Skulpturen von Salvador Dalí.**

Puerto Banús

Marbellas **weltberühmter Jachthafen** Puerto Banús dürfte wohl die größte Sehenswürdigkeit des Ortes sein. Um den ein paar Kilometer westlich gelegenen Hafen herum sucht man Hotelriesen vergeblich, die Häuser wurden zumindest ansatzweise im maurischen Stil gebaut. Die umliegenden Strände sind gut besucht, aber nicht rappelvoll. Eine nette Promenade mit zahlreichen Lokalen lädt zum Flanieren ein.

Das eigentlich Besondere aber sind die Jachten selbst. Wo sieht man schon mal Motorboote, die 25 bis 40 Meter lang und drei bis vier Etagen hoch sind und von mindestens einem Dutzend (sichtbarer!) guter Geister bedient werden? Einige der Boote werden wohl die 100-Millionen-Dollar-Grenze überschritten haben. Auf der Mole steht das geneigte Publikum und staunt. Die dicksten Pötte liegen in der ersten Reihe, dann wird's schnell kleiner, und ganz hinten dümpeln auch noch kleine „Durchschnitts-Boote" (fast wie im richtigen Leben also). Komischerweise wehen von den größten Booten die Flaggen der Cayman Islands, Gibraltars oder Guernseys ...

Fast überflüssig zu erwähnen, dass entsprechende Autos vor den Schiffen parken, rote Ferraris (Marke: „Sie können einen Ferrari in jeder Farbe bekommen, Hauptsache sie ist rot") oder die „kleineren Brüder" Porsche Cabrio. Man kann nur staunend davorstehen und sich wundern, wie viel Reichtum hier versammelt ist. Die Kapitäne nehmen's übrigens gelassen, und so mancher Besitzer lässt sich offensichtlich auch ganz gern anstarren – na denn ...

Hafenmole

Direkt an der Mole reiht sich ein Lokal ans andere, und nicht gerade wenige fordern gesalzene Preise.

Übrigens, das **Kaufhaus El Corte Inglés** liegt nur fünf Gehminuten von dieser Zone entfernt und hat die bestbestückte Lebensmittelabteilung aller Filialen dieser Kette.

Praktische Tipps

Unterkunft

Das Hotelverzeichnis von Marbella listet **mehrere tausend Betten** in allen Preisklassen auf. Das beginnt mit dem *Hotel Gran Meliá Don Pepe,* wo das einfache Doppelzimmer um 300 € kostet in der Hauptsaison (die Königssuite übrigens 3000 € – pro Nacht, nicht im Monat! Immerhin mit Vollpension), und endet bei der *Pensión Juan,* wo das Doppel ohne Bad 30 € kostet. Alle haben ein gemeinsames Merkmal, kaum ein Haus liegt nämlich direkt in Marbella. Einige Häuser liegen sogar gute zehn Kilometer außerhalb. Der Ortskern von Marbella kann etwa bei Kilometerstein 181–182 angesiedelt werden. Davon ausgehend kann also jeder selbst ausrechnen, wo „sein Haus" in etwa zu finden ist, da die meisten Hotels die Kilometerangabe in ihrer Adresse haben. So lautet beispielsweise die offizielle Adresse vom Golfplatz Golf Miraflores N-340, km 199 und liegt damit 28 km von Marbella entfernt.

Die Lage an der Nationalstraße wirkt sich unterschiedlich aus. Die meisten Hotels liegen meerseitig. Häuser auf der anderen Seite haben den Nachteil, dass die Gäste auf dem Weg zum Strand immer die stark befahrene Straße überqueren müssen. Der Verkehrslärm ist generell wohl kein großes Problem, sonst hätten die Reiseveranstalter bestimmte Häuser sicher aus dem Prospekt geworfen (aber das natürlich ohne Gewähr). Hier eine kleine innerstädtische Auswahl:

- **Hotel El Fuerte**€€€€, Avda. El Fuerte s/n, Tel. 952 861 500, Fax 952 824 411, www.fuertehoteles.com. Mit 263 Zimmern ein Haus der mittleren Größe. Es liegt in einer Seitenstraße, weit genug vom Durchgangsverkehr und nur wenige Schritte vom Strand entfernt.
- **Pension El Castillo**€€, Plaza de San Bernabé 2, Tel. 952 771 739, Fax 952 821 198, www.hotelelcastillo.com. Mittendrin bei der Plaza de los Naranjos, 25 Einzel-, Doppel- sowie Drei- und Vierbettzimmer, WiFi kostenlos.
- **Hotel Finlandia**€€-€€€, c/ Notario Luis Oliver 12-A, Tel. 952 770 700, www.hotelfinlandia.es. Typisch finnisch, nämlich blau-weiß gestrichen, liegt dies kleine Haus in einer ruhigen Straße, 11 gemütliche, mit leicht skandinavischem Touch eingerichtete Zimmer.

In der Altstadt von Marbella

246c Foto: hf

• **Hostal Enriqueta**€€-€€€, c/ Caballeros 18, Tel. 952 827 552, www.hostalenriqueta.com. Liegt in einer ruhigen, schmalen Straße und hat zwei Etagen und auch zwei Sterne. Angenehm gestaltetes, typisch andalusisches Haus, die Zimmer weisen zu einem Innenhof, auch Drei- und Vierbetträume.

• **Hostal Paco**€€, c/ Paral 16, Tel./Fax 952 771 200, www.hostalpacomarbella.com. Kleines Haus mit wenigen, einfach gestalteten Räumen, die aber in Ordnung sind. In einer Fußgängerzone, die Zimmer werden auch für längere Zeiträume vermietet, einige Lokale in der Nähe.

• **Jugendherberge Marbella,** c/ Trapiche 2, Tel. 951 270 301, Fax 951 270 302, www.inturjoven.com. Man glaubt es ja kaum, aber es gibt in Marbella eine klassische Jugendherberge. Sie liegt gar nicht mal so weit von der Altstadt entfernt in einem andalusischen Gebäude mit Pool in einem kleinen Park.

Camping

• Insgesamt drei Plätze sind im Großraum Marbella zu finden. Der nächstgelegene heißt **Buganvilla** und ist, genau wie die anderen beiden, im vorigen Abschnitt beschrieben, im Kapitel „Zwischen Fuengirola und Marbella".

Essen & Trinken

• **La Taberna del Puerto,** Puerto Pesquero, Local 6 bajo, Tel. 952 828 325. Liegt direkt am Fischereihafen (ausgeschildert), die Umgebung wirkt nicht sonderlich idyllisch. Die Gerichte basieren natürlich auf Fisch.

• **Restaurante Puerto Playa,** Tel. 952 860 011. Liegt gleich um die Ecke und bietet Ähnliches.

• **La Pesquera,** Plaza de la Victoria s/n, Tel. 952 765 170. Obwohl ein angesagtes Lokal mit schöner, in Holz gehaltener Terrasse, sind die Preise moderat.
• **Bar Estrecho,** c/ San Lázaro. Die Bar heißt so, wie die Gasse beschaffen ist, nämlich „eng" (nicht mal 2 m breit). Tapas ab 12 Uhr.
• **Bodega La Venecia,** Avda. Miguel Cano 15, Tel. 952 857 913. Vino und Tapas in uriger Atmosphäre. Typische Weinbar mit Holztresen und Fässern als Tischen, kam mir ein bisschen „düsseldorferisch" vor, falls jemand versteht, was ich meine.
• **Marisquería Santiago,** Paseo Marítimo 5, Tel. 952 774 339. Eines der besten Fischlokale der Stadt mit breiter Auswahl. Ebenso schmackhaft sind die tapas, die es eine Etage höher in der „Taberna de Santiago" gibt.
• **Restaurante Pasta Da Bruno,** c/ Soriano 27, Tel. 952 860 348. Sehr beliebtes italienisches Lokal mit guter Küche zu leicht gehobenen Preisen. Hat mittlerweile einige Filialen in Marbella, dies ist das Haupthaus. Geöffnet: Mo–Sa 8.30–24 Uhr.
• **Freiduría Miraflores,** Avenida del Mercado 22, Tel. 952 826 802. Traditionslokal mit großer Terrasse, etwas am Rande des Geschehens gelegen, aber nur wenige Schritte von der Altstadt entfernt, unweit der Markthalle.
• **Medium rare,** c/ Ancha 2, Ecke c/ Chorrón Solana, Tel. 952 902 904. Unübersehbar großes Eckrestaurant dank riesiger Werbung. Steakhouse und Pizzeria, mitten in der Altstadt.
• **La Cuisine,** Plaza Puente de Ronda 2, Tel. 952 823 332. Hauptsächlich Tapas werden angeboten, die auch draußen auf der kleinen Terrasse genossen werden können.
• **Skina,** c/ Aduar 12, Tel. 952 765 277, täglich außer So ab 10.30 Uhr. Kleines gestyltes Lokal in der Altstadt. Hier werden traditionelle Gerichte leicht verändert, ein Degustationsmenü liegt bei rund 50 €.
• **Zafferano,** c/ Gloria 11, Tel. 952 863 125. Ein historisches andalusisches Haus wurde im Stil eines Herrenhauses der Toskana eingerichtet und entsprechend gibt es hier gehobene italienische Küche. Der Gast wird von einer Empfangsdame begrüßt.
• **El Bodegón,** c/ Miguel Cano s/n. Stolze 80 montaditos sind im Angebot, also „montierte" tapas. Angenehme Atmosphäre mit Weinfässern als Tischersatz.
• **Restaurante Más que Tapas,** Paseo Marítimo 1. Liegt sehr schön an der Strandpromenade mit einer kleinen Meerblick-Terrasse. Trotz des Namens (übersetzt: „Mehr als Tapas") gibt es die vor allem und zwar schon ab einem Euro aufwärts.
• **La Taberna del Pintxo,** c/ Miguel Cano 7. Beliebte baskische Tapasbar. Pintxos heißen die baskischen Vettern der tapas. Sehr große Auswahl!

Nightlife

Ein paar Ausgehtipps, wenn auch nicht jeder „Normale" überall hineinkommt.
• **Club Olivia Valère,** Straße nach Istár, bei km 0,8. Einer der angesagtesten Läden.
• **Old Joy's Pub,** an der Hafenmole von Puerto Banús. Treffpunkt von „Yachties" und anderen „wichtigen" Personen.
• **La Notte,** Camino de la Cruz, unweit vom *Restaurante La Meridiana*. Angesagte Pianobar für distinguiertes Publikum. Schöne Terrasse.
• **Dreamer's,** Carretera Río Verde, km 0,5. Riesendisco mit allen Schikanen und über mehrere Ebenen in coolem Design und weichen, warmen Farben. Immerhin 1500 Gäste können hier Party machen.

- **Vanity Marbella,** calle Camino de la Cruz s/n (neben Restaurant Le Meridian). Angesagter Club, schickes Ambiente in asiatischer Dekoration, sehr hohe Fenster, die einen Blick auf das nächtliche Marbella ermöglichen.

Adressen

- **Post:** Avda. Jacinto Benavente 14
- **Wasserski:** *Club Cable-Ski* in der *urbanización* Guadalmina, Tel. 952 785 579. Auf einem Rundkurs wird man am Seil gezogen, nicht von einem Boot. Ein Heidenspaß! Ski, Schwimmweste und Anleitung sind im Preis inbegriffen.

Feste

- **Juni** (erste Monatshälfte): Feria und Fiesta de San Bernabé, mit Prozession

Markt

- **Montag:** am Vormittag auf dem etwas außerhalb in Richtung Fuengirola gelegenem Festgelände von Las Albarizar, nicht weit entfernt vom städtischen Fußballstadion
- **Samstag:** Antiquitätenmarkt an der alten Stierkampfarena Puerto Banús

Nahverkehr

- **Busse** nach Puerto Banús: Nr. 4, 5, 6, 7 ab der Durchgangsstraße Avenida Ramón y Cajal

Bootsfahrt

- Stündliche Schiffsverbindungen gibt es zum Jachthafen **Puerto Banús** von mehreren Anbietern. Alle legen im Bereich des Puerto Deportivo ab.

San Pedro de Alcántara

- **Einwohner:** 34.000
- **PLZ:** 29670
- **Entfernung nach Málaga:** 66 km
- **Touristeninformationen:** Conjunto San Luis, Tel. 952 783 781. Geöffnet: Mo–Fr 9–21, Sa 10–14 Uhr, www.marbella.es oder www.sanpedroalcantara.es

Überblick

Man glaubt es kaum, aber dieser Ort wurde erst im 19. Jh. gegründet. 1860 kam der damalige Marqués del Duero auf die Idee, eine Siedlung zu errichten, in der die Arbeiter wohnen sollten, die auf seinen Zuckerrohrfeldern schufteten. Aus diesen bescheidenen Anfängen entwickelte sich eine ganz ansehnliche Kleinstadt mit einem netten zentralen Bereich. San Pedro de Alcántara liegt einen guten Kilometer von der Küste entfernt. Direkt am Meer wurden einige neue *urbanizaciones* gebaut, eine wirklich hübsch gestaltete Promenade existiert ebenfalls.

Die Strände

Die **Playa Cortijo Blanco** stellt so etwas wie die Verbindung zwischen dem luxuriösen Puerto Banús und dem normalen San Pedro de Alcántara dar. Der Strand endet etwa dort, wo der Río Guadaiza ins Meer tröpfelt. Im Hinterland wird ebenfalls kräftig gebaut, es gibt aber noch freie Flächen. Die Fakten: Länge 1600 Meter, Breite 30 bis 40 Meter, Sand dunkel und teilweise kieselig.

Die Strandpromenade (Paseo Marítimo) der **Playa de San Pedro de Alcántara** ist gelungen. Der Strand fällt relativ breit aus und wird von einem gepflegten Grünstreifen begleitet. Es gibt genügend Palmen und Laubbäume, Schatten werfen. 400 Meter lang, erreicht er eine Breite von 20 bis 30 Metern, der Sand ist hell. Der Strand liegt etwa einen Kilometer vom Ort entfernt.

Die Playa de Lindavista (auch „Guadalmina" genannt) ist eine Verlängerung des eben genannten Strandes nach Westen. Seine Beschaffenheit (zumeist dunkler, recht grober Kiesel) lädt nicht gerade ein. Tatsächlich verirren sich hierher auch bestenfalls die Bewohner der angrenzenden *urbanizaciones*. Historisch Interessierte können hier allerdings zwei der ältesten Bauwerke der Costa del Sol entdecken (s. u.).

Sehenswertes

Der Ortskern besteht aus der Avenida Marqués del Duero, einer nur wenige hundert Meter langen Fußgängerstraße, und den angrenzenden Gassen. Dort liegen etliche Bars, Geschäfte und Cafés. Die Straße endet an einem kleinen Platz, der Plaza de la Iglésia, an dem sich die Ortskirche **Iglésia Parroquial** befindet. Es gibt so gut wie nichts Spezielles für Touristen, eher normales Kleinstadtleben, das von einigen wenigen Urlaubern besucht wird.

Vor der *urbanización* Lindavista liegen in einem Eukalyptuswald die Überreste der **Basílica de Vega de Mar.** Die dreischiffige Kapelle wurde im 4. Jh., zur Zeit der Westgoten, erbaut. Erhalten geblieben ist leider relativ wenig, gerade noch erkennbar ist der Grundriss und Reste der Mauer. An die **200 Gräber** wurden hier entdeckt, u. a. ein Grabstein mit einem lesbaren Namen: *„Firmana"*, was ein Mädchenname gewesen sein soll. Aus der Grabbeigabe, einem Marmorstein mit Adlermotiv, schlossen Forscher auf das Alter. Demnach stammt das Grab aus dem 6. Jh. und damit aus der westgotischen Epoche. Im Inneren blieben Reste eines Taufbeckens erhalten.

Etwas weiter am Strand entlang befindet sich die **Torre de las Bóvedas,** ein Wachturm aus dem 3. Jh. oder was noch davon

Zur Gazpacho werden Gemüsestückchen serviert

155c Foto: sm

übrig ist. Nebenan liegen die so genannten **Termas romanas,** römische Bäder, die auch im 3. Jh. erbaut wurden. Das achteckige Gebäude hat einen zentralen und sieben umliegende Räume. Das Becken ist ebenfalls noch zu erkennen.

Unterkunft

- **Hostal Galea Centro**€€€, Plaza de la Iglésia 4, Tel. 952 799 836. Direkt am kleinen Hauptplatz bei der Kirche gelegen. Ein Haus mit 4 Etagen in zentraler Lage.
- **NH Express San Pedro**€€€-€€€€, c/ Jerez 1, Tel. 952 853 040, Fax 952 780 400, www.nh-hotels.com. Für den Ort kein kleines Haus. Es liegt zentral, macht von außen einen nüchternen Eindruck, die 60 Zimmer sind funktional eingerichtet, dem Standard dieser Hotelkette entsprechend. Im sechsten Stock befindet sich eine Dachterrasse mit Bar, von der man einen tollen Fernblick hat.

- **Hostal Acemar**€-€€, c/ J. Ramón Jiménez 20, Tel. 952 783 041. Auch zentral gelegenes kleines weißes Haus mit kleinen Zimmern, die alle einen winzigen Balkon haben.

Essen & Trinken

- **Paseo de las Palmeras** ist ein Beispiel von mehreren Lokalen am kurzen Paseo de las Palmeras, einer kleinen hübschen Flaniermeile unter Palmen. Alle vier Lokale haben eine Terrasse, wo man eben unter Palmen und weit genug von der Durchgangsstraße recht nett sitzt.
- **Lurra,** Avda. de la Constitución 15, Tel. 952 786 736. Kleines Lokal im Stile einer urigen Tasca, wo baskische Küche serviert wird.
- **Cafetería Las Palmeras** grenzt direkt an.
- **Bar Merchán,** c/ San Gabriel 10 (Nebengasse der Marqués del Duero). Urige Pinte seit über 50 Jahren.

Adressen

- **Busterminal:** Avda. de Luis Braille (Durchgangsstraße am oberen Ortsende Richtung Málaga)
- **Post:** c/ Nueva, Ecke c/ Hernán Cortés

Feste

- **8.–22. Oktober:** Patronatsfest

Markt

- **Donnerstag,** c/ Jorge Gillén

Zwischen San Pedro und Estepona

Die folgenden 14 Kilometer bis Estepona sind wieder geprägt von einer Reihe von *urbanizaciones*. Die Küstenstraße (alte N-340) verläuft recht nah am Meer entlang und passiert all diese Residenzen.

Im Prinzip ähneln sich diese Komplexe schon sehr, wenn auch hin und wieder eine etwas luxuriösere Anlage errichtet wurde, wie bei der Urbanización Andalucía Beach.

Die Strände sind generell mittelgroß, verlaufen durchaus über zwei, drei Kilometer, zumeist sind sie aber **dunkelsandig** bis sogar leicht kieselig.

Selwo Aventura

Im Hinterland zwischen San Pedro und Estepona liegt die große Anlage Selwo Aventura, auf der sich Tiere frei bewegen können. Besucher fahren mit Geländewagen durch das Freigehege und können die **Tiere in freier Wildbahn erleben,** es gibt aber auch einige wenige **Wanderwege.**

- **Geöffnet:** 10–18 Uhr, im Sommer bis 20 Uhr, Eintritt: Erw. 24,50 €, Kinder (3–7 Jahre) und Pensionäre 17 €. Zu erreichen: von der A-7 beim km 162,5 abfahren und der Straße ins Hinterland folgen.

Ronda

- **Einwohner:** 37.000
- **PLZ:** 29400
- **Entfernung nach Málaga:** 122 km
- **Touristeninformation:** Paseo Blas Infante s/n, Tel. 952 187 119, www.turismoderonda.es

Überblick

Ronda ist eine äußerst pittoreske Stadt mitten in den Bergen auf 750 Metern Höhe. Bereits die Anfahrt von der Küste gestaltet sich zu einem Augenschmaus, allerdings wohl weniger für den Fahrer. Der muss nämlich eine kurvenreiche Strecke meistern. Die gut ausgebaute Straße schlängelt sich durch die **Sierra de Ronda** und gestattet herrliche Ausblicke von einigen Aussichtspunkten.

Ronda selbst liegt auf einem Hochplateau und wird durch eine fast 100 Meter tiefe **Schlucht** zweigeteilt. Unten fließt der Río Guadalevín, oben verbindet die dreibögige Brücke Puente Nuevo in architektonischer Meisterleistung die beiden Ortsteile. Der ältere Stadtteil stammt aus maurischer Zeit und birgt noch Überreste jener Epoche. Er wird kurz und bündig **La Ciudad** genannt. Auf der anderen Seite liegt das neuere Viertel **El Mercadillo** mit der ältesten Stierkampfarena Spaniens. Beide Stadtteile blieben weitestgehend von modernen Neuerungen verschont, bieten also Einblick sowohl in die maurische Phase als auch in die Zeit, als die christlichen Eroberer herrschten. Während des Rundgangs können immer wieder sagenhafte Blicke in die Schlucht genossen werden.

Geschichte

Die ersten Bewohner sollen um das 5. Jahrtausend vor unserer Zeitrechnung in den Bergen bei Ronda gelebt haben. Später fand man Spuren der Phönizier und Iberer. Noch später errichteten die **Römer** hier eine wichtige Bastion, die sie **Acinipo** nannten (liegt heute 18 km entfernt). Das eigentliche Ronda war seinerzeit noch nicht stark besiedelt.

Dies änderte sich mit der Ankunft der **Araber** im Jahr 713. Ronda entwickelte sich daraufhin sowohl in strategischer Hinsicht als auch unter kulturellen Aspekten zu einer wichtigen Stadt. Trotzdem kam es zu internen Streitereien, bis der König von Granada Ronda als Geschenk *Abdalah al Malik* vermachte. Der war dem bedrängten König 1332 im Kampf gegen die **Christen** zu Hilfe gekommen. Unter der Herrschaft von Al Malik blühte Ronda erneut auf, bis es 1485 schließlich von den Christen erobert wurde. Die Vertreibung der Araber hatte den Verlust des großen Wissens um die Kultivierung des trockenen Bodens zur Folge.

Zur Zeit der **französischen Besatzung** 1810 zogen sich Teile der Bevölkerung in die Berge zurück, um in klassischer Guerillataktik zu kämpfen. Später nutzten sie ihre Ortskenntnisse für andere Zwecke: Ronda erlebte im 19. Jh. eine fast schon legendäre Phase des **Schmuggler-Unwesens.** Die Stadt machte sich noch einmal einen Namen, als der Politiker *Blas Infante* 1918 hier eine Union der andalusischen Provinzen forderte.

Anfahrt

Per Auto

Von der Costa del Sol kommend – sowohl aus östlicher als auch aus westlicher Richtung –, fährt man zunächst bis **San Pedro de Alcántara** bei Marbella, und zwar möglichst auf der neuen Autobahn. Dadurch erspart man sich das Stop-and-go-Geschiebe auf der Nationalstraße, die mitten durch den Ort verläuft. Obendrein führt die abzweigende Straße nach Ronda mitten durch den Altstadtbereich, wo es natürlich auch schleppend vorangeht. Von der Autobahn kommend, nimmt man die gut ausgebaute Verbindungsstraße A-376 nach Ronda, es sind gerade mal 44 Kilometer.

Die A-376 führt in weitem Bogen um die Stadt herum und führt durch wenig anschauliche Industrieviertel. Man passiert schließlich mehrere Kreisel, wo auch *Circunvalación* (Umgehung) ausgeschildert ist, spätestens hier auf einen Hinweis zum „Centro“ achten.

Wer sich Ronda nähert, wird schon am Stadtrand die ersten Schilder zu **Parkplätzen** nicht übersehen. Diesen zu folgen bedeutet, dass man zunächst durch die Altstadt gelotst wird, die Schlucht überquert und schließlich nach einigem Gekurve durch enge Straßen in einer **Tiefgarage** unter der Plaza del Socorro landet. Das ist kein schlechter Platz, steht der Wagen doch im Schatten, und die interessanten Stadtteile liegen nur wenige Minuten entfernt.

Weitere Parkmöglichkeiten wurden bei der Plaza de la Merced, sowie an der Avda. Martínez, Ecke c/ Espinel (etwa Höhe Bahnhof) und bei der Stierkampfarena geschaffen. Man sollte allerdings so früh wie möglich kommen. Ronda wird von vielen Urlaubern besucht, gegen Mittag sind die Parkplätze dann vergeben. Wem es nichts ausmacht, etwas zu laufen, der kann seinen Wagen auch außerhalb der Stadtmauern abstellen oder am anderen Ende beim Bahnhof (ausgeschildert).

Per Bus

Keine allzu schlechte Idee ist es, nach Ronda mit einem Linienbus zu fahren. So können alle Beteiligten die Anfahrt genießen, und vom Busbahnhof an der **Plaza Concepción García Redondo** sind es keine 15 Minuten Fußweg bis zur Plaza de Toros. Es gibt täglich mehrere Verbindungen von und nach Marbella, Torremolinos und Málaga mit der Gesellschaft *Portillo*.

Wer aus dem Großraum Málaga anreist, sollte allerdings einen Bus der Gesellschaft *Los Amarillos* wählen, denn diese fährt „directo", soll heißen hinten durch die Berge direkt von Málaga und nicht wie *Portillo* durch alle Küstenorte, Stopp überall.

Per Bahn

Von Málaga existiert eine Verbindung, die teilweise auf atemberaubender Strecke durch die Bergwelt verläuft. Die Fahrt ist jedoch recht umständlich, da, ebenso wie bei der Anfahrt von Granada, in Bobadilla umgestiegen werden muss. Eine Direktverbindung existiert von Algeciras. Der Bahnhof von Ronda liegt etwa zehn Minuten Fußweg hinter dem Busterminal an der Avda. de Andalucía.

Wie herumkommen?

Keine Frage, zu Fuß! Die Sehenswürdigkeiten sowohl im Stadtteil La Ciudad als auch im Mercadillo liegen dicht beieinander.

Ermäßigter Eintritt in die Museen

Es gibt ein **touristisches Gemeinschaftsticket** (spanisch: *„Bono turístico"*), mit dem Besucher zu einem Festpreis mehrere Museen besichtigen können. Je nach Interessen gibt es eines für 9 € und ein zweites für 14 €, letzteres beinhaltet dann noch mehr Angebote. Diese Tickets gibt es im Touristenbüro.

Sehenswertes

Plaza del Socorro

Ein nicht allzu großer, ganz netter Platz im Viertel El Mercadillo ist die Plaza del Socorro. Im Sommer wird er vollgestellt mit Tischen von umliegenden Bars. Für Autofahrer liegt dort ein sehr zentrales unterirdisches **Parkhaus** mit ziemlich steiler Zufahrt. Außerdem steht dort auch die **Iglesia del Socorro** aus dem 19. Jh. Einige schmale Straßen mit pittoresken Häusern zweigen von hier ab, fast zwangsläufig erreicht man die Stierkampfarena.

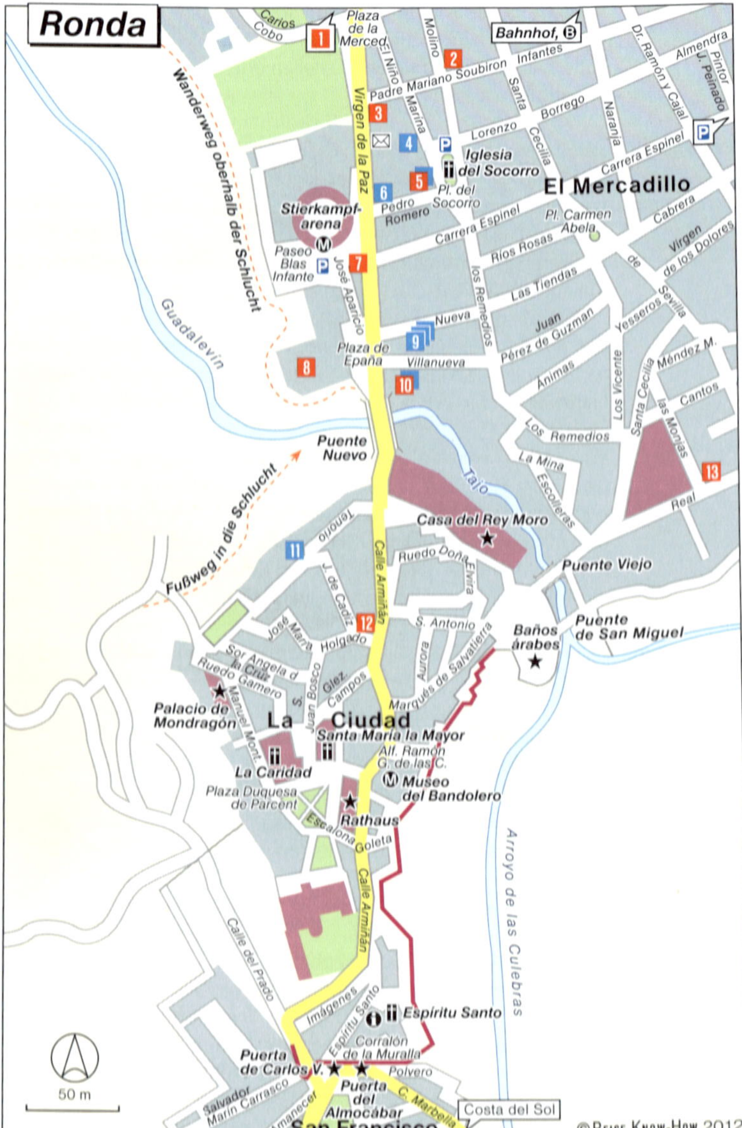
Ronda
Plaza de la Merced
Carlos Cobo
Bahnhof
Molino
El Niño
Padre Mariano Soubiron
Infantes
Almendra
Pintor J. Peinado
Dr. Ramón y Cajal
Wanderweg oberhalb der Schlucht
Virgen de la Paz
Marina
Lorenzo
Santa Cecilia
Borrego
Naranja
Iglesia del Socorro
Carrera Espinel
El Mercadillo
Pl. del Socorro
Pedro Romero
Stierkampf-arena
Paseo Blas Infante
José Aparicio
Carrera Espinel
Pl. Carmen Abela
Cabrera
Virgen de los Dolores
Ríos Rosas
de
Sevilla
los Remedios
Las Tiendas
Guadalevín
Nueva
Juan Pérez de Guzman
Yesseros
Plaza de España
Villanueva
Los Vicente
Méndez M.
Ánimas
Santa Cecilia
Cantos
las Monjas
Los Remedios
Puente Nuevo
La Mina
Escolleras
Tajo
Real
Fußweg in die Schlucht
Tenorio
Casa del Rey Moro
Calle Armiñán
Ruedo Doña Elvira
Puente Viejo
J. de Cádiz
S. Antonio
Baños árabes
Puente de San Miguel
José María Holgado
Sor Angela de la Cruz
Ruedo Gamero
S. Juan Bosco
Glez. Campos
Aurora
Marqués de Salvatierra
Palacio de Mondragón
Manuel Mont.
La Ciudad
Santa María la Mayor
Alf. Ramón G. de las C.
La Caridad
Museo del Bandolero
Plaza Duquesa de Parcent
Rathaus
Escalona
Goleta
Calle Armiñán
Arroyo de las Culebras
Calle del Prado
Imágenes
Espíritu Santo
Espíritu Santo
Corralón de la Muralla
Puerta de Carlos V.
Polvero
Puerta del Almocábar
C. Marbella
Salvador Marín Carrasco
Amanecer
San Francisco
Costa del Sol
50 m
©Reise Know-How 2012

Übernachtung		Essen und Trinken	
1	Husa Reina Victoria	4	Bar Doña Pepa
2	Hotel Polo	5	Bar El Portón, Bar Hermanos Macías
3	Hotel Maestranza	6	Restaurant Pedro Romero
5	Hotel Hermanos Macías	9	mehrere Bars u.a. El Torero und La Giralda
7	Hotel Acinipo	10	Restaurant Don Miguel
8	Parador Nacional	11	Restaurant Albacara
10	Hotel Don Miguel		
12	Hotel San Gabriel		
13	Hotel En Frente Arte		

Plaza de Toros Auch wer Stierkämpfe verabscheut, sollte mal einen Blick in die Arena werfen, die 1785 erbaut wurde und damit als die älteste im Lande gilt. Sie ist auch eine der größten (66 Meter Durchmesser) und besitzt eine rundumlaufende, doppelstöckige Tribüne. Der Bau mit diversen Halbbögen, die von unzähligen Steinsäulen getragen werden, lockte schon mehrfach Filmteams an. Die Arena von Ronda ist untrennbar mit den Namen *Francisco* und *Pedro Romero* verbunden. Beide lebten im 18. Jh. und gelten als Begründer der noch immer gültigen Regeln des Stierkampfs.

Museo Taurino Innerhalb der Arena befindet sich auch das **Stierkampfmuseum.** Hauptsächlich werden hier Fotos berühmter Kämpfer, Plakate, *trajes,* also Anzüge von Toreros, und Modelle von Arenen gezeigt, des Weiteren Zeichnungen mit Darstellungen, wie sich eine *corrida* früher abspielte – eben nicht nach strengen Regeln.
• **Geöffnet:** täglich 10–18 Uhr, im Sommer bis 20 Uhr, Eintritt 6 €; die Tickets werden in einem Souvenirshop nebenan verkauft.

Puente Nuevo Puente Nuevo heißt die spektakuläre **Brücke,** die überall auf Postkarten zu sehen ist. Wer oben steht, hat bestenfalls eine Ahnung von den Schwierigkeiten, ein derartiges Bauwerk zu errichten. Etwas besser kann die im 18. Jh. erbaute Brücke von der Seite betrachtet werden, ein schmaler Weg mit hohem Geländer führt am Parador seitlich vorbei. Von dort kann man recht gut die gewaltigen Pfeiler erkennen, auf denen die drei Bögen ruhen. Ein nicht zu langer Spazierweg führt von hier an der Terrasse des Paradors vorbei bis kurz hinter den kleinen Park **Alameda de Tajo.** Entlang dieses Weges bieten sich mehrere Punkte zu einem exzellenten Blick in die Schlucht an.

156c Foto: sm

Grandioser Ausblick vom Rand der Schlucht

In einem angeschlossenen Ausstellungsraum (Centro de interpretación) kann man sich über die Historie informieren.
• **Geöffnet:** Mo–Fr 10–18, Sa/So 10–15 Uhr, Eintritt: 2 €

Arabisches Viertel

Auf der anderen Seite der Schlucht liegt **La Ciudad,** das ehemalige arabische Viertel. Heute fallen zunächst etliche Souvenirshops auf, aber schon eine Parallelstraße hinter der Hauptstraße calle Armiñán wird es ruhiger. Dort liegt auch die Kirche **Iglesia Santa**

María la Mayor. Zu Zeiten der Araber stand hier eine Moschee, die im 13. Jh. erbaut wurde und nach der Rückeroberung einem christlichen Gotteshaus weichen musste. Von der Moschee blieben nur noch Reste des Gebetsraumes (Mihrab) im Eingangsbereich erkennbar. 1580 wurde die Kirche durch ein Erdbeben zerstört, aber man baute sie erneut auf, was sich bis ins 18. Jh. hinzog. Durch diese langanhaltende Bautätigkeit weist die Kirche verschiedene Stilelemente auf (Barock und Renaissance). Von den äußeren Balkonen aus haben übrigens die Adeligen der Stadt den örtlichen Festivitäten zugeschaut.

- **Geöffnet:** Mo–Sa 10–18, So 10–12.30 und 14–18 Uhr, Eintritt: 4 €

Der vor der Kirche liegende **Parque Duquesa de Parcent** ist eine nette kleine, grüne Oase. Ein paar Bänke locken zum Verschnaufen, und dann geht's weiter in die Altstadt.

Palacio de Mondragón

Der Palacio de Mondragón ist ein schönes Haus, dessen Bau auf das Jahr 1314 zurückdatieren soll, als *Abomelic* der Herrscher von Ronda war. Ganz geklärt ist dies aber nicht. In späteren Jahrhunderten wurde das Gebäude mehrfach erweitert und umgebaut, bis es seine aktuelle Gestalt annahm. Es besteht aus drei Innenhöfen, um die mehrere, miteinander verbundene Räume auf zwei Etagen liegen. Im hinteren Bereich wurde ein schmaler Wasserlauf installiert. Vom kleinen, nett gestalteten **Garten** hat man einen phänomenalen Blick in die Schlucht. Ein kleines **Museum** mit Reminiszenzen an vergangene Epochen (Begräbnisriten der Araber und eine einfache Strohhütte der ersten Bewohner) wurde ebenfalls eingerichtet.

- **Geöffnet:** Mo–Fr 10–18, Sa/So 10–15 Uhr, Eintritt: 3 €

Abstieg in die Schlucht

Falls sich jemand schon gefragt hat, von wo diese tollen Fotos geschossen wurden, die Rondas Brücke in voller Pracht zeigen – hier ist die Antwort: den Palacio de Mondragón verlassen und etwa 20 Meter nach links gehen. Dort erreicht man einen kleinen Platz mit einem Schutzgitter vor dem Abhang. Direkt hier führt ein Pfad hinunter in die Schlucht. Zunächst geht man noch über Treppen hinab, später nur noch über einen steilen Weg. Nach etwa 500 Metern stößt man auf ein kleines Ruinchen, weiter geht es nicht. Genau dort liegt die Brücke perfekt im Blick! Es geht 500 Meter steil nach unten und leider auch genauso steil wieder hoch.

157c Foto: sm

Iglesia del Espíritu Santo

Noch ein kleines Stückchen der Hauptstraße stadtauswärts folgend, erreicht man die **Kirche des Heiligen Geistes.** Auch dieser Bau ging auf die *Reyes Católicos* zurück, 1505 war er bereits fertig. Die Kirche wurde auf den Resten eines arabischen Turms errichtet; einige Forscher meinen allerdings, dass sie auf einer moslemischen Beerdigungsstätte steht.

• **Geöffnet:** Di–Sa 10–14 Uhr, Eintritt: 1€

Die Kirche liegt unmittelbar vor der Stadtmauer mit den beiden wuchtigen Torbögen, der **Puerta del Almocábar** (hier war mal der Haupteingang zur südlichen Stadt), erbaut im 14. Jh., und der **Puerta de Carlos V.** aus dem 16. Jh. Reste der alten Stadtmauer verlaufen etwa parallel zur calle Escalera.

Museo del Bandolero

Das Museum befindet sich in der c/ Armiñán 65. Hat man auch nicht alle Tage, dass Schmugglern und Banditen ein eigenes Museum gewidmet wird - in Ronda schon. Immerhin gibt es hier eine lange Tradition der Auflehnung, der Verweigerung gegen die Staatsmacht. Und die kam zumeist von außerhalb, kannte sich in der wildzerklüfteten Bergwelt nicht aus. Die Schmuggler von Ronda dagegen äußerst gut, kein Wunder, dass hier so manche Legende sich um bestimmte „Helden" rankt. Das Museum klärt diesbezüglich auf und zeigt die Lebensläufe einiger „berühmter" Gauner.

• **Geöffnet:** täglich 10.30–20.30 Uhr, Herbst und Winter bis 19 Uhr, Eintritt: 3 €

In schwindelnder Höhe: die neue Brücke mit dem Parador in Ronda

Casa del Rey Moro

Interessanter noch als das „Haus des maurischen Königs" sind die dahinter liegenden **Gärten,** die 1923 vom Franzosen *Faurestier* geplant und bepflanzt wurden. Der Garten liegt auf verschiedenen Ebenen, die durch Treppen verbunden sind und die mit hübschen Kacheln und Keramiken verziert wurden. Lange Zeit wurde vermutet, dass das eigentliche Bauwerk auf einen maurischen König zurückgeht und dass sich hier geheime Minen mit ebensolchen geheimen Palästen befänden. Ganz so spektakulär war es wohl doch nicht, das zeigte sich 1485, als christliche Heere Ronda eroberten. Tatsächlich führt eine in den Fels gehauene Treppe über etwa 60 Meter hinunter durch ein Gewölbesystem, aber „geheime Paläste" gab es nie. Diese Treppe am Fels wurde *La Mine de Agua* genannt und war eine **geheime Wasserversorgung** der arabischen Herrscher. Unten floss der Fluss *Río Guadalevín* vorbei und von dort mussten christliche Sklaven Wasser hochschleppen, was Königin *Isabella* nach der Rückeroberung besonders erbost haben soll. Sie ließ als Mahnmal die Ketten der befreiten Sklaven nach Toledo schaffen und dort öffentlich an einer Kirche zur Schau stellen, sie hängen heute noch dort. Das Haus ist meistens geschlossen, der Garten kann besichtigt werden.

- **Geöffnet:** 10–19 Uhr, Eintritt: 4 €, Kinder 2 €

Baños Árabes

Die Baños Árabes von Ronda gelten als die am besten erhaltenen **arabischen Bäder** des Landes. Zu Beginn des 13. Jh. wurden sie im ehemaligen jüdischen Viertel in Flussnähe erbaut. Drei Säle sind noch erkennbar: eine Art Heizraum, der eigentliche Baderaum und ein Ruheraum.

- **Geöffnet:** Mo–Fr 10–18 Uhr, Sa/So 10–15 Uhr, Eintritt: 3 €
- Zu erreichen: hinter der Brücke Puente Viejo die Stufen hinabsteigen.

Praktische Tipps

Unterkunft

- **Parador Nacional**€€€€, Plaza España s/n, Tel. 952 877 500, Fax 952 878 188, www.parador.es. Das Haus mit seinen 78 Zimmern liegt atemberaubend direkt neben der Brücke Puente Nuevo mit Blick in die Schlucht.

Spektakulär: Haus am Rande der Schlucht in Ronda

247c Foto: hf

- **Hotel Don Miguel**€€€, Plaza de España 2, Tel. 952 877 722, Fax 952 878 377, www.dmiguel.com. Ebenfalls eine Top-Lage vor der Schlucht, aber nicht alle der 33 Zimmer haben diesen Traumblick.
- **Hotel San Gabriel**€€€, c/ Marqués de Moctezuma 19, Tel. 952 190 392, Fax 952 190 117, www.hotelsangabriel.com. Historisches Haus in toller Umgebung in der Altstadt. Nur 15 stilsicher eingerichtete Zimmer.
- **Hotel Hermanos Macías**€€€, c/ Pedro Romero 3, Tel. 952 874 238, www.hermanosmacias.com. Sehr zentral gelegenes, kleineres Haus zwischen Plaza del Socorro und Stierkampfarena. Unten befindet sich eine Tapasbar.
- **Husa Reina Victoria**€€€€, c/ Jerez 25, Tel. 952 871 240, Fax 952 871 075, www.hotelreinavictoria.es. Ein alter Klassiker, etwas am Ortsrand gelegen, aber mit tollem Ausblick. Bereits 1906 wurde das Haus eingeweiht, der Zahn der Zeit ging nicht spurlos an den 88 Zimmern vorüber. Gern wird hervorgehoben, dass König *Alfonso XIII.* hier nächtigte, genau wie *Rainer María Rilke.*
- **En Frente Arte**€€€€, c/ Real 42, Tel. 952 879 088, Fax 952 877 217, www.enfrentearte.com. Nur 10 Zimmer hat dieses Kleinod. Das Haus aus dem 15. Jh. wurde liebevoll umgebaut. Pool, Restaurant und ein unschlagbarer Ausblick zählen neben der ruhigen Lage zu den Pluspunkten.
- **Hotel Polo**€€€, c/ Mariano Soubirón 8, Tel. 952 872 447, www.hotelpolo.net. Ein typischer 3-Sterner, recht groß mit hohen Räumen, so auf halbem Weg vom Busterminal ins *centro* gelegen. Macht einen soliden Eindruck, unten befindet sich ein Café.

Warum die Stiere nicht mehr am Schwanz gezogen werden – die Stierkampfschule von Ronda

Der Stierkampf entwickelte sich ursprünglich aus der alten Tradition, einen Stier vom Pferd aus mit Lanzen zu bekämpfen. Im 16. Jh. wurde daraus eine Art Sport für Adelige. Nachdem diesen jedoch verboten wurde, so ihr Leben aufs Spiel zu setzen, wurde die *corrida* zu einer Mutprobe für das „niedere Volk".

Bevor *Francisco Romero* und später sein Enkel *Pedro* – beide aus Ronda – verbindliche Regeln einführten, bestand eine *corrida* noch nicht aus würdigen Ritualen, die vom Torero in ebenso würdiger Haltung durchgeführt wurden. Sie war vielmehr eine Art Gaudi für jedermann. Die (männlichen) Zuschauer nahmen nicht selten aktiv am Geschehen teil, stürmten die Arena, um den Stier zu ärgern und dem Torero zu helfen. Man zog ihn am Schwanz und zeigte wenig bis gar keinen Respekt. All das änderten die *Romeros* mit der Begründung einer eigenen Stierkampfschule. Seitdem tritt der Torero dem Stier „zu Fuß" gegenüber, was vorher keineswegs selbstverständlich war. *Pedro Romero* soll in seiner Laufbahn 5600 Stiere getötet haben – alle nach den neuen Regeln.

309cs Foto: sm

- **Hotel Maestranza**€€€€, c/ Virgen de la Paz 24, Tel. 952 187 072, Fax 952 190 170, www.hotelmaestranza.com. Ein 4-Sterne-Haus von drei Etagen mit 52 Zimmern und einer Vielzahl von Serviceeinrichtungen. Insgesamt sehr schick gestaltet und eingerichtet. Es liegt schräg gegenüber der Stierkampfarena und hat eine eigene Garage.
- **Hotel Acinipo**€€€€, c/ José Aparicio 7, Tel. 952 161 002, www.hotelacinipo ronda.com. Kleines Haus mit 14 Zimmern, das auffällt. Es hat Flair und wirkt fast ein wenig skandinavisch gestylt mit einer gewissen kühlen Strenge, aber auch liebevoll dekoriert mit Kunsthandwerk und Antiquitäten. Es liegt sehr ruhig neben der Stierkampfarena.

Camping

- **Camping El Sur,** 1. Kat., Straße nach Algeciras, km 1,5, Tel. 952 875 939, www.campingelsur.com. Ein kleiner Platz für 240 Personen mit allen erforderlichen Einrichtungen, inklusive eines Pools, nur knapp 2 km vom Zentrum entfernt.

Essen & Trinken

- **Restaurante Pedro Romero,** c/ Virgen de la Paz 18, Tel. 952 871 110, gegenüber der Stierkampfarena. Ein Klassiker! Wie der Name schon vermuten lässt, mit allerlei Erinnerungsstücken an die Toreros. Klassische andalusische Küche. Geöffnet: 12–16, 19.30–23 Uhr.
- **Bar Doña Pepa,** Plaza del Socorro 10, Tel. 952 874 777, hat den feinsten Schinken, aber auch tapas und vor allem eine angenehme Terrasse. Geöffnet: 11–23 Uhr.
- **Restaurante Don Miguel,** c/ Villanueva 18, Tel. 952 877 722. Seit Jahren bewährte, gute Küche. Der Nachtisch wird vom nahen Konvent geliefert. Von der Terrasse genießt man einen hervorragenden Ausblick in die Schlucht!
- In der calle Nueva liegen etliche Bars, wie **Quino, La Giralda** oder **El Torero.** Überall werden ordentliche Tapas und Tagesmenüs serviert.
- **Restaurante Albacara,** c/ Tenorio 8, Tel. 952 161 184, geöffnet: 13–16, 19.30–23 Uhr. Sensationeller Blick in die Schlucht und zum Parador. Etwas gehobeneres Angebot, generell traditionelle Gerichte, aber auch einige innovative. Deshalb werden auch zwei Speisekarten gereicht.
- **Hermanos Macías,** c/ Pedro Romero 3, Tel. 952 874 238. Kein Zweifel, hier wird dem Stierkampf gehuldigt. Unten gibt's tapas am gemütlichen Tresen, sowie ein Restaurant, das mittags zwei unterschiedliche Menüs bietet. Geöffnet: 8–24 Uhr.
- **Bar El Portón** liegt gleich nebenan, c/ Pedro Romero 7, Tel. 952 877 420. Ist recht klein und überschaubar, bietet aber eine gute Auswahl an tapas und *mariscos*, auch komplette Tapamenüs.

Adressen

- **Post:** c/ Virgen de la Paz 18–20

Feste

- **24. Januar:** Nuestra Señora de la Paz, das Patronatsfest
- **20.–22. Mai:** Romería Nuestra Señora de la Cabeza
- **Juni** (die ersten 14 Tage): Feria mit Markt und viel Spektakel auf den Straßen
- **Anfang September:** Fiesta zu Ehren von *Pedro Romero* mit *corridas goyescas*, das sind Stierkämpfe in historischen Kostümen, so wie *Goya* sie zeichnete.

Markt

- **Sonntag,** vor dem Stadttor Puerta de Carlos V.

Estepona

- **Einwohner:** 66.000
- **PLZ:** 29680
- **Entfernung nach Málaga:** 86 km
- **Touristeninformation:** Avda. San Lorenzo 1, Tel. 952 802 002, Fax 952 792 181, www.estepona.es

Überblick

Estepona ist der letzte größere Ort der Costa del Sol. Der Stadt fehlt der bautechnische Wahnsinn vieler anderer Orte; sie hat ein angenehmes Altstadtzentrum bewahren können. Estepona liegt direkt am Meer und damit am Strand, was eine entspannte Atmosphäre schafft. Auf der breiten, begrünten Promenade treffen sich neben den Urlaubern *pensionistas* zum Morgenspaziergang, hetzen Angestellte mit sorgenvollem Blick auf die Uhr ins Büro. Es fehlen zumeist Schnickschnack-Läden, Bars und sonstige „Touristenattraktionen“. Der Paseo ist in den Ort integriert, und genau das macht das Gesamtbild so sympathisch – ein angenehmer Abschied von der Costa del Sol.

Die Strände

Die **Playa Punta de la Plata** beginnt außerhalb des Ortes und zieht sich über 2500 Meter in Richtung Osten. Allzu attraktiv kann er mit seinen 10 bis 15 Metern Breite und dem dunklen, recht groben Sand, der teilweise sogar auf Kiesel wechselt, nicht genannt werden.

Das genaue Gegenbild liefert der Stadtstrand von Estepona, die **Playa de la Rada:** hellgrauer Sandstrand auf 20 bis 40 Metern Breite und 2400 Metern Länge sowie jede Menge Serviceeinrichtungen. Auch die Promenade lädt zum Bummeln ein. Etliche Palmen

Die Strandpromenade von Estepona

307cs Foto: hf

und kleine Grünanlagen lockern auf, hübsche Kugellampen passen ideal ins Bild.

Estepona und seine Strände liegen ziemlich nahe bei der Meerenge von Gibraltar und deshalb bläst hier schon **ein stärkerer Wind.** Zwar nicht mit der verlässlichen Beständigkeit, wie im ersten Ort jenseits von Gibraltar (Tarifa), wo sich nicht ohne Grund seit Jahren Surfer versammeln, aber es kann hin und wieder auch hier lästig wehen.

Sehenswertes

Altstadt

Die Strandpromenade wurde ja schon gebührend gepriesen, ein zielloser Bummel durch die Altstadt sollte auch nicht ausgelassen werden. Eine Art Zentrum bildet die **Plaza de las Flores.** Die Häuser sind auch hier weiß gestrichen, strahlen aber nicht diesen schon fast stechenden Glanz anderer Weißer Dörfer aus. Man hat sich wohl auch beim Weißen der Häuser für das Pragmatische entschieden und nicht nach den Touristen geschielt. Das Gesamtbild wirkt angenehm.

Estepona
Übernachtung
2 Hostal El Pilar
3 Hostal la Malagueña
5 Hotel Buenavista
6 Hotel Altamarina
Essen und Trinken
1 Rest. La Casa de mi Abuela und Típico Andaluz
2 Rest. Mesón El Cordobés
4 Rest. Los Rosales
8 Bar La Escollera
Lobilla
Toledo
Andalucía
Mallorca
Ronda
Arroyuel
Antero
Portada
Valencia
Cid
Gibraltar
Teatro
Caridad
Málaga
Real
España
Concepción
Terraza
Plaza de las Flores
Calvario
Jesús y María
Plaza del Reloj
Los Remedios
María Espinosa
Talio
Casares
Horno
Castillo San Luis
Viento
Mondejar
San Lorenzo
Pilar Farinos
Markt
Juan Carlos I
Alborán
San Roque
José Luis Díez
Puerto del Tres Banderas
Plaza de Toros
5 Museen und Stierkampfarena
Hafen
0
300 m
© Reise Know-How 2012

Etwas weiter steht die dreischiffige Kirche **Nuestra Señora de los Remedios** aus dem 18. Jh. Auffällig konstruiert wurde das Portal mit einer kuriosen Darstellung von Sonne, Mond und Sternen. Etwas nördlich des Platzes befindet sich der **Torre del Reloj** (Uhrturm), ein letztes Überbleibsel einer einfachen Kapelle aus dem 15. Jh. Im Zentrum, an der calle Castillo unweit der *plaza,* können noch die Reste einer **Burg** begutachtet werden, aber viel darf man nicht erwarten.

Der **Hafen** hat schon beachtliche Dimensionen. Hier laufen noch Fischerboote aus, und in einer kleinen Markthalle wird direkt verkauft. Auch einige Sportboote liegen hier.

Plaza de Toros mit Museen

Im an die Stierkampfarena angrenzenden Gebäude liegen fünf Museen. Das **Museo Etnológico** zeigt alle nur denkbaren Exponate zum Thema Landwirtschaft und Fischerei, als da wären Arbeitsgeräte, Trecker, Karren, Netze und Boote nebst Erklärungen zu Fangtechniken.

Das **Museo Taurino,** ist dem großen Torero *Antonio Ordóñez* gewidmet, aber es zeigt auch Plakate und Fotos von anderen berühmten Kämpfern, legendären Stieren und in die Geschichte eingegangenen Szenen – zumeist Todesfällen. Des Weiteren bekommt man Anzüge der Kämpfer, einige Schädel berühmter Stiere und natürlich die Büsten der bekanntesten Matadore wie *Belmonte, Manolete, El Cordobés* und anderen zu sehen.

Das **Museo Paleontológico** zeigt eine Sammlung von etwa 1000 Fossilien und wirbellosen Meerestieren, die etwa 3–5 Mio. Jahre alt sind und die in der Umgebung von Estepona gefunden wurden. Außerdem gibt es Repliken von Dinosaurierskeletten und ein angeblich 200 Mio. Jahre altes Korallenriff, das man im Erdreich von Esteponas Altstadt fand.

Im **Museo Imagen y Sonido Luis Garcín Berlanga** wird an die Künstler erinnert, die Konzerte in Estepona gaben, obendrein stellt man eine Sammlung von Kameras und Projektoren aus.

Im **Museo Arqueológico** sind archäologische Funde verschiedener Epochen (Kupfer-, Bronzezeit) ausgestellt. Die ältesten Funde sind etwa 100.000 Jahre alt, während die jüngeren Exponate von den Römern und Phöniziern stammen.

Für alle fünf Museen gelten folgende **Öffnungszeiten:**

- **Geöffnet:** tägl. 10–14, 16–18 Uhr, der Eintritt ist jeweils frei.

308cs Foto: hf

Praktische Tipps

Unterkunft

- **Hotel Altamarina**€€€-€€€€, Avda. San Lorenzo 32, Tel. 952 806 155, Fax 952 804 598. Nur 200 m vom Strand entfernt in zentraler Lage. Das Haus hat 55 Räume, darunter auch einige Mehrbettzimmer. Sie sind solide ausgestattet ohne besonderen Luxus, etliche mit Balkon und Meerblick.
- **Hotel Buenavista**€€-€€€, Avda. España 180, Tel. 952 800 137, Fax 952 805 593, www.buenavistaestepona.com. Der Name stimmt, einen guten Blick aufs

Meer hat der Gast, auch wenn die Hauptstraße dazwischen liegt. Insgesamt 38 Zimmer, die unspektakulär, aber vernünftig eingerichtet sind und von denen es auch einige Drei-Bett-Räume gibt. Insgesamt eine sehr zentrale Lage.
• **Hostal La Malagueña**€€, c/ Raphael 1, Tel. 952 800 011, www.hlmestepona.com. Kleines Haus in zentraler Lage, 14 Zimmer zum reellen Preis.

Gemütliche Altstadt in Estepona

- **Hostal El Pilar**€€€, Plaza de las Flores 10, Tel. 952 800 018, www.hostalel pilar.es. Sehr schön gehaltenes andalusisches Herrenhaus aus dem Jahr 1750. Es liegt sehr zentral und optisch-stimmig angepasst an die Plaza de las Flores. Die meisten der 17 Zimmer befinden sich in der oberen Etage, unten liegen je ein EZ, DZ und ein Vierer, alle 17 Räume mit eigenem Bad.

Camping

- **Parque Tropical,** 2. Kat., A-7, km 162, Tel./Fax 952 793 618, www.camping parquetropical.com. Ein kleiner Platz unweit der Autobahn inmitten schöner, teilweise tatsächlich tropischer Bepflanzung. Ein Pool ist vorhanden, ein Restaurant auch, und die nötigsten Dinge können hier erworben werden. Sehr persönliche Leitung. Zur Playa El Velerín sind es gut 600 bis 800 Meter.

Essen & Trinken

- **Restaurante Los Rosales,** c/ Damas 12, Tel. 952 792 945, einfache Einrichtung, aber große und schmackhafte Meeresfrüchte-Portionen.
- **Mesón El Cordobés,** Plaza de las Flores 15, Tel. 952 800 737. Schick eingerichtetes Restaurant mit vielen landwirtschaftlichen Gerätschaften als Dekoration an den Wänden. Geboten wird andalusische Küche, wozu *pescaíto frito,* frische Salate und Fleischgerichte vom iberischen Schwein zählen. Geöffnet tägl. 11–16, 19–24 Uhr.
- **Restaurante La Casa de mi Abuela,** c/ Caridad 54, Tel. 952 791 967. Die *abuela* (Oma) steht als Puppe im Eingang und empfängt die Gäste. Geboten wird argentinische Küche. Di geschlossen.
- **Típico Andaluz,** c/ Caridad 55, Tel. 952 801 802, liegt nebenan und ist ebenfalls sehr beliebt.
- **La Escollera,** im Hafen neben der Auktionshalle, Tel. 952 806 354. Frischeste Fischtapas! Einfach, aber sehr beliebt.
- In der **calle Caridad** liegen etliche Kneipen, speziell Musikbars, die erst am Abend zu Hochform auflaufen. Weitere in der **calle Real** und am **Hafen.**

Adressen

- **Badepark:** *Prado World,* eine Wasserlandschaft mit dem üblichen Angebot an Rutschen und Spaßbecken, ergänzt um Angebote eines Freizeitparks mit Sportanlagen, Lokalen, Trampolinen, Minigolf, etc. Am Ortsrand bei km 156 gelegen.
- **Post:** Calle Martínez Castro 4.
- **Tauchschule:** *Happy Divers Club* im Hotel Atalaya Park, Crta. Cádiz, km 168,5, Tel. 609 571 920, www.happy-divers-marbella.com

Feste

- **Mitte Mai:** San Isidro, mit großem Festumzug, Patronatsfest
- **Anfang Juli:** Feria von Estepona, dauert eine ganze Woche. Während des Tages geht es im Zentrum bis etwa 19 Uhr rund. Die Menschen ziehen durch die Straßen, singen, trinken, aber hauptsächlich wird Flamenco getanzt. Nachts geht es dann weiter auf dem außerhalb gelegenen Festgelände Caniquiqui, wo große Festzelte stehen und sich auch ein großer Jahrmarkt mit Karussells befindet.
- **16. Juli:** Marinera del Carmen mit einer Meeresprozession

Markt

- Täglicher **Fischverkauf** am Hafen in der Lonja (Auktionshalle)
- **Gemüsemarkt** am Mittwoch in der Av. Juan Carlos I
- **Kunstmarkt:** jeden Sonntag am Sportboothafen

Ausflüge von Estepona

Sierra Bermeja

Von Estepona aus lassen sich gut Ausflüge per Auto in die nahe Bergwelt der Sierra Bermeja unternehmen. Die Landschaft ist beeindruckend – allerdings auch die kurvige Straße. Wer keine Serpentinen mag, sollte die Fahrt nicht machen.

Direkt im Ort Estepona beginnt eine Straße in Richtung Jubrique, die mitten durch die Sierra Bermeja führt. Nach 14 Kilometern erreicht man **Puerto de Peñas Blancas,** das bereits auf 980 Metern Höhe liegt. Hier, an der ersten Kreuzung, zweigt ein sehr „rustikaler" Weg nach links ab. Von dort aus kann man vier Kilometer laufen bis zu einem Punkt namens **Alto Los Reales** auf 1452 Metern Höhe. Eine sagenhafte Aussicht auf die Küste bis nach Marbella belohnt die Mühe.

Wenn man an der Kreuzung den rechten Weg wählt, erreicht man nach 18 Kilometern das Dörflein **Jubrique.** Dieses 1000-Seelen-Dorf wurde erst Anfang der 1980er Jahre durch eine Straße mit Estepona verbunden. Man mag es kaum glauben, dass sich noch derart ursprüngliches Leben so dicht am Rummelplatz Costa del Sol erhalten konnte.

Hat man an der Kreuzung die linke Abzweigung gewählt, erreicht man nach zehn Kilometern **Genalguacil,** ein weiteres ursprüngliches Bergdorf. Man sagt, dass sich hier die Mauren bis weit ins 16. Jh. hinein versteckt hätten, möglich wäre das schon in dieser Abgeschiedenheit. Parken muss man übrigens außerhalb, die sehr schmalen Straßen lassen kein unbeschwertes Fahren zu. Sowohl der Weg über Genalguacil als auch der über Jubrique endet in **Algatocín,** beide Straßen vereinen sich ein paar Kilometer vorher.

Anstatt auf dem gleichen Weg zurückzukehren, was vielleicht etwas langweilig wäre, bietet sich eine alternative Strecke für die Rückfahrt an. Sie führt von Algatocín auf guter Straße zunächst nach **Gaucín** und von dort auf guter und relativ gerader Strecke über **Casares** zurück an die Küste.

Casares

Das klassische **Weiße Dorf** Casares liegt nur 23 Kilometer von Estepona entfernt in den Bergen. Fast schon malerisch schön „hängen" die weißen Häuser mit den zumeist roten Dachziegeln am Berg, ziehen sich in mehreren Stufen den Hang empor. Besonders eindrucksvoll wirkt das Gesamtbild aus der Ferne.

Das alte Viertel mit seinen engen, teilweise sehr steilen Gassen muss zu Fuß erkundet werden. Dabei fallen auch all die schönen

Details auf, wie der liebevolle Blumenschmuck an den Häusern oder die filigranen Gitter vor den Fenstern. Das gesamte Ortsbild wurde zum *Conjunto Histórico Artístico* ernannt, zur „historisch-künstlerischen Einheit".

Zentraler Punkt ist die Plaza España mit einer Reihe von Bars. Die **Fortaleza Árabe,** die arabische Burg aus dem 13. Jh., ist über die calle de la Villa zu erreichen. Innerhalb der Anlage wurden später zwei Kirchen gebaut, zum einen die alte **Iglesia de la Encarnación** aus dem Jahre 1505, die im Bürgerkrieg zerstört wurde, zum anderen die **Ermita de la Vera Cruz** aus dem 17. Jh., von der noch Reste erkennbar sind. Hier wurde auch einem der größten Söhne der Stadt, *Blas Infante Pérez,* ein Denkmal gesetzt. Diesem Politiker, der für die Eigenständigkeit Andalusiens kämpfte, wurde eine Inschrift gewidmet: „Andalucía por sí, por España y la humanidad" (Andalusien für sich, für Spanien und die Menschheit).

Manilva

Knapp 12 km westlich von Estepona liegt dieser kleine Ort von fast 14.100 Einwohnern etwas von der Küste entfernt im Hinterland. Es ist der **Hauptort der Region,** der aber touristisch keine Besonderheit bietet, sondern nur administrativ die Führungsrolle hat. Die Ortskirche **Iglesia de Santa Ana** stammt aus dem 18. Jh. und damit ist die Ortssehenswürdigkeit benannt.

Manilva war schon in der römischen Zeit besiedelt und bekannt für seine schwefelhaltigen Quellen, stand aber nie im geschichtlichen Fokus. Im 15. Jh. kam es trotz der schwachen Besiedlung immer wieder zu Piratenüberfällen auf die Küstensiedlungen, weswegen ab 1528 etwas weiter im Hinterland der heutige Ort Manilva gegründet wurde. Bis 1796 gehörte er administrativ zur Grafschaft Casares, erst danach wurde er unabhängig.

An der Küste wurde auch hier kräftig gebaut, viele Urbanizaciones entstanden, in denen vor allem ausländische Residenten das warme Klima genießen.

Die Strände sind auch hier von dunklem grobem Sand bis teilweise sogar kieselig. Trotzdem wurde und wird hier weiter kräftig gebaut und – das ist zumindest mal neu – werben erste großflächige Hinweisschilder um Kunden, die ein „viel günstigeres Apartment" erwerben wollen, im benachbarten Tanger in Marokko!

Sabinillas

Überblick

Ein kleiner Ort, der für eine positive Überraschung gut ist. Nicht, dass hier etwas Aufregendes erwartet werden kann, es ist die schlichte Normalität eines kleinen Dorfes am Meer, was den Reiz ausmacht: eine winzige Promenade mit auffälligen Laternen in Doppelbögen, zwei, drei Lokale, die natürlich Fischgerichte anbieten, und das eine oder andere Fischerboot. Wenn überhaupt, findet hier spanischer Tourismus statt, ein ruhiger Rhythmus beherrscht das Geschehen – nach all dem Costa-del-Sol-Wahnsinn mal etwas Ursprüngliches.

Der Strand

Die **Playa Sabinillas** erstreckt sich als grausandiger Strand über 1500 Meter Länge und 50 Meter Breite. Teilweise wird er von kieseligen Stellen unterbrochen.

Unterkunft

- **Hostal Doña Luisa**€€€, Duquesa de Arcos 53, Tel. 952 892 250, Fax 952 892 301, www.hoteldluisa.com. Das Haus liegt direkt am Meer, und etliche der 26 Zimmer haben entsprechenden Meerblick.

Puerto de la Duquesa

Puerto de la Duquesa ist eine größere Marina, bei der etliche Segelschiffe festmachen. Um den Hafen herum wurden in U-Form Apartmenthäuser gebaut, und in der ersten Reihe, direkt am Hafen, liegt eine Reihe von Lokalen. Sie alle haben eine offene Terrasse, auf der der Gast schön ruhig sitzt und aufs Meer bzw. die teuren Boote schaut. Eine entspannte Atmosphäre, genau richtig, um vielleicht ein Mittagessen nach einem Ausflug ins quirlige Gibraltar einzunehmen. Gleich um die Ecke liegt das **Castillo de la Duquesa,** erbaut 1767 auf den Ruinen einer römischen Ortschaft. 1988 entdeckte man bei Ausgrabungen, dass diese Ortschaft gar nicht so klein gewesen war, denn man fand sogar Überreste eines römischen Bades und eines Friedhofs.

Die Strände

Ein grausandiger Strand, der sich vom Hafen aus über 1500 Meter hinzieht, nennt sich **Playa del Castillo.**

Als letzter Strand der Costa del Sol verlaufen die **Playa de Chullera** und die angrenzende **Playa del Negro** über 3500 Meter bis zur Provinzgrenze. Nicht nur die Länge fällt aus dem Rahmen, auch die durchschnittliche Breite von 60 Metern überrascht. Der Strand ist grau und teilweise feinsandig. Vereinzelt haben sich bereits *urbanizaciones* bis zum Meer ausgedehnt, aber noch bleibt relativ viel Platz.

Gibraltar

- **Einwohner:** 28.000
- **Entfernung nach Málaga:** 126 km
- **Touristeninformation:** Tourist Board, Duke of Kent House, Cathedral Square, Tel. 74 950, Fax 74 943, internationale Vorwahl: 00350,
- **Internet:** www.gibraltar.gi: allgemeine Hinweise
  www.gibraltarinfo.gi: sehr viele praktische Tipps
  www.discovergibraltar.com: viele gute und praktische Tipps, inklusive einer detaillierten Beschreibung mit Fotos des Fußweges hoch zum Affenfelsen

219c Foto: sm

Überblick

Auf einer schmalen Landzunge tief im spanischen Süden liegt ein Kuriosum aus längst vergangenen kolonialen Tagen: Der Felsen Gibraltar, der an der höchsten Stelle 426 Meter aufragt. **Britisches Hoheitsgebiet** auf spanischem Territorium, das sorgt für Unruhe. Die Spanier möchten den nicht einmal fünf Quadratkilometer großen Felsen unbedingt zurückhaben, argumentieren, dass ein EU-Mitgliedsland doch wohl kaum einen kolonialen Posten in einem anderen EU-Staat haben könne. Die Briten kontern, dass sie „Gib" aus strategischen Gründen behalten müssten. Das wiederum lässt Madrid nicht gelten und erinnert daran, dass beide Länder NATO-Mitglieder seien und die Spanier hier sehr wohl selbst aufpassen könnten. Spätestens da bringt London dann den Hinweis, dass die Spanier ja auch noch koloniale Restposten in Form von zwei kleinen Städten auf marokkanischem Boden besäßen (Melilla und Ceuta). Und dann hat man wieder den Punkt der unsachlichen Ebene erreicht ...

Aus touristischer Sicht bietet Gibraltar nur begrenzt Spannendes. Der Reiz liegt im Nebeneinander von britischem und spanischem Flair, garniert mit einer Hand voll Sehenswürdigkeiten aus der Historie des Felsens.

Geschichte

Die ersten Interessenten waren die **Araber.** 711 betrat *Tarik,* der Eroberer, den Felsen zum ersten Mal, als er seinen Siegeszug nach Norden startete. 400 Jahre später wurde die erste Siedlung gegründet. Zwar eroberten die Spanier den Felsen schon 1300, wurden aber zwischenzeitlich noch einmal vertrieben, bis sie ihn 1463 endgültig einnahmen. 1704 schlugen die **Engländer** während des Spanischen Erbfolgekrieges im Handstreich zu und besetzten Gibraltar – bis heute. Im Friedensvertrag von Utrecht wurde ihnen der Felsen neun Jahre später auch offiziell zugesprochen. Lange Zeit störte sich niemand sonderlich an dieser Situation, aber in den 1960er Jahren wollte *Franco* die Briten loswerden. Die gingen nicht, akzeptierten aber im Jahre 1967 einen Volksentscheid durchzuführen. Die überwältigende Mehrheit der Gibralteños entschied sich damals für britische Oberhoheit, gerade mal 0,4 % votierten für Spanien – keine Überraschung, war doch damals der wirtschaftliche Unterschied zwischen beiden Staaten einfach zu krass.

Franco jedenfalls schloss daraufhin die Grenze, niemand konnte mehr auf dem Landweg von Spanien nach Gibraltar reisen. Dieses Kuriosum wurde bis 1982 eisern durchgehalten, erst dann lockerte

Über die Meerenge ins „gelobte Land“: espaldas mojadas

Sie kommen von überall her, sind seit Monaten, teilweise Jahren unterwegs, schlagen sich durch, ertragen unvorstellbare Strapazen: Afrikaner auf dem Weg ins gelobte Land Europa. Sie landen irgendwann mal in Tanger, diesem mythischen Ort im Norden von Marokko. Von dort ist Spanien fast schon greifbar, zumindest sichtbar als nächtlicher Lichterglanz. Jetzt trennt sie nur noch eine 14 Kilometer breite Meerenge und die Tatsache, dass Europa sie gar nicht haben will, vom Ziel. Also kommen sie nachts, illegal in kleinen Booten, die die spanischen Grenzbeamten nicht so gut auf dem Radar sehen können. Marokkanische Schlepper organisieren die Transporte, verkleben mit Geldscheinen die Augen der Polizisten, loten den Wetterbericht aus. Zwischen 500 und 1000 Euro müssen die Flüchtigen zahlen, die Tarife schwanken.

Tief in der Nacht werden sie in Nussschalen zusammengepfercht, manchmal 35 bis 40 Menschen. Aber nicht alle Boote erreichen die spanische Küste. Manche kippen um, wenn der Wellengang zu hoch ist, andere werden von der Guardia Civil aufgebracht. Dann springen immer mal wieder Verzweifelte ins Meer. Jedes Jahr werden Hunderte von Ertrunkenen an die Küsten gespült.

man die Bestimmungen. Spanier, die in Gibraltar arbeiteten, durften beispielsweise die Grenze passieren. Für Ausländer blieb die Grenze zu. Das änderte sich erst im Februar 1985: Spanien wollte in die EG aufgenommen werden und musste etwas tun. Seit jener Zeit ist die Grenze wieder passierbar.

2002 dann ein erneutes Referendum, das aber auch keine neuen Erkenntnisse brachte: 99 % der Gibraltarer wollten lieber weiterhin unter der Obhut der britischen Krone bleiben.

Im Sommer 2009 geschah dann eine kleine Sensation: Erstmals seit rund 300 Jahren betrat mit dem spanischen Außenminister *Moratinos* ein hochrangiger Politiker Gibraltar-Territorium. „Verrat!“, schrie die konservative Volksparte (PP) sogleich, aber *Moratinos* wiegelte ab: „Spanien wird niemals den Anspruch auf Gibraltar aufgeben“. Ein Ende des Streits ist also noch lange nicht in Sicht.

Wer geschnappt wird, reist am nächsten Morgen zurück, per regulärer Fähre. Die, die es geschafft haben, schlagen sich durch nach Madrid, Marseille oder auf die andalusischen Gemüsefelder. Man nennt sie *espaldas mojadas,* nasse Rücken. Der Begriff wurde von den Mexikanern übernommen, die ebenfalls eine „Wohlstandsgrenze" zu überqueren versuchen, den Fluss Río Grande.

Wem die Bootspassage zu gefährlich und zu teuer ist, der wählt einen anderen Weg, nämlich über Ceuta oder Melilla. Die beiden Städte gehören zu Spanien, liegen aber auf marokkanischem Boden. Ihre Grenze zu Marokko war jahrelang nur mäßig bewacht, Illegale kamen, nisteten sich irgendwo ein und hofften das Beste. Manchmal legalisierte Spanien ihren Status, meist aber nicht. Die Einreise nach Ceuta und Melilla wurde schwieriger, als Spanien das Schengen-Abkommen unterschrieb, das Reisefreiheit innerhalb der EU garantiert. Seitdem müssen die Außengrenzen verstärkt kontrolliert werden. Die Spanier machten ernst, hoben tiefe Gräben aus, errichten einen acht Meter breiten Stacheldrahtzaun und installierten Videokameras zur Überwachung. Wer trotz allem Ceuta oder Melilla erreicht, hat es noch lange nicht geschafft, vegetiert in armseligen Flüchtlingscamps. Spanien denkt nicht daran, diesen Menschen die Einreise zu gestatten. Trotzdem bleiben Tausende im Land, mehr oder weniger offiziell geduldet. Auf den andalusischen Gemüsefeldern und vor allem in den Treibhäusern an der Küste bei Almería gibt es genügend Arbeit.

Anfahrt

Per Bus

Wer mit einem Linienbus anreist, steigt im Grenzort **La Línea de la Concepción** aus. Vom dortigen Busterminal sind es keine 10 Minuten Fußmarsch zum Grenzübergang, der steil aufragende Felsen kann nicht übersehen werden und weist den Weg. Fußgänger passieren die **Grenzkontrolle** auf der rechten Seite und müssen den Ausweis vorzeigen, was aber nur eine Formsache ist. Direkt dahinter liegt ein kleines **Informationsbüro,** das auch einen Stadtplan parat hält. Von hier ist es noch ein Fußmarsch von gut 20 bis 30 Minuten bis in die City zur Main Street, aber es fahren auch Busse: Nr. 3 und Nr. 5, der 3er fährt bis zur Seilbahn. Die blauen Busse Nr. 1 bis 4 werden von der *Gibraltar Bus Company* betrieben, die roten Doppeldeckerbusse der Linie Nr. 5 von einer privaten Firma, die linksgesteuerte(!) Busse nutzt, diese stammen aus Berlin, nicht aus London.

Gibraltar
La Línea
de la Concepcion
SPANIEN
GB
STAATSGRENZE
Flughafen
Catalan
Bay
Upper
Rock
St. Michael's
Cave
Gibraltar
BUCHT VON GIBRALTAR
MITTELMEER
0
1 km
Europa Point
©Reise Know-How 2012

315cs Foto: hf

Lesertipp: Noch auf spanischer Seite liegt das Gibraltarinfo Office, wo man einen **Gibraltar Bus Company Day Pass** kaufen kann (Originalpreis: 1,50 Pfund), mit dem man den ganzen Tag durch die ganze Stadt und mit Nr. 3 von der Grenze bis zum Europe Point fahren kann.

Sobald man die Passkontrolle passiert hat, wird schon gleich eine einmalige Sache geboten: das **Überqueren der Landebahn** des Flugplatzes. Aus Platzmangel führt der Weg in die City quer über die Rollbahn. Wenn ein Flugzeug gerade landen will, wird die Straße durch eine Schranke gesperrt.

Auf eigene Faust kann man auch den Felsen erkunden. Dazu bis zur **Seilbahnstation** gehen oder fahren und dann hochfahren, Preis: 8 Pound. Darin enthalten: Eintritt in St. Michal's Cave und Affenfelsen, man muss aber einige Meter auf den steilen Straßen laufen.

Der Weg nach Gibraltar kreuzt die Landebahn vom Airport

Streit um den Flughafen

Um den Flugplatz von Gibraltar gab es 1987 einen Streit, der fast die Liberalisierung der gesamten europäischen Flugtarife verhindert hätte. Spanien stellte sich nämlich stur und wollte nicht, dass der Flugplatz von Gibraltar mit in die britische Verhandlungsposition aufgenommen wird. Das hätte aus diplomatischer Sicht eine faktische Anerkennung der britischen Oberhoheit bedeutet. An diesem Punkt gab es keine Bewegung, und das, obwohl es kaum ein Dutzend Flüge pro Woche gibt. Erst nach Intervention von höchster Stelle kam es zu einem etwas gequälten Kompromiss. Spanien wollte natürlich mit seiner Gesellschaft Iberia auch Flüge nach Gibraltar anbieten, aber ihre Gäste nicht durch den britischen Zoll schicken. Also einigte man sich schließlich darauf, ein neues Abfertigungsgebäude zu bauen, das auf spanischem Gebiet liegt. Somit fliegt Iberia nach Gibraltar, fertigt seine Gäste aber jenseits der Grenze ab, die offiziell ja gar nicht existiert.

Auch wer mit seinem eigenen Auto hochfährt, wird zur Kasse gebeten und muss sich obendrein in die Schlange der Kleinbusse einreihen, ein Überholen ist nicht möglich.

Der Besuch des Felsens, der offiziell **Upper Rock Nature Reserve** heißt, kostet 8 £, Kinder 4 £. Darin enthalten ist der Eintritt für St. Michael's Cave, City under Siege Exihibition, Moorish Castle und die Great Siege Tunnels. Geöffnet ist der Bereich von 9 bis 19 Uhr, im Sommer länger. Mit dem eigenen Auto dort hochzufahren kostet 1,50 £ extra.

Per Auto

Man kann mit seinem Pkw auf den Felsen fahren, aber davon ist eher abzuraten. Sowohl Briten als auch Spanier kontrollieren streng. Das führt dazu, dass sich speziell bei der Ausreise immer lange Schlangen bilden, Wartezeiten von einer Stunde sind durchaus üblich. In Gibraltar herrscht übrigens Rechtsverkehr.

Es gibt nur sehr **wenige Parkmöglichkeiten.** Obendrein sind viele Parkplätze gebührenpflichtig, und die Automaten nehmen nur britisches Geld! Die Straßen hoch zu den Sehenswürdigkeiten sind steil und schmal. Ich selbst fuhr einmal mit einem VW-Bus hoch und war schwer beeindruckt von den Steigungen und Haarnadelkurven. Außerdem steht man sowieso ständig im Stau, wenn an den Sehenswürdigkeiten all die Ausflugsbusse und Taxen ihre Gäste entlassen. Daher der Tipp: **das Auto in La Línea stehen lassen** und zu Fuß rübergehen. Etwa fünf Minuten Fußmarsch von der Grenze entfernt kann der Wagen in einer großen Tiefgarage abgestellt werden. Diese Parkmöglichkeit wird schon lange vorher durch Schilder „parking frontera" (Parken Grenze) angezeigt. Es gibt auch Parkplätze im Umfeld des Busterminals oder etwas weiter entfernt vom Grenzübergang, die meisten sind durch blaue Linien gekennzeichnet und damit gebührenpflichtig.

Sollte die Tiefgarage belegt sein, kann auch noch vor der Grenze gegen Gebühr auf Parkplätzen an der schattigen Straße oder ohne Gebühr auf einem schattenlosen Feld geparkt werden. Dort wird aber sofort ein Mann ankommen, eine weiße Mütze tragend, und irgendetwas von „Gebühr" murmeln. Auf Nachfrage gibt er dann zu, dass er ein Freiwilliger sei und man ihm etwas geben könne, aber nicht müsse.

Es gibt in Spanien mittlerweile genügend Hinweise auf Gibraltar. Wer über die Autobahn Richtung Algeciras fährt, wird etwa in Höhe Kilometer 119 den ersten Hinweis finden. Von da kann man aber auch schon den Felsen erkennen.

Dokumente und Währung

Man muss beim Grenzübertritt **Personalausweis oder Reisepass** vorzeigen. Jeder wird kontrolliert, ein Durchwinken gibt es nicht.

Die offizielle Währung ist das **Gibraltar Pound,** das dem britischen „Pound" gleichgestellt ist. Direkt bei der Passkontrolle gibt es eine **Wechselstube.** Man kann zwar in den meisten Geschäften auch mit Euro bezahlen, aber auf der Post beispielsweise nicht. Der Wechselkurs, den manche Geschäftsinhaber anbieten, könnte auch besser sein.

Rundfahrt

Direkt hinter der Grenze wird man charmant eindringlich auf eine organisierte, 90-minütige Rundfahrt angesprochen, **Rock-Tour** genannt. Das muss nicht sein, bietet aber doch ein paar Vorteile. Wer die Sehenswürdigkeiten oben auf dem Felsen besuchen will, kann dies auch per Seilbahn tun, muss dann aber von der Endstation ziemlich weit laufen. Und nicht vergessen, die Straßen sind sehr steil! Am Ende der Tour wird man in der City abgesetzt. Eine Person bezahlt etwa 25 £ (Pounds; 29 Euro) für die Tour, der Eintrittspreis für die Sehenswürdigkeiten ist eingeschlossen. Die Tour kann auch in der Stadt, direkt vor dem Friedhof, zum gleichen Preis gebucht werden.

221c Foto: hf

Sehenswertes

Casemates Square

Der Platz war schon immer der Eingangsbereich zur City. Das **Casemates Building** wurde 1770 als Unterkunft für die Soldaten geplant, entstand aber erst nach Beendigung der großen Belagerung 1817. Vor dem Gebäude öffnet sich ein großer Platz, an dem heute einige Lokale liegen, die Tische und Stühle draußen stehen haben. Von dort kann man noch recht entspannt dem Treiben zuschauen, bevor man sich selbst ins Getümmel der Main Street begibt, die von hier abzweigt. Früher wurde der Platz übrigens für öffentliche Züchtigungen und sogar Exekutionen genutzt.

Blick vom Felsen auf die Landebahn und La Línea de la Concepción, dazwischen verläuft die Grenze

Gibraltar Stadt
Grenzkontrolle
Grenze
Western Beach
Terminal
Flughafen
Marinas
North Mole
Casemates Square
Glacis Rd.
Winston Churchill Ave.
Smith Dorrien Ave.
Devil's Tower Rd.
Eastern Beach Rd.
Eastern Beach
Moorish Castle
The Great Siege Tunnels (Upper Galleries)
Queensway
Line Wall Rd.
Engineer Lane
Willis's Rd.
Cathedral of Saint Mary the Crowned
Gibraltar Museum
Prince
Catalan Bay Rd.
Catalan Village
Catalan Bay
Main Street
Vil's Gap Stps
Governor's House
Edward's Rd.
Queen's Rd.
Signal Station Rd.
Sir Herbert Miles Rd.
South Mole
Commercial Dockyard
Rosia Rd.
Red Sands Rd.
Seilbahn
Alameda Gardens
Casino
Apes' Den
Sandy Bay
South Barrack Rd.
Upper Rock
Scud Hill
Europa Rd.
Engineer Rd.
426
Naval Hospital Rd.
Dundley Ward Tunnel
100 Ton Gun
Rosia Bay
South Pavilion Rd.
St. Michael's Cave
Windmill Hill Rd.
Camp Bay
Keightley Way
Europa Advance Rd.
BUCHT VON GIBRALTAR
Little Bay
Keightley Tunnel
Europa Rd.
Aussichtspunkt
0
500 m
Europa Point
© Reise Know-How 2012

Main Street

Fußgänger erreichen etwa 15–20 Minuten nach Überschreiten der Grenze die Main Street. Die ist, wie der Name schon sagt, die Hauptstraße, an der Shops, Bars und einige Ämter liegen. Ein Großteil der Main Street wurde zur **Fußgängerzone** erklärt, so können die Touristen noch entspannter bummeln und shoppen. Britische Einflüsse wird ein aufmerksamer Beobachter überall bemerken, aber nicht ausschließlich diese. Das Bild ist ziemlich kosmopolitisch: Engländer, Spanier, Araber, Juden, verschleierte Frauen neben Minirock-Schönheiten, Tattoo-tragende, lässig dahinschreitende Soldaten im Knapp-über-dem-Knaben-Alter und distinguierte Gentlemen mit akkurat gestutztem Schnauzer. Und hier und da sieht man seriös blickende Herren im Zweireiher, ein Attaché-Köfferchen krampfhaft festhaltend. Was da wohl drin ist? Gibraltar gilt ja als eines der Finanzparadiese dieser Welt ...

Cathedral of Saint Mary the Crowned

Diese Kathedrale erbauten die Spanier 1462 auf den Resten einer **ehemaligen Moschee,** die größer war als die heutige Kirche. Der kleine Kreuzgang ist noch ein Überbleibsel eines offenen Raumes, der auch zur Moschee gehörte, ansonsten weist nichts mehr auf den Ursprung hin. Die Kirche wurde während der Belagerungszeit schwer beschädigt und 1810 neu aufgebaut. 1931 bekam sie dann ihre heutige prachtvolle Fassade.

Gibraltar Museum

Das Gibraltar Museum in der Bomb House Lane, schräg gegenüber der katholischen Kirche, gibt einen Einblick in die Historie und würdigt die militärische Leistung der Briten. Darüber hinaus ist ein gewaltiges und detailgetreues Modell des Felsens ausgestellt. Mehrmals täglich wird ein 15-minütiger Film gezeigt. Im gleichen Gebäude können auch noch Reste von arabischen Bädern besichtigt werden.

- **Geöffnet:** Mo–Fr 10–18, Sa 10–14 Uhr, So geschlossen, Eintritt Erw. 2 Pounds (ca. 3 €), Kinder unter 12 Jahren 1 Pound

Strammstehen vor dem Governor's House

310cs Foto: hf

Governor's House Die Residenz des Gouverneurs liegt weiter oben an der Main Street. Mehrmals täglich findet vor dem Gebäude nach guter britischer Militärtradition die Zeremonie einer **Wachablösung** *(changing of the guard)* statt. Gibraltar hat ein eigenes Regiment, dessen Soldaten genauso zackig die Hacken knallen lassen wie die Kollegen vor dem Buckingham Palace in London.

Trafalgar Cemetery Am Ende der Main Street liegt der kleine Friedhof Trafalgar Cemetery, wo die Toten der **Schlacht von Trafalgar** liegen. Am Kap von Trafalgar, etwa fünfzig Kilometer von Gibraltar entfernt, besiegte die britische Flotte unter Admiral *Nelson* am 21.10.1805 die spanisch-französische Armada. Nelson starb in jener Schlacht.

Upper Rock Nature Reserve So wird der obere Teil von Gibraltar genannt. Man kann ihn auf verschiedene Weise besuchen, per eigenem Wagen, per Taxi, per Bustour (Rock Tour) zum Festpreis, per Seilbahn und sogar zu Fuß.

Seilbahn

Noch ein kleines Stückchen weiter befindet sich die Seilbahnstation. Sie verbindet die Stadt mit dem Gipfel, auf halbem Weg wird am Affenfelsen gestoppt. Von der Cable Car Station oben bis zur St. Michael's Cave müssen 900 Meter zurückgelegt werden.

Die Seilbahn fährt von April bis Oktober täglich 9.30–19.15 Uhr, letzte Bahn hinunter 19.45 Uhr. Von November bis März verkehrt die Bahn 9.30–17.15 Uhr, letzte Seilbahn hinunter 17.45 Uhr.

Achtung: Zwischen April und September stoppt die Seilbahn nicht an der Mittelstation! Man bekommt einen Audio Guide in mehreren Sprachen (auch Deutsch) angeboten, der die Sehenswürdigkeiten erklärt. Es gibt verschiedene Tickets. Wer die Nature Reserve Attractions oben besichtigen will, kauft ein **Skywalk-Ticket** für 17,50 £ (Rückfahrticket: 19 £), Kinder 11,50 £ (12 £). Wer nur oben herumspazieren möchte, kauft das **Skyline-Ticket** und zahlt für die Seilbahn 7,50 £ (Rückfahrticket 9 £), Kinder 4 bzw. 4,50 £. Die **Affen** halten sich für gewöhnlich sowohl bei der Mittelstation als auch oben auf.

Europa Point

Der südlichste Punkt Gibraltars nennt sich Europa Point. Von hier schaut man bei klarer Sicht bis nach Ceuta (24 km) oder gar bis nach Tanger (54 km).

St. Michael's Cave

In der großen, natürlichen **Tropfsteinhöhle** finden gelegentlich Konzerte statt. In einer Ecke wurde mit lebensgroßen Puppen das primitive Leben früher Steinzeitmenschen nachgestellt.

Apes' Den

Der **Affenfelsen** kündigt sich schon von Weitem durch eine wartende Autoschlange an. Die Tiere sind friedlich, doch sollte man sie lieber nicht ärgern. Sie springen geschickt zwischen den Besuchern herum, setzen sich auf die Schultern, lassen sich füttern und zögern auch nicht, durch ein heruntergekurbeltes Fenster ins Auto zu springen. Die Berbermakaken werden von der britischen Armee betreut – aus gutem Grund, denn die Legende erzählt, dass die Briten Gibraltar verlassen müssen, wenn die Affen verschwinden.

Great Siege Tunnels

Die **Tunnel der Großen Belagerung** dürften das beeindruckendste Bauwerk Gibraltars sein. Ein von Menschenhand geschaffenes Tunnelsystem durchzieht hoch oben den ganzen Felsen auf mehreren hundert Metern. Durch Fenster, die früher zumeist als Schießscharten genutzt wurden, genießt man heute eine grandio-

222c Foto: hf

se Aussicht auf die Landepiste und die dahinter liegende spanische Küste.

Früher wurden hier Kanonen auf die Angreifer abgefeuert, und die Briten hielten im 18. Jh. sogar einer jahrelangen Belagerung stand. Heute sind in mehreren Räumen historisch-militärische Szenen nachgestellt. So brüllt in einem Raum, sobald der Besucher ihn betritt, ein Sergeant „Halt! Who goes there?" so täuschend echt, dass man unwillkürlich zusammenzuckt.

Die Wahrzeichen der Kronkolonie sind relativ dreist – wenn man nicht aufpasst, wird schnell etwas stibitzt

316cs Foto: hf

Moorish Castle

Im Jahr 711 kamen die ersten maurischen Invasoren aus Marokko über die Meerenge von Gibraltar nach Spanien. Schon um 742 soll eine erste Wehranlage im heutigen Gibraltar gebaut worden sein. 1068 dann baute man eine bessere und vor allem größere Burg, die ab 1333 noch einmal erweitert wurde. Es entstanden nun vor allem Verteidigungsmauern, die bis zum Meer hinunter reichten, mehrere wehrhafte Gebäude und der **Torre del Homenaje.** Dieser Turm ist noch heute neben einigen Mauerfragmenten und dem wuchtigen **Gate House** erhalten.

Praktische Tipps

Essen & Trinken

Entlang der Main Street reiht sich ein Lokal ans nächste, z. B. **The Angry Friar** (Hausnummer 287, gegenüber Governor's Residence) oder **The Horse Shoe Bar** (Main Street 193), schräg gegenüber dem Gibraltar Museum. Die Bar wurde bereits 1895 eröffnet. Viele Läden bieten *fish 'n' chips* an – sicherlich kein kulinarischer Hochgenuss, aber „when in Gib", muss es doch einmal probiert werden. **La Bayuca,** 21 Turnbull's Lane, gilt als das älteste Lokal des Felsens. **El Patio,** 11 Casemats Square, liegt am Hauptplatz und hat ein ausgesprochen angenehmes Ambiente, die Gerichte sind teils baskisch inspiriert.

„Can you help me please?"

Post

- Main Street, im oberen Drittel Richtung Grenze. Eine Karte mit Gibraltarbriefmarke kann man in jedem Souvenirshop erwerben. Britisch-rote Briefkästen stehen in der Main Street. Ein Schild im Eingangsbereich der Post weist darauf hin, dass hier nicht mit Euro bezahlt werden kann.

Öffnungszeiten

Es gelten zumeist britische Öffnungszeiten, d. h., dass Geschäfte spätestens um 19.30 Uhr schließen und zumeist am Samstag ab Mittag geschlossen sind. Einige wenige öffnen dafür sogar am Sonntag, das aber sind eher Ausnahmen für die Touristen.

Feste

- **9. März:** Commonwealth Day
- **Ende Mai:** Spring Bank Holiday
- **15. Juni:** Queen's Birthday
- **31. August:** Late Summer Bank Holiday
- **10. September:** Referendum Day, Gibraltars Nationalfeiertag

Ausflug nach Tarifa

Überblick

Tarifa führt eine Statistik an: Es ist **der südlichste Ort** auf spanischem Festlandsterritorium und liegt auf dem Gebiet der Provinz Cádiz, zählt somit zur benachbarten Costa de la Luz. Gerade 14 km trennen an dieser Stelle den europäischen vom afrikanischen Kontinent. Wagemutige (oder leichtsinnige?) **Surfer** rauschen dann auch schon mal rüber nach Marokko, immer auf der Suche nach dem besonderen Kick. Damit wäre auch schon das Stichwort genannt, Tarifa gilt unter Windsurfern als erste Adresse. **Ein wirklich starker Wind** pustet beständig, fast möchte man sagen: immer. Das freut die Surfer und ärgert die Sonnenanbeter, beide treffen sich am kilometerlangen Sandstrand und abends einträchtig vorm Tresen.

Ein Tagesausflug

Wer einen Mietwagen hat, gelangt ganz einfach nach Tarifa. Zunächst über die Autobahn am letzten Ort der Costa del Sol (Estepona) vorbei. Weiter in Richtung Algeciras, diesen Industrieort aber links liegen lassen. Schließlich geht es Richtung Cádiz noch ein paar Kilometer auf der N-340 durch schon spürbar ländlicheres Gebiet, bis alsbald Tarifa erreicht wird.

Der Reiz eines Besuchs liegt vor allem im Kontrast zu den allermeisten Costa del Sol-Orten, denn Tarifa ist ein **historischer Ort** mit einer reizvollen und zugleich überschaubaren **Altstadt.** Der Tourismus hat hier zwar hauptsächlich mit den Surfern Fuß gefasst, aber sie dominieren nicht das Stadtbild. Und genau darin unterscheidet sich Tarifa doch ganz erheblich von den allermeisten Orten der Costa del Sol.

Die Strände

Schon die Strände unterscheiden sich beträchtlich! Während viele *playas* der Costa del Sol doch etwas gräulich, teilweise sogar grobkieselig sind, rollen sich hier traumhafte, kilometerlange **Sandstrände** aus. Die besonders schönen liegen etwas außerhalb, aber auch innerorts strahlt bereits eine richtig weiße *playa*. Alles prima also, wenn, ja, wenn nicht der ständige Wind wäre ...

Über stolze 7000 Meter verläuft die **playa de los Lances,** mit hellem und feinsandigem Strand. Ihre durchschnittliche Breite beträgt 45 Meter, aber an einer bestimmten Stelle bläst sie sich gewaltig auf. Der Strand beginnt praktisch im Ortskern, verläuft stramm nach Nordwesten und wird alsbald von einem **Pinienhain** begleitet. Die N-340 verschwindet ein paar hundert Meter im Hinterland und dort liegen die ganzen Surferhotels und Campingplätze. Diese Zone gilt als schützenswerte *Paraje natural*, also als ein **Naturschutzgebiet,** durch das man nur auf bestimmten Wegen laufen soll.

Die **playa de de Valdequeros** schließt sich nahtlos an, beginnend etwa bei der Puerta de la Peña, wo ein Campingplatz liegt. Zuerst zeigt sie sich noch recht schmal, im Verlauf ihrer 5500 Meter verbreitert sie sich aber gewaltig, um schließlich zu einer eindrucksvollen **Dünenlandschaft** anzuwachsen. Diese entstand an einer Stelle, wo der Strand eine kleine Bucht bildet. Der beständige Wind häufte hier im Laufe der Zeit diese Düne an, sie wird auch weiterhin wachsen. Begrenzt wird diese *playa* durch einen weitläufigen Pinienwald, die N-340 knickt weiter hinten nach Norden ab.

Sehenswertes

Tarifa ist ein relativ überschaubarer Ort. Hervorzuheben bleibt die schöne, nicht allzu große Altstadt mit einer Vielzahl von engen,

223c Foto: hf

verwinkelten Gassen. Eine Art Eingang in dieses Viertel stellt das aus maurischen Tagen stammende Stadttor **Puerta de Jerez** dar. „Muy noble y muy leal y muy heróica ciudad de Tarifa ganada a los moros, reinado Sancho IV. el bravo, 21.9.1292“ (Sehr edle und sehr treue und sehr heroische Stadt Tarifa, von den Mauren erobert zur Zeit der Herrschaft von *Sancho IV.* dem Mutigen, am 21.9.1292), so steht es an dem Stadttor mit seinen hübschen Rundbögen. Die Hauptstraße führt direkt darauf zu. Entlang dieser Straße sollte auch geparkt werden, spätestens beim Tor, und zu Fuß in die Altstadt eingetaucht werden. Ein kunterbuntes Gassengewirr erwartet den Neugierigen mit einigen internationalen Lokalitäten, einer der Einflüsse der Surferszene. Spanische Bars gibt es allerdings auch. Und etwas versteckt liegt dort auch die **Markthalle,** grob etwas nach rechts, nach dem Passieren des Stadttores.

Castillo de Guzmán

Lokale Sehenswürdigkeiten sind die Burg *Castillo de Guzmán* aus dem 10. Jahrhundert und die Kirche Iglesia de San Mateo. Das Castillo liegt am Rande der Altstadt, man schaut von den **gewaltigen Mauern** weit hinaus aufs Meer. Die Angreifer müssen es da-

224c Foto: hf

mals schwer gehabt haben, der Kalif von Córdoba *Abderramán III.* ließ es an einer strategisch wichtigen Stelle errichten. Die christlichen Heere eroberten es dennoch und damit verbunden bleibt ein grausames historisches Detail. Als wieder einmal arabische Angreifer Tarifa belagerten, fiel der Sohn des Statthalters *Guzmán el Bueno* den Feinden in die Hände. Sie drohten mit dessen Ermordung, falls *Guzmán* nicht freiwillig die Stadt aufgebe. Genau dies verweigerte er, der Sohn wurde daraufhin enthauptet, Tarifa dennoch nicht eingenommen. Heute steht direkt vor dem Castillo ein **Denkmal** zu Ehren von *Sancho IV.*, der die Stadt den Mauren entriss. Zu seinen Füßen kauert ein Löwe, Symbol wohl für den Mut des Kriegers. Das Castillo ist noch recht gut erhalten, Erklärungen gibt es mit spanischen und englischen Hinweistafeln. Sogar eine kleine gotische Kirche, die **Iglesia Santa María,** deren Grundsteinlegung aus dem 14. Jh. datiert, ist noch erhalten. Von den oberen Wehrgängen kann man bis nach Marokko schauen.

- **Geöffnet:** Di–Sa 11–14, 16–20 Uhr, im Sommer 18–20 Uhr, So 11–14 Uhr. Eintritt 2 €.

Iglesia San Mateo
Die gotische Kirche San Mateo aus dem 16. Jahrhundert steht an der Plaza Oviedo, mitten in der Altstadt. Sie hat ein Renaissance-Portal, das Innere ist relativ schlicht, zeigt aber hübsche Gemälde und Skulpturen.

Altstadt
Gleich ums Eck liegt einer der **Hauptplätze** des Ortes, wo sich am späten Vormittag die Surfer zum späten Frühstück versammeln. Denn, das ist ja klar, der Après-Surf will auch gepflegt sein, und dazu bieten sich mehrere angesagte Musikbars in der Altstadt an. Die sind am Tag natürlich verschlossen. Trotzdem lohnt ein Bummel durch die schmalen Gassen, denn so manches kleine Geschäft und die eine oder andere urige Bar lassen sich entdecken. Richtung Meer liegt dann die alte Stadtmauer mit der **Markthalle,** knapp dahinter die Touristeninformation und ein kurzer, aber netter palmengesäumter Flanierweg.

Eine Sehenswürdigkeit ganz besonderer Art sind auch die **Ausblicke über das Meer** Richtung marokkanischer Küste. Sowohl vom Castillo als auch vom Hafen und natürlich auch dem kleinen durch eine Mole mit dem Festland verbundenen **Inselchen Las Palomas** ist dies möglich. Besonders gut kann man aber nach „drüben" schauen vom **Mirador El Estrecho**, zu finden am Kilometer 91 an der N-340.

Praktische Tipps

Essen & Trinken
Die folgenden Lokale liegen alle in der Altstadt:
- **Restaurante An Ca Curro,** c/ Moreno de Mora 5, Tel. 658 854 012. Ein kleines Lokal mit Stierkampfambiente. Als Spezialität wird hier alles rund ums iberische Schwein serviert.
- **Casa Juan Luis,** c/ San Francisco 15, Tel. 956 681 265. Mitten in der Altstadt in einer engen Gasse gelegen, seit Jahren gelobt. Draußen baumelt über dem Eingang ein Metallschweinchen, das gibt dann auch die kulinarische Marschrichtung vor.
- **Café Central,** Plaza Oviedo in der Altstadt, Tel. 956 682 877. Schwerangesagter zentraler Treff seit Jahrzehnten für alle, ein „Muss"!
- **Restaurante Morilla,** c/ Sancho IV 2, Tel. 956 681 757. Mischung aus Bar und Restaurant mit nettem Tresenbereich.

Altertümer in Tarifa: das Stadttor von 1292

Die Bar – das Wohnzimmer des Spaniers

Es gibt sie in jeder Stadt, in jedem Ort, in jedem Dorf. Keine Gemeinde ist zu klein, eine Bar gibt es immer. Immer! Eine Bar ist wichtig, ist Sozialstation, Wärmehalle, Aufenthaltsraum, Versackstation, Wohnzimmer zugleich. Ein unverzichtbares Medium der Kommunikation. Eine Bar besteht zuallererst und immer aus einem Tresen. Der ist oft aus Metall und wird ständig geputzt. Ein paar Barhocker stehen davor, aber das ist zweitrangig. Hingesetzt wird sich nicht. Auf dem Tresen stehen unter Glas kleine Leckereien, die im Laufe des Tages wechseln.

Eine Bar öffnet früh, so gegen 8, 9 Uhr. Dann platziert ein verschlafener Kellner Dutzende von Tellerchen auf dem Tresen, baut regelrechte Pyramiden. Platziert auf jedem einzelnen Zuckertütchen und Löffelchen. So ist man gewappnet für den ersten Ansturm. Der kommt in Form von Frühstückern. Kein Spanier hält sich lange mit dem Frühstück auf, zu Hause sowieso nicht und auch in einer Bar nicht. Einen *café*, dazu etwas Gebäck, vielleicht einen Toast, eventuell *churros*, das war's zumeist. So bis 10 Uhr sind die Frühstücker durch, dann kommen so ab 11 Uhr die Vormittags-Gäste. Die, die zwischen Frühstück und Mittag noch einen Happen brauchen. Und das sind beinahe alle. Jetzt wird ein *bocadillo* gegessen, ein Stückchen *tortilla* oder eine *empanada*. Ein erstes Bierchen darf auch schon sein, alternativ ein *vino*. Selbst wer einen Brandy ordert, wird nicht stirnrunzelnd abgestraft.

Gegen 12, 13 Uhr tauchen die ersten Hausfrauen auf, mischen sich unter die Rentner, die bei einem Glas Wasser schon seit Stunden herumhocken. Immer am Meckern, immer am Gucken, immer am Schludern. Die Einkaufstaschen werden unten am Tresen abgestellt, bei einem Kaffee, Wein oder auch Wasser verschnauft Frau erst mal. Das war früher undenkbar, aber auch da tat sich was. Der Tresen ist längst keine Bastion der Männer mehr. Auch darüber dürften die Rentner meckern.

Gegen 14 Uhr verlagert sich das Geschehen in den *comedor*, den Speiseraum, es beginnt die Mittagszeit. Wenn die Bar keinen hat, wird's erst mal ruhiger. Aber irgendwer kommt immer auf ein Gläschen, ein Schwätzchen oder auch auf einen Teller. Denn ein Tagesgericht bietet eigentlich jede Bar an. Bis gegen 16, 17 Uhr bleibt es einigermaßen ruhig, dann zieht der Besucherstrom wieder an. Es ist die Stunde des *aperitivos*, die Zeit nach der *siesta*. Ein Glas Wein, garniert mit ein paar Oliven, oder auch ein Bierchen, zusammen mit in

Essig eingelegten Sardinen vielleicht. Schmeckt köstlich und macht munter! Gegen 18, 19 Uhr trudeln die Söhne ein zum gegenseitigen Angeben, die Mütter sind auf dem Rückweg von der zweiten Einkaufstour – diesmal für das Abendessen, eine Tochter immer im Schlepp. Gegen 20 Uhr stürzen Krawattenträger ihren Feierabend-Brandy, Auslieferungsfahrer stärken sich für die letzte Tour und die Söhne kloppen sich um die Spielautomaten. Dann bleibt es eine Stunde ruhig, Zeit fürs Abendessen, so gegen 21 Uhr. Aber danach, so ab 22 Uhr, kommen dann alle noch mal auf eine *copa*. Bleiben nicht allzu lange, trinken ein, zwei Gläschen und ziehen weiter. So gegen 24 Uhr fängt einer der Kellner an, die Herdplatte zu schrubben, ein anderer beginnt wieder aus Tellerchen Pyramiden zu bauen, der Moment des vorletzten Glases naht. Denn, eins ist klar: Zur *última copa*, dazu kommt es nie. Niemals!

215c Foto: hf

311cs Foto: sm

Anhang

Literaturtipps

- *Drouve, Andreas:* **KulturSchock Spanien.** REISE KNOW-HOW Verlag, Bielefeld. Fiesta und Siesta, Glaube und Aberglaube, Mañana-Mentalität und geheimnisvolle Selbstgeißlerumzüge – in Spanien vereinen sich Klischees und Wirklichkeit. Der Autor geht Spanien und den Spaniern detailgetreu auf den Grund: ihrer traditionellen Volkskultur, den Sitten und Gebräuchen, den Legenden und Mythen, der Geschichte und Gegenwart. Und natürlich dem Alltag, der trotz gelegentlichem Chaos eine ungebrochene Faszination auf deutschsprachige Reisende und Einwanderer ausübt.
- *Frenzel, Veronica:* **Ein Jahr in Andalusien.** Die Autorin wollte eigentlich nur für einen Film in Granada recherchieren, blieb dann aber doch gleich da. So berichtet sie ausführlich über ihre privaten und beruflichen Schritte in ihrer neuen Heimat, verschweigt aber auch nicht Schwierigkeiten und Kulturunterschiede. Herder, 2010
- *Gordon, Noah:* **Der Medicus von Saragossa.** Mit der Rückeroberung vertreiben die *Reyes Católicos* 1492 die Juden; ein Einzelschicksal wird erzählt. Den dreizehnjährigen Jona Toledano, Sohn eines Silberschmieds, treibt die Angst vor der Inquisition quer durch Spanien. Er landet nach vielen Irrungen als Medicus in Saragossa. Blessing Verlag, 1999 und Goldmann, 2008
- *Hausemer, Georges:* **Im Land der Mauren und Olivenhaine.** Der Luxemburger Autor Georges Hausemer nennt sein Büchlein „Andalusische Streifzüge" und genau das sind seine Geschichten, stimmungsvolle Streifzüge durch die Dörfer abseits des Touristenrummels und Momentaufnahmen des modernen Lebens der Andalusier. Picus Verlag Wien, 2000
- *Hilgard, Peter:* **Der maurische Traum.** Der Autor beschreibt die Kultur des Alltags während der 800 Jahre dauernden arabischen Herrschaft und erzählt dabei zum Beispiel von Speisen, Kräutern und Liebesdrogen. Verlag Jenior, 1997
- *Hofmann, Felix:* **Andalusische Ansichten.** Anthologie mit Texten aus sechs Jahrzehnten. Verlag Jenior 1996
- *Kinkel, Tanja:* **Mondlaub.** Roman vor dem Hintergrund der letzten maurischen Tage in Spanien. Die Protagonistin gerät in die Wirren der *Reconquista,* der Wiedereroberung durch christliche Heere, wechselt unfreiwillig von moslemischer Seite zur christlichen und kurzfristig zur jüdischen. So erfährt der Leser eine Menge vom Alltag der drei Religionen, aber auch vom langsamen Untergang der maurischen Vorherrschaft. Goldmann, 1997

314cs Foto: hf

- *Neukirchen, P.; Bauer, W.:* **Andalusien.** Der komplette Reiseführer zum individuellen Reisen und Entdecken. REISE KNOW-HOW Verlag, Bielefeld
- **Spanisch – Wort für Wort,** Band 16 der Reihe Kauderwelsch, eine Einführung in die Grammatik und gibt Kommunikationsbeispiele. Dazu ist ein AusspracheTrainer auf Audio-CD erhältlich und als digitales Lehrbuch **Kauderwelsch digital** auf CD-ROM. REISE KNOW-HOW Verlag, Bielefeld
- **Spanisch Slang,** Kauderwelsch Band 57. Alltags-Spanisch für Fortgeschrittene. REISE KNOW-HOW Verlag, Bielefeld
- **Spanisch Kulinarisch,** Kauderwelsch Band 151. Vokabular und Redewendungen, um in Spanien landestypisch zu essen und einzukaufen. REISE KNOW-HOW Verlag, Bielefeld
- **Spanisch für Andalusien,** Kauderwelsch Band 185. Zu dem Bändchen ist ein AusspracheTrainer auf Audio-CD erhältlich.

Filigrane Holzschnitzerei in den Palacios Nazaríes in der Alhambra

Kleine Sprachhilfe

Hier sollen nur ein paar Phrasen genannt werden, die man schnell erlernen kann bzw. auf die keine komplizierte Antwort zu erwarten ist. Das reicht aber nicht zur Kommunikation, deshalb ist wenigstens ein Volkshochschulkurs angebracht oder ein vertiefender Blick in den Kauderwelschband 16 **„Spanisch – Wort für Wort“** aus diesem Verlag. Der Autor erklärt die Sprache und führt den Leser auf leichte, aber unterhaltsame Weise ins Spanische ein.

Aussprache und Betonung

Spanisch

Bei der **Betonung** gibt es zwei Grundregeln:

- Grundsätzlich werden die Wörter auf der vorletzten Silbe betont, wenn sie auf einem Vokal *(a, e, i, o, u)* bzw. auf *-n* oder *-s* enden.
- Endet ein Wort auf einem Konsonanten (außer: *-n* und *-s*), wird die letzte Silbe betont.
- Abweichungen von dieser Regel zeigen die Akzente an. In diesem Fall wird dann der Buchstabe betont, über dem der Akzent steht.

Zur **Aussprache:**

- Jedes Wort wird so ausgesprochen, wie es geschrieben wird, d. h. es werden keine Buchstaben zusammengezogen.
  Beispiel: *bien* [gut] wird „bi-en“ gesprochen.
- Einzige Ausnahme: *gue* und *gui* werden „ge“ und „gi“ gesprochen.
  Beispiel: *guerra* [Krieg] – „gerra“
- **c** wird meist weich gesprochen, fast wie englisches „th“.
- **c** wird hart gesprochen, wenn a, u, o folgt. Beispiel: *casa* (Haus) – „kasa“.
- **ch** – „tsch“. Beispiel: *mucho* (viel) – „mutscho“.
- **j** – „ch“. Beispiel: *Juan* – „chuan“.
- **ll** – „lj“, fast wie deutsches „j“. Beispiel: *Mallorca* – „Maljorka“.
- **ñ** – „nj“. Beispiel: *España* – „Espanja“.

Ein Hinweis auf ein vom Deutschen abweichendes Phänomen: Das umgedrehte Fragezeichen (¿) vor dem Fragesatz ist eine typische spanische Besonderheit. Analog wird vor einem Befehlssatz ein umgedrehtes Ausrufungszeichen gesetzt (¡).

Wichtige Begriffe und Phrasen

Höflichkeitsfloskeln

hallo	*hola*
guten Tag	*buenos días*
auf Wiedersehen	*adiós*
gute Nacht	*buenas noches*
bis später	*hasta luego*
Wie heißt Du?	*¿Cómo te llamas?*

	Ich heiße	*Me llamo ...*
	Wie geht's?	*¿Cómo estás?*
	sehr gut, danke	*muy bien, gracias*
	bitte	*por favor*
	vielen Dank	*muchas gracias*
	gern geschehen, macht nichts	*de nada*
	ja	*sí*
	nein	*no*
	in Ordnung	*vale*
Verständigung	Ich verstehe nicht	*No entiendo*
	Sprechen Sie Deutsch?	*¿Habla Usted alemán?*
	Tut mir Leid, ich spreche kein Spanisch.	*Lo siento, no hablo español.*
Zeiten	jetzt	*ahora*
	spät	*tarde*
	später	*más tarde*
	(der) Morgen	*mañana*
	Nachmittag	*tarde*
	Nacht	*noche*
	gestern	*ayer*
	heute	*hoy*
	morgen	*mañana*
	Tag	*día*
	Woche	*semana*
	Monat	*més*
	Jahr	*año*
Wochentage	Montag	*lunes*
	Dienstag	*martes*
	Mittwoch	*miércoles*
	Donnerstag	*jueves*
	Freitag	*viernes*
	Samstag	*sábado*
	Sonntag	*domingo*
Monate	Januar	*enero*
	Februar	*febrero*
	März	*marzo*
	April	*abril*
	Mai	*mayo*
	Juni	*junio*
	Juli	*julio*
	August	*agosto*
	September	*septiembre*
	Oktober	*octubre*

	November	*noviembre*
	Dezember	*diciembre*
Straßen	Straßen	*calle*
	Platz	*plaza*
	Prachtstraße	*avenida*
	Promenade	*paseo*
Touristische Begriffe	geschlossen	*cerrado*
	geöffnet	*abierto*
	Toiletten	*servicio*
	Toiletten	*baño*
	Männer	*hombres*
	Frauen	*señoras*
	Doppelzimmer	*habitación doble*
	Einzelzimmer	*habitación simple*
	Zimmer ...	*habitación ...*
	... mit Bad	*... con baño*
	... mit Dusche	*... con ducha*
	Flugplatz	*aeropuerto*
	Hafen	*puerto*
	Bahnhof	*estación de tren*
	Busterminal	*terminal de autobús*
	Preis	*precio*
	Eintritt	*entrada*
	Eintrittskarte	*billete*
	Rückfahrkarte	*billete de ida y vuelta*
Wichtige Phrasen	Wie teuer ist es?	*¿Cuánto vale?*
	Wie kann ich nach ... gehen?	*¿Cómo podría ir a ...?*
	Wo liegt ...?	*¿Dónde está ...?*
	Wie spät ist es?	*¿Qué hora es?*
	Ich suche ...	*Estoy buscando ...*
	Ich benötige ...	*Necesito ...*
	Ich möchte ...	*Quiero ...*
	Ich hätte gerne ...	*Querría ...*
	Geben Sie mir ...	*Déme ...*
	Haben Sie ...?	*¿Tiene ... ?*
Zahlen	0	*cero*
	1	*uno* (aber: *un kilo, una cerveza*)
	2	*dos*
	3	*tres*
	4	*cuatro*
	5	*cinco*
	6	*seis*
	7	*siete*
	8	*ocho*

9	*nueve*
10	*diez*
11	*once*
12	*doce*
13	*trece*
14	*catorce*
15	*quince*
16	*dieciséis*
17	*diecisiete*
18	*dieciocho*
19	*diecinueve*
20	*veinte*
21	*veintiuno*
22	*veintidós*
29	*veintinueve*
30	*treinta*
31	*treinta y uno*
40	*cuarenta*
50	*cincuenta*
60	*sesenta*
70	*setenta*
80	*ochenta*
90	*noventa*
100	*cien*
101	*ciento uno*
102	*ciento dos*
110	*ciento diez*
138	*ciento treinta y ocho*
200	*doscientos*
300	*trescientos*
400	*cuatrocientos*
500	*qinientos*
600	*seiscientos*
700	*setecientos*
800	*ochocientos*
900	*novecientos*
1.000	*mil*
2.000	*dos mil*

Die Zahlen ab 1000 aufwärts werden wie im Deutschen gebildet, indem jeweils *mil* angehängt wird.

HILFE!

Dieser Reiseführer ist gespickt mit unzähligen Adressen, Preisen, Tipps und Infos. Nur vor Ort kann überprüft werden, was noch stimmt, was sich verändert hat, ob Preise gestiegen oder gefallen sind, ob ein Hotel, ein Restaurant immer noch empfehlenswert ist oder nicht mehr, ob ein Ziel noch oder jetzt erreichbar ist, ob es eine lohnende Alternative gibt usw.

Unsere Autoren sind zwar stetig unterwegs und versuchen, alle zwei Jahre eine komplette Aktualisierung zu erstellen, aber auf die Mithilfe von Reisenden können sie nicht verzichten.

Darum: Schreiben Sie uns, was sich geändert hat, was besser sein könnte, was gestrichen bzw. ergänzt werden soll. Nur so bleibt dieses Buch immer aktuell und zuverlässig. Wenn sich die Infos direkt auf das Buch beziehen, würde die Seitenangabe uns die Arbeit sehr erleichtern. Gut verwertbare Informationen belohnt der Verlag mit einem Sprechführer Ihrer Wahl aus der über 220 Bände umfassenden Reihe „Kauderwelsch" (siehe unten).

Bitte schreiben Sie an:

REISE KNOW-HOW Verlag Peter Rump GmbH, Postfach 140666, D-33626 Bielefeld,

oder per E-Mail an: info@reise-know-how.de

Danke!

Register

A

Abderramán I. 93
Abderraman Ibn Mu'awiya 93
Abderramán III. 94
Abendessen 25
Abkürzungen 70
Adressen 70
Affenfelsen 328
Afrikaner 318
Al-Andalus 93, 98
Albaicín 173
Alcazaba 171, 228
Alcázar 98
Alfonso VI. 94
Alfonso VIII. 95
Alfonso XII. 104
Alfonso XIII. 104
Algatocín 313
Alhambra 96, 161
Almohaden 95, 98
Almoraviden 94, 98
Almuñécar 116, 149
Alto Los Reales 313
Andalusien 90
Andalusier 81
Anreise 42
Aparthotel 73
Apartments 73
Apes' Den 328
Aqua Velis 215
Aquädukt 152
Arabische Herrschaft 92
Arbeitslosenquote 113
Arroyo de la Miel 116
Ärzte 40
Ausfuhr 75
Auslandskrankenversicherung 41, 74
Autobahn 14, 42
Autobahngebühren 14, 44
Autobahnpiraten 22, 61
Autofahren 14
Autounfall 20, 54
Autozug 45
Aznar, José María 105

B

Bahn 45, 55
Balcón de Europa 195
Baños Árabes 302
Bar 25, 336
Benalmádena 255
Benalmádena Costa 116, 121, 256
Benalmádena Pueblo 116, 119, 261
Berber 92
Berge 78, 184
Beschwerdeblätter 73
Bevölkerung 81
Bier 31
Billigflug 49
Blumenverschenkerinnen 62
Boabdil 161
Bocadillos 29
Bolívar, Simón 102
Bonaparte, Joseph 104
Boote 285
Botschaften 24, 55
Briefmarken 57
Bubión 186
Burro-Taxis 272
Bus 48, 55

C

Cadí 98
Cafetería 25
Calahonda 116, 135, 275
Camping 22
Capileira 187
Capilla Real 180
Carihuela 249, 252
Carlos I. 99
Carlos II. 104
Carlos III. 104
Carlos IV. 104
Carlos V. 99
Carmen173
Carretera Nacional 14
Casa de Huespedes 72
Casares 116, 119, 313
Casco Viejo 282
Casemates Square 324
Castell de Ferro 116, 133
Castillo de Baños 116, 132
Catedral de la Encarnación 232
Cercanías Málaga 224
Ceuta 102
Chiringuito 26, 280
Coracha 232

Córdoba, Emirat von 93
Córdoba, Kalifat von 94
Corrida de toros 82
Cortes 104
Costa de Almería 126
Costa Tropical 126
Cueva del Tesoro 216
Cuevas 198

D
Diebstahl 62
Diktatur 105
Diplomatische Vertretungen 24, 55
Don Quichote 90

E
EC-Karte 38
EG 105
Einfuhr 75
Einkommen 107
Einwanderer 318
Eisenbahn 45, 55
El Pozuelo 116, 128
Emigration 86
Engländer 317
Erbfolgekrieg 104
Eroberungen 100
Eseltaxis 272
Espaldas mojadas 318
Essen 25
Estepona 116, 121, 306
ETA 105
Euro 38
Europa Point 328
Europäische Krankenversicherungskarte 40
Europaschutzbrief 74

F
Fahne 90
Fahrradfahren 59
Familie 86
Feiertage 35
Felipe II. 100, 101
Felipe III. 101
Felipe IV. 101
Felipe V. 104
Feria 34
Feria de Málaga 241
Ferienwohnungen 67
Fernando de Aragón 95
Fernando VI. 104
Fernando VII. 104
Feste 34
Fiestas 34
Fisch 31
Flagge 90
Flug 48
Flughafen 322
Fonda 72
Formalitäten 37
Franco 105
Frankreich 42, 47
Fremdenverkehrsämter 51
Frigiliana 116, 119, 203
Frühstück 25
Fuengirola 116, 263
Fugger, Jakob 99
Führerschein 37

G
Gambas 243
Gastronomie 32
Gaucín 313
Gebirge 78, 184
Geld 38, 54
Geldautomaten 38
Genalguacil 313
Generalife 171
Geografie 78
Geschäfte 56
Geschichte 90
Gesellschaft 86
Gesundheit 40
Getränke 31
Gibralfaro 226
Gibraltar 316
Gold 100, 102
Golf 63
González, Felipe 105
Goten 92
Granada 119, 159
Großgrundbesitz 107
Grüne Versicherungskarte 37, 74
Gualchos 135

H
Habsburger 99
Haftpflichtversicherung 74
Hakam II. 94
Handy 65

Hannibal 91
Highlights 118
Hin- und Rückreise 42
Hisam III. 94
Hitze 59
Höhlen von Nerja 198
Höhlenmalereien 216
Hostal 71
Hotel Residencia 71
Hotels 69, 122

I
Iberer 91
Industrie 112
Infostellen 51
Innenhöfe 173
Inquisition 100
Internet 52
Isabel de Castilla 95
Isabel II. 104

J
Jachthafen 256, 285
Jetset 276
Juan Carlos I. 105
Jubrique 313
Juden 96
Jugendherberge 73

K
Kaffee 25
Karl V. 99
Karlistenkrieg 104
Karten 15
Kartenverzeichnis 360
Karthager 91
Kelten 91
Keltiberern 91
Kinder 52
Klima 59, 79
Kolonien 99, 102
Kolumbus 96
Königliche Kapelle 180
Königreich Granada 95
Kosten 39
Krankheit 40
Kreditkarte 39, 54
Kriminalität 61
Küche, andalusische 29

L
La Cala del Moral 218
La Herradura 117, 155
La Línea de la Concepción 319
La Mamola 117, 130
La Rábita 117, 129
Landwirtschaft 107
Lanjarón 185
Las Alpujarras 184
Last Minute 50
Latifundien 108
Literaturtipps 340
Lord Nelson 104
Löwenhof 168
Luxus 276

M
Maestro-Karte 38
Málaga 117, 119, 121, 218
Mallorca-Police 22
Manilva 314
Marbella 117, 119, 276
Märkte 123
Maro 117, 192
Mautgebühren 14, 44
Meeresaquarium 257
Meeresfrüchte 31, 243
Melilla 102, 105
Mentalität 86
Mezquíta 98
Mietwagen 22
Mijas 117, 121, 269
Miniaturmuseum 270
Mirador San Nicolás 173
Mittagessen 25
Mobiltelefon 65
Moorish Castle 330
Morisken 96, 98, 204
Motels 73
Motril 117, 138, 185
Mozaraber 98
Musa Ibn Nusayr 92
Muscheln 31
Museen 121
Museo del Bandolero 301

N
Nasriden 95, 98
Nationale Symbole 90
Nationalhymne 90

Nationalstraßen 14
Nerja 118, 121, 194
Notfall 54, 74
Notruf 20, 55

O
Öffentliche Verkehrsmittel 55
Öffnungszeiten 56
Olympische Spiele 105
Omajiaden 98
Órgiva 186
Osterwoche 34

P
Paella 30
Palacios Nazaríes 167
Pampaneira 186
Pannendienst 21, 55
Paradores 71
Parken 17, 62
Parkwächter 18
Pauschalreisen 67
Pedro II. von Aragón 95
Peñón del Santo 152
Pension 72
Peseta 38
Phönizier 91
Picasso, Pablo 237
Picasso-Museum (Málaga) 236
Pizarro 96
Playa Barranco de Enmedio 148
Playa Cabría 149
Policía Urbana de Tráfico 20
Portugal 100
Post 57
Preise 73
Preiskategorien, Unterkunft 73
Preisniveau 39
Prozession 34
Puente Nuevo 297
Puerto Banús 285
Puerto de la Duquesa 315
Puerto de Peñas Blancas 313
Punischer Krieg 91

R
Radfahren 59
Rajoy, Mariano 107
Rauchverbot 33
Reconquista 96
Reinos de Taifas 94, 98
Reisegepäckversicherung 74
Reisekrankenversicherung 74
Reiserücktrittsversicherung 74
Reisezeit 59
Reiten 63
Restaurants 32, 121
Reyes Católicos 95
R-Gespräch 67
Rincón de la Victoria 118, 215
Roderich 92
Römer 91
Romería 34
Romero, Pedro 304
Ronda 121, 293
Rückeroberung 96

S
Sabinillas 118, 315
Salobreña 118, 121, 143
San Pedro de Alcántara 118, 289
Sancho von Navarra 95
Schlucht 293
Sea Life Center 257
Segeln 63
Seilbahn 258, 328
Selwo Aventura 292
Selwo Marina 256
Semana Santa 34
Sicherheit 61
Sierra Almijara 203
Sierra Bermeja 313
Sierra de Ronda 293
Sierra Nevada 184
Siesta 56
Silber 100
Spanisch 64
Sport 63
Sprache 64
Sprachhilfe 342
Stau 20, 44
Stierkampf 82, 270, 304
Strandbar 280
Strände 78
Straßenkarten 15
Stupa 262
Suárez, Adolfo 105
Suppe 29
Surfen 331

Suspiro del Moro 161
Symbole 90

T
Tapas 27
Tarifa 331
Tauchen 63
Telecabina 258
Telefonieren 65
Temperaturen 59, 80
Theater, römisches 232
Tivoli World 258
Torre del Mar 118, 210
Torremolinos 118, 248
Torrenueva 118, 137
Torrox 118, 209
Torrox Costa 118, 207
Tortilla 25
Tourismus 110
Touristenboom 248
Touristeninformation 51
Trafalgar 104, 327
Trevélez 187
Trinken 25
Trinkgeld 33
Tropfsteinhöhlen 198, 328
Tunnel der Großen Belagerung 328

U
Unfall 20, 54
Unterkunft 67
Upper Rock Reserve 327
Urbanización 67

V
Vandalen 91
Vélez-Málaga 118, 121, 213
Vergnügungspark 258
Verkehrsmittel 55
Verkehrsregeln 16
Versicherungen 74
Versicherungskarte, grüne 37, 74
Verständigung 64
Vertrag von Tordesillas 100
Virgen del Carmen 34
Vogelpark Loro Sexi 154
Vorwahlen 65

W
Wallfahrt 34
Wasserski 63
Wassertemperaturen 80
Wein 31
Weißes Dorf 135, 143, 313
Westgoten 91
Wetter 79
Wochenmärkte 123

Z
Zapatero, José Luis Rodríguez 106
Zelten 22
Zoll 75
Zug 45, 55

Der Autor

Hans-Jürgen Fründt, kam als junger InterRailer 1975 erstmals an die Costa del Sol, damals auf der Reise von Marokko nach Schweden mit kurzem Bade-Stopp in Málaga. Später ging er als Sprachstudent nach Madrid und erfuhr dort von der Beliebtheit der Costa del Sol unter spanischen Urlaubern. So etwas macht neugierig, und da dem gebürtigen Schleswig-Holsteiner nach einiger Zeit die Nähe zum Meer fehlte, gab's nur eins: auf an die Sonnenküste. Die Costa del Sol expandierte damals mächtig – Veränderungen, wohin man sah. Alsbald entstanden seine ersten Bücher über Spanien, in späteren Jahren wurden diese Erfahrungen regelmäßig überprüft. Mittlerweile hat Hans-Jürgen Fründt 45 Bücher geschrieben, ein knappes Dutzend davon über die Iberische Halbinsel. Neben Spanien, das fast so etwas wie seine zweite Heimat geworden ist, berichtet er auch über Schleswig-Holstein und über die Dominikanische Republik.

163c Foto: sm

Kartenverzeichnis

Costa Tropical 127
Östliche Costa del Sol 191
Westliche Costa del Sol 247

Alhambra 166
Almuñécar 150
Estepona 308
Fuengirola 266
Gibraltar, Stadt 325
Gibraltar, Übersicht 320
Granada 174
Granada, Übersicht 160
Málaga 230
Málaga, Großraum 222
Marbella 278
Nerja 196
Ronda 296
Spanien, historisch 92–95
Torremolinos 252

601cs Foto: hf